高等院校"十四五"应用型经管类专业精品教材
省级一流课程导游实务配套教材

景区服务与管理

Service and Management of Scenic Spot

主　编　苏　洁　陈胜科
副主编　许宇飞　卢　伟　谭　丹　周　亚　张金层

东南大学出版社
SOUTHEAST UNIVERSITY PRESS

·南京·

图书在版编目(CIP)数据

景区服务与管理 / 苏洁,陈胜科主编. — 南京：东南大学出版社,2023.9
ISBN 978-7-5766-0801-4

Ⅰ.①景… Ⅱ.①苏…②陈… Ⅲ.①风景区-商业服务②风景区-经营管理 Ⅳ.①F590.6

中国国家版本馆CIP数据核字(2023)第119856号

责任编辑：贺玮玮　责任校对：李成思　封面设计：顾晓阳　责任印制：周荣虎

景区服务与管理
JINGQU FUWU YU GUANLI

主　　编	苏　洁　陈胜科
出版发行	东南大学出版社
出 版 人	白云飞
社　　址	南京市四牌楼2号　邮编：210096
网　　址	http://www.seupress.com
经　　销	全国各地新华书店
排　　版	南京私书坊文化传播有限公司
印　　刷	广东虎彩云印刷有限公司
开　　本	787 mm×1092 mm　1/16
印　　张	13.75
字　　数	295 千
版　　次	2023 年 9 月第 1 版
印　　次	2023 年 9 月第 1 次印刷
书　　号	ISBN 978-7-5766-0801-4
定　　价	52.00 元

本社图书若有印装质量问题，请直接与营销部调换。电话(传真)：025-83791830

前言 Preface

景区是旅游消费的目的地,是社会公众在离开工作、家庭之后的重要休闲、消费场所,是人们满足不断增长的物质文化、精神文化需要的实践基地。景区服务质量与管理水平,对于吸引消费者旅游、休闲、聚会、情感交流、消费至关重要,尤其是在数字化、智能化、新媒体传播的时代,优秀的景区服务与管理是提升景区、旅游企业竞争力的重要途径。景区服务与管理的本质是通过规范化、标准化、数字化、场景化来适应消费者个性化的旅游体验,因此,它也是一种服务创新活动,需要将景区资源有效整合与拓展,对旅游企业的发展起到持续赋能作用。

本教材集理论性、实践性、操作性于一体,既包含景区基本知识、景区服务、景区管理等理论知识,又提供了景区服务与管理基本方法与分析思路,还涵盖了景区服务与管理的技术应用能力训练。在内容与结构方面,本教材突出以下几点内容:

第一,校企共同研发。

本教材主要由湖南涉外经济学院的骨干老师和湖南省中青旅国际旅行社有限公司、长沙贝拉小镇、南岳衡山风景名胜区、湖南炎帝盛世旅游发展有限公司等的中高层管理者共同编写,一方面有坚实的理论基础,另一方面又突出了实践经验

(来源于景区及行业一线,服务于旅游业发展)。

第二,案例资源丰富。

本教材在每一章的每一节都有案例导入,而且是编者结合自身工作经历及参加专业培训的收获编写,再由行业人士审定而成。此外,本教材也会结合行业发展的最新动向来选择合适的案例。

第三,突出应用型人才的培养。

本教材每章最后的作业中既有对基本理论知识点的考核,也有实训部分。这一部分的作业一方面能强化基础知识,另一方面更注重对学生实践能力的培养,达到知行合一。

本教材编者在编写过程中还积极走访多个景区和旅行社,听取相关企业专家的建议,依据应用型本科学生的特点来进行章节设计,为学生提高理论知识水平和专业技能打下深厚的基础。

本教材由苏洁、陈胜科老师担任主编。全书共八章,第一、六章由苏洁、李婷编写,第二、三章由陈胜科、张金层编写,第四章由卢伟、闵南芳编写,第五章由许宇飞编写,第七章由周亚、马欣欣编写,第八章由谭丹、黄莹编写。

在本教材编写过程中编者参阅了大量文献,借鉴了国内外许多专家的相关著作与研究成果,在此向各位专家学者表示感谢。由于编写时间仓促,编者学识和能力有限,书中难免有疏漏和不足之处,敬请专家与读者批评指正。衷心感谢各位老师和企业人士为本教材出版所付出的辛勤劳动。

编者

2023 年 4 月

目 录

第一章　旅游景区概述　001

第一节　旅游景区的概念与特点 …… 002
一、旅游景区的概念 …… 002
二、旅游景区的特点 …… 003

第二节　旅游景区的类型与等级评定 …… 005
一、旅游景区的分类 …… 005
二、旅游景区的等级评定 …… 008

第三节　旅游景区服务认知 …… 008
一、旅游景区服务概述 …… 008
二、旅游景区服务的内容 …… 009
三、旅游景区服务质量 …… 010

第四节　旅游景区管理认知 …… 011
一、旅游景区管理的概念 …… 012
二、旅游景区管理的基本内容 …… 013
三、旅游景区管理的任务 …… 014

第二章　旅游景区接待服务　017

第一节　票务服务 …… 018
一、门票概述 …… 018
二、订票服务 …… 019
三、售票服务 …… 021
四、验票服务 …… 026

第二节　入门接待服务 …… 027
一、队列结构 …… 027
二、排队管理 …… 028

第三节　咨询服务 …… 030
一、旅游景区咨询服务的内容 …… 031
二、旅游景区咨询服务的形式 …… 031

第四节　投诉受理服务	035
一、旅游投诉的定义	036
二、旅游者投诉的原因	036
三、旅游者投诉的心理	038
四、旅游者投诉的处理	039

第三章　旅游景区导游服务　　042

第一节　旅游景区导游服务概述	043
一、旅游景区导游的类型	043
二、旅游景区导游服务的特点	044
三、旅游景区导游服务的作用	045
第二节　旅游景区导游服务规程	045
一、服务准备	046
二、游览中的服务规程	049
三、送别服务	053
四、总结工作	054
第三节　旅游景区导游服务技能	054
一、旅游景区导游讲解技能	055
二、旅游景区游览引导技能	065
三、旅游景区心理服务技能	067

第四章　旅游景区配套商业服务　　069

第一节　旅游景区餐饮服务	070
一、旅游景区餐饮服务概述	070
二、旅游景区餐饮服务设施的类型	072
三、旅游景区餐饮服务的要求与管理	074
第二节　旅游景区住宿服务	076
一、旅游景区住宿服务概述	077
二、旅游景区住宿服务设施的类型	077
三、旅游景区住宿服务的要求和管理	079
第三节　旅游景区购物服务	082
一、旅游景区购物服务概述	083
二、旅游景区购物商品的销售	085
三、旅游景区购物环境的营造与管理	087

第四节　旅游景区娱乐服务 ·· 089
　　　　一、旅游景区娱乐服务概述 ·· 089
　　　　二、旅游景区娱乐服务的类型 ·· 090
　　　　三、旅游景区娱乐服务的设计与管理 ·· 093

第五章　景区旅游产品开发与管理　098
　　第一节　景区旅游产品概述 ·· 099
　　　　一、景区旅游产品的概念与特点 ·· 099
　　　　二、景区旅游产品的类型 ·· 103
　　　　三、景区旅游产品开发 ·· 106
　　第二节　遗产型景区产品开发与管理 ·· 115
　　　　一、历史人文景观类景区产品开发与管理 ·· 116
　　　　二、自然景观类景区产品开发与管理 ·· 120
　　第三节　开发型景区产品开发与管理 ·· 130
　　　　一、人造景区产品开发与管理 ·· 131
　　　　二、旅游度假区产品开发与管理 ·· 135

第六章　旅游景区营销管理　139
　　第一节　旅游景区营销管理概述 ·· 140
　　　　一、旅游景区营销的概念和特点 ·· 141
　　　　二、旅游景区营销管理的任务 ·· 141
　　　　三、旅游景区营销管理的过程 ·· 143
　　第二节　旅游景区市场调研与预测 ·· 144
　　　　一、旅游景区市场调研的概念 ·· 144
　　　　二、旅游景区市场预测概述 ·· 144
　　　　三、旅游景区市场细分与目标市场的选择 ·· 145
　　第三节　旅游景区产品组合营销策略 ·· 146
　　　　一、旅游景区形象营销 ·· 147
　　　　二、旅游景区产品组合营销策略 ·· 149
　　第四节　旅游景区促销策略 ·· 150
　　　　一、广告促销 ·· 151
　　　　二、促销定价策略 ·· 151
　　　　三、节庆营销 ·· 152
　　　　四、直接营销策略 ·· 152

第七章　旅游景区环境管理　154

第一节　景区环境管理概述 … 155
一、景区环境的概念与构成要素 … 155
二、景区环境管理的概念及特点 … 158
三、景区环境管理的意义 … 159
四、景区环境管理的主要手段 … 159

第二节　景区容量管理 … 162
一、景区容量的概念 … 162
二、景区容量的组成 … 162
三、景区容量的测量 … 163
四、旅游超载预防与控制 … 165

第三节　景区游客管理 … 166
一、游客管理的含义与内容 … 166
二、游客管理的意义 … 167
三、游客不文明行为产生的原因和心理 … 169
四、游客行为的引导和管理 … 170

第四节　景区卫生管理 … 176
一、景区卫生管理的重要性 … 176
二、景区卫生管理的主要内容 … 177

第八章　旅游景区运营服务　182

第一节　旅游景区安全管理 … 183
一、旅游景区安全管理概述 … 184
二、旅游景区安全事故的表现形式及原因 … 185
三、旅游景区安全管理体系构建 … 189
四、游客安全行为引导 … 194

第二节　旅游景区智慧管理 … 197
一、智慧旅游概述 … 198
二、智慧景区建设 … 199
三、智慧景区管理 … 200

第三节　旅游景区危机管理 … 205
一、旅游景区危机概述 … 206
二、旅游景区危机的应对策略 … 208

参考文献　212

第一章 01

旅游景区概述

项目导读

旅游景区作为整个旅游产业系统的核心和主体,是我国旅游业发展的重要依托和动力之源,也是区域旅游产业发展的核心动力。在后疫情时代,更应该注重旅游景区的服务与管理,这样才能有利于景区的规划与开发,才能为旅游者提供更为满意的旅游产品。因此本章将对旅游景区的概念、分类和等级划分进行具体介绍,重点讨论旅游景区服务与管理的要求。

学习要求

通过本项目的学习,理论上掌握旅游景区的概念与特点,了解旅游景区的分类及等级划分,熟悉旅游景区服务和管理的要求;在实践应用方面建构旅游景区服务与管理的背景性知识体系,为以后学习和掌握有关景区服务与管理的实践打下基础。

思维导图

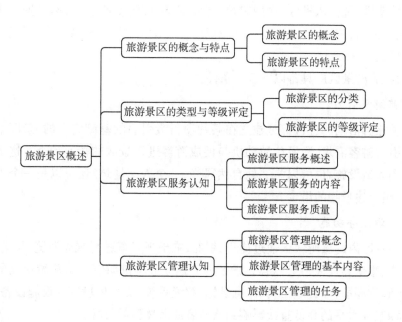

第一节　旅游景区的概念与特点

旅游景区是旅游活动的核心和空间载体,是旅游系统中最重要的组成部分,也是激励旅游者出游的最主要因素,是一个国家人文资源和自然资源的精华。旅游业和旅游服务都是依附于旅游景区而存在的,旅游景区产品的开发和品牌推广也是以旅游景区的存在为前提和基础的。

一、旅游景区的概念

各个国家和地区为了迎合旅游需求,纷纷挖掘地区资源,设立各式各样的旅游景区接待游客。从形式上看,似乎有景、有游、有门票的区域都可称为旅游景区。"旅游景区"这一概念可以分为广义和狭义两类:广义的旅游景区几乎等同于旅游目的地;而狭义的旅游景区则是一个吸引游客休闲和游览的实体。

(一)旅游景区的概念

本书所探讨的"旅游景区"采用狭义上的概念,是以旅游及其相关活动为主要功能或主要功能之一的空间或地域。旅游景区是指具有参观游览、休闲度假、康乐健身等功能,具备相应旅游服务设施并提供相应旅游服务的独立管理区。该管理区应有统一的经营管理机构和明确的地域范围,包括风景区、文博院馆、寺庙观堂、旅游度假区、自然保护区、主题公园、森林公园、地质公园、游乐园、动物园、植物园及工业、农业、经贸、科教、军事、体育、文化艺术等各类旅游景区。

具体而言,旅游景区应具备以下三个条件:

1. 具有旅游吸引力

任何一项旅游活动的进行都是建立在某种项目吸引力的基础之上的,景区中核心景物的吸引力是引发游客需求、激发旅游动机与促成游客进入景区的核心动力。这里的核心景物可以是一项人造设施,也可以是一处自然风光、一个人文建筑,还可以是一个人或是一个故事,或是一组上述景物的组合。

2. 具有旅游服务功能

旅游者在景区内的旅游大致通过徒步、划船、乘坐观光车进行观光游览、品尝风味小吃、体验节事文化、感受异样风情等内容。景区内应建立起辅助游客完成旅游活动的各种硬性的设施、设备和软环境,如交通工具、休息设施、解说系统、安全环境等。设施设备是否齐全、环境的优劣和服务水平的高低直接影响到旅游者旅游体验的好坏。

3. 有限的地域空间范围

从旅游景区的经营管理角度而言,旅游景区具有一定的规模和范围,这种范围的界限可以是一个自然实体,如山林、江河等,也可以是一个人工的隔离物。从游客观光、欣赏的角度而言,旅游景区在明确的地理分界以外,还应有一个缓冲地带,这个缓冲地带可以让游客在此感受景区的某种文化,甚至可以在某个站位看到景区内的部分景物。如昆明的翠湖景区,游客可以在白石围成的景区周边看到红嘴鸥在湖水上嬉戏。

(二) 旅游景区的相关概念

1. 旅游景点和旅游景区

国内学者对"tourist attraction"这一英文词组的翻译是"旅游景区"或"旅游景点",多数学者将旅游景区和旅游景点视为一个概念的不同说法;有的学者对其做了详细说明,认为空间范围大的旅游景点即是旅游景区。从字面上看,景区和景点是面和点的关系,不能将其混为一谈;旅游景点是构成旅游景区的单位;旅游景区是由单个旅游景点或多个旅游景点构成的地域。例如,岳麓山旅游景区就包含了"爱晚亭""古麓山寺""岳麓书院"等旅游景点。

2. 旅游资源和旅游景区

凡能够对旅游者产生吸引力的自然因素、社会因素或其他任何因素都可构成旅游资源,大体分为自然旅游资源和人文旅游资源两大类[①]。旅游资源是构成旅游景区的"素材",是旅游产品的核心内容;旅游景区是旅游资源要素和其他要素有机组合形成的地域空间。另外旅游资源既包括已经开发利用的,也包括未被开发利用的;既有有形的,也有无形的;既有物质的,也有非物质的(如非物质文化遗产)。但旅游景区必须是已被开发利用的、有形的和物质的,也就是说旅游资源只有经过开发并在交通可达性已解决及服务硬件和管理软件都齐备的情况下,才能形成综合吸引力,也才能对旅游业的发展产生实质性的影响。

3. 旅游目的地和旅游景区

旅游目的地是一个从旅游者角度而言的地方,是一个与旅游客源地相对应的名词,含义宽泛,既可以是具有某个特定功能的旅游胜地,如西湖;也可以是某个可以进行旅游活动的城市,如西湖所在地杭州市;甚至可以泛指整个国家。由此可见,旅游景区的地理区位在旅游目的地的范围内。

二、旅游景区的特点

(一) 空间的地域性

地域性是指任何形式的旅游景区必然受到当地的自然、社会、文化、历史、环境的影响和

---

① 李天元.旅游学概论[M].7版.天津:南开大学出版社,2014.

制约。地域性表现在旅游景区的差异上,一种景观、一种戏曲、一种饮食、一种宗教、一个民族都体现了地域的差异,这种差异形成了不同地域的特色。认识和理解地域性有助于在旅游景区品牌的定位中明确方向和目标,在确定了地方风格之后,可以从三方面对本地的特征着手研究和分析:一是对自然地理特征的研究。一个地方是否在地理特性方面具有与其他地区截然不同的特征,或者占有特殊地位,这些都有可能被强化为地方性,成为吸引旅游者的事物。二是对历史文化特征的研究。对地方的历史过程进行观察分析,寻找具有一定知名度和影响力的历史遗迹、历史人物、历史事件和古代文化背景,作为地方性的构成要素。三是对现代民族民俗文化的研究。在历史记载和考古发现尚不充分的地区,同样可以通过对当地现代民族文化和民俗文化的考察分析,提炼出有地方特色的景观特性。特别是在一些少数民族集中地区,民族文化往往构成具有旅游号召力的精彩内容,为旅游景区品牌形象的设计和旅游目的地的营销打下坚实的基础。

(二)产品的可创性

旅游景区的可创性是指旅游景区并不是一成不变的、呆板的,一些旅游景区是可以根据人们的意愿和自然的规律进行创造、制作而再生、再现的。可创造性是旅游景区的重要特征。如苏州的园林,就是历代达官贵人、豪商富户和文人所建,是我国私家园林的典型代表,虽然这些私家园林规模较小,但园中奇石秀水、亭台楼阁、珍树奇花,无不典雅秀美,且能以小见大,仿效自然,显"移天缩地"之功。旅游景区的可创造性给我们以下启示:其一,随着时间的推移,人们的兴趣、需要以及时尚也随之发生变化,这使得旅游产品的创新成为必要和可能,如某一旅游景区的内容、形式不断变化和创新,就可以形成新的旅游产品,使旅游景区得以持续发展;其二,在传统旅游产品相对固定的旅游景区,为了发展旅游业,可根据当地的经济实力结合新业态的发展需求,有针对性地开发研学旅游产品、亲子旅游产品等等。

(三)功能的整体性

旅游景区的整体性是建立在旅游资源整体性基础上的。旅游资源的整体性就是指一种旅游资源与另一种旅游资源之间,旅游资源与社会自然环境之间,都存在着内在的深刻联系,它们相互依存、相互作用、互为条件、彼此影响,构成了一个有机整体。因旅游资源是整体的,所以决定了旅游景区的整体性。从自然景区角度看,西北地区的黄土高坡、荒漠地形和气候,形成了独特的动植物水象景观;南方众多的瀑布、河流和葱郁的森林植被,种类繁多的珍稀动物及适宜的气候共存于一体。从人文景区角度看,正是非洲的热带环境氛围培育了热烈奔放的民族气质,形成了雄壮豪迈的自然、人文景观;东亚的温带环境则滋养了刚柔并济的民族风韵,形成了壮丽秀美的自然、人文景观。可见,这种自然和人类活动的交融影响和渗透,构成了旅游景区在更大范围内统一性、整体性的特点。

第二节 旅游景区的类型与等级评定

◇ 案例导入

青海两大5A级景区联手发力全域旅游

为深入贯彻落实党的十九大和省第十三次党代会精神,积极融入"一带一路"倡议,努力构建合作发展新平台、新机制,2018年4月,青海省青海湖旅游集团有限公司与湟中县(2020年7月22日已更名为湟中区)政府签署文化旅游资源开发战略合作框架协议,标志着塔尔寺、青海湖两大国家级5A级景区强强联合,共同助推青海省全域旅游发展(见图1-3、图1-4)。

图1-1 塔尔寺

图1-2 青海湖

湟中县历史悠久,山川秀美,交通便利,自然景观和人文景观都别具特色。塔尔寺是藏传佛教文化旅游胜地。青海省青海湖旅游集团有限公司与湟中县强强联手,双方将利用自身资源,秉承"全域全季旅游"发展方向,在文化旅游资源开发、景区规划建设和运营管理、旅游精品线路打造、特色旅游产品研发销售、旅游客源市场拓展等领域开展合作,为加快推进全域旅游步伐、全面实施智慧旅游做出示范。

签约仪式上,青海省青海湖国际旅行社有限公司还与青海大宋农业科技股份有限公司、青海省润博教育文化传播有限公司、湟中文化旅游开发建设有限公司、北京紫荆执象科技发展有限公司共同签订了《芸众智慧旅游合作框架协议书》。

(资料来源:张傲.青海两大5A景区联手发力全域旅游[N].海东时报.2018-04-17(A08).)

一、旅游景区的分类

上面案例中提及的两大5A级景区联手发展旅游,5A级为旅游景区的一种分类,其实旅游景区类型很多,分类标注也很多,常见的划分标准有按景区的质量等级划分、按旅游资源类型划分、按旅游景区的功能和用途划分、按景区的管理归属划分等等。

(一)按旅游景区质量等级划分

国家旅游局2012年制定的《旅游景区质量等级管理办法》中规定,旅游景区质量等级划分为五个等级,从低到高依次为 A、AA、AAA、AAAA、AAAAA。凡在中华人民共和国境内正式开业一年以上的旅游景区,均可申请质量等级。3A 级及以下等级旅游景区由全国旅游景区质量等级评定委员会授权各省旅游景区质量等级评定委员会负责评定,省级旅游景区评定委员会可向条件成熟的地市级旅游景区评定委员会再行授权。4A 级景区从公告 3A 级两年以上的旅游景区中推荐产生,4A 级景区由各市级旅游景区质量等级评定委员会推荐、省级旅游景区质量等级评定委员会组织评定。5A 级旅游景区由省级旅游景区质量等级评定委员会推荐,全国旅游景区质量等级评定委员会组织评定。

(二) 按旅游景区资源类型划分

按照国家标准《旅游资源分类、调查与评价》(GB/T 18972—2017)对旅游资源的分类,根据旅游资源的性状,即现存状况、形态、特性、特征划分为两类:稳定的、客观存在的实体旅游资源和不稳定的、客观存在的事物和现象。分类结构上分为"主类""亚类""基本类型"3个层次,每个层次的旅游资源类型有相应的英文字母代号,旅游资源基本类型分类表 1-1。

◇ 知识链接

表 1-1 旅游资源分类表

主类	亚类	基本类型
A 地文景观	AA 自然景观综合体	AAA 山丘型景观、AAB 台地型景观、AAC 沟谷型景观、AAD 滩地型景观
	AB 地质与构造形迹	ABA 断裂景观、ABB 褶曲景观、ABC 地层剖面、ABD 生物化石点
	AC 地表形态	ACA 台丘状地景、ACB 峰柱状地景、ACC 垄岗状地景、ACD 沟壑与洞穴、ACE 奇特与象形山石、ACF 岩土圈灾变遗迹
	AD 自然标记与自然现象	ADA 奇异自然现象、ADB 自然标志地、ADC 垂直自然带
B 水域景观	BA 河系	BAA 游憩河段、BAB 瀑布、BAC 古河道段落
	BB 湖沼	BBA 游憩湖区、BBB 潭池、BBC 湿地
	BC 地下水	BCA 泉、BCB 埋葬水体
	BD 冰雪地	BDA 积雪地、BDB 现代冰川
	BE 海面	BEA 游憩海域、BEB 涌潮与击浪现象、BEC 小型岛礁
C 生物景观	CA 植被景观	CAA 林地、CAB 独树与丛树、CAC 草地、CCD 花卉地
	CB 野生动物栖息地	CBA 水生动物栖息地、CBB 陆地动物栖息地、CBC 鸟类栖息地、CBD 蝶类栖息地
D 天气与气候景观	DA 天象景观	DAA 太空景象赏地、DAB 地表光现象
	DB 天气与气候现象	DBA 云雾多发区、DBB 极端与特殊气候显示地、DBC 物候景象

(续表)

主类	亚类	基本类型
E 建筑与设施	EA 人文景观综合体	EAA 社会与商贸活动场所、EAB 军事遗迹与古战场、EAC 教学科研实验场所、EAD 建设工程与生产地、EAE 文化活动场所、EAF 康体游乐休闲度假地、EAG 宗教与祭祀活动场所、EAH 交通运输场站、EAI 纪念地与纪念活动场所
	EB 实用建筑与核心设施	EBA 特色街区、EB 特性屋舍、EBC 独立厅、室、馆、EBD 独立场、所、EBE 桥梁、EBF 梁道、运河段落、EBG 堤坝段落、EBH 港口、渡口与码头、EBI 洞窟、EBJ 陵墓、EBK 景观农田、EBL 景观牧场、EBM 景观林场、EBN 景观养殖场、EBO 特色店铺、EBP 特色市场
	EC 景观与小品建筑	ECA 形象标志物、ECB 观景点、ECC 亭、台、楼、阁、ECD 书画作、BCE 雕塑、ECF 碑碣、碑林、经幢、ECG 牌坊牌楼、影壁、ECH 门廊、廊道、ECI 塔形建筑、ECJ 景观步道、甬路、ECK 华草坪、ECL 水井、ECM 喷泉、ECN 堆石
F 历史遗迹	FA 物质类文化遗存	FAA 建筑遗迹、FAB 可移动文物
	FB 非物质类文化遗存	FBA 民间文学艺术、FBB 地方习俗、FBC 传统服饰装饰、FBD 传统演艺、FBE 传统医药、FBF 传统体验赛事
G 旅游购品	GA 农业产品	GAA 种植业产品及制品、GAB 林业产品与制品、GAC 畜牧业产品与制品、GAD 水产品与制品、GAE 养殖业产品与制品
	GB 工业产品	GBA 日用工业品、GBB 旅游装备产品
	GC 手工工艺品	GCA 文房用品、GCB 织品、染织、GCC 家具、GCD 陶瓷、GCE 金石雕刻、雕塑制品、GCF 金石器、GCG 纸艺与灯艺、GCH 画作
H 人文活动	HA 人事活动记录	HAA 地方人物、HAB 地方事件
	HB 岁时节令	HBA 宗教活动与庙会、HBB 农时节日、HBC 现代节庆
数量统计		
8 主类	23 亚类	110 基本类型

[注] 如果发现本分类没有包括的基本类型时,使用者可自行增加。增加的基本类型可归入相应亚类,置于最后,最多可增加2个。编号方式为:增加第1个基本类型时,该亚类2位汉语拼音字母+Z;增加第2个基本类型时,该亚类2位汉语拼音字母+Y。

(三)按旅游景区功能和用途划分

按照功能和用途划分,旅游景区可分为开发型旅游景区和遗产型旅游景区。

开发型旅游景区如主题公园、旅游度假区等,主要功能是为游客提供快乐,为投资者赢得利益。

遗产型旅游景区如风景名胜区、自然保护区、文物保护单位、森林公园、地质公园、历史文化名城等,其景区资源往往具有不可再生性,主要突出其保护功能。

（四）按旅游景区管理归属划分

我国旅游景区管理主体多样，以景区的管理部门作为分类依据，形成了我国现有景区管理主体分类系统，如归属国家林业和草原局的国家级风景名胜区、国家级森林公园、国家级自然保护区、国家级地质公园，归属文化和旅游部的国家级旅游度假区，归属国家文物局的国家级文物保护单位。

二、旅游景区的等级评定

（一）旅游景区质量等级划分

国家标准《旅游景区质量等级的划分与评定》（GB/T 17775—2003）是旅游景区质量等级划分与评定的依据，该标准将旅游景区质量等级划分为五级，从高到低依次为 AAAAA、AAAA、AAA、AA、A 级旅游景区。

旅游景区质量等级的确定，依据《服务质量与环境质量评分细则》《景观质量评分细则》的评价得分，并结合《游客意见评分细则》的得分综合进行评价。从旅游交通（145 分）、游览（210 分）、旅游安全（80 分）、卫生（140 分）、邮电服务（30 分）、旅游购物（50 分）、综合管理（190 分）、资源与环境保护（155 分）8 个方面进行评分，满分 1000 分，其中 A 级为 500 分以上、AA 级为 600 分以上、AAA 级为 750 分以上、AAAA 级为 850 分以上、AAAAA 级为 950 分以上。

（二）旅游景区质量等级划分的意义

旅游景区的划分旨在加强对旅游景区的管理，提高旅游景区服务质量，维护旅游景区和旅游者的合法权益，促进我国旅游资源开发、利用和环境保护。特别是全国首批 5A 级旅游景区的服务质量和环境质量得到明显的改善和提高，取得了良好的经济效益和社会效益，为全面提升中国旅游景区的行业素质，推出一批具有国际水准的旅游景区发挥了积极作用。

第三节　旅游景区服务认知

一、旅游景区服务概述

（一）旅游景区服务的概念

旅游景区服务是指景区工作人员借助景区的旅游产品、服务设施和服务技能，为旅游者提供便利的服务活动。旅游景区服务概念从不同角度理解，指向不同，从景区角度来看，景区服务是景区向旅游者提供的具有一定品质的无形产品，而且是重要产品，旅游者对服务的满意度往往比景区的风光景致、文化内涵更能影响其在旅游者心目中的形象，所以旅游景区的经营者要以服务为中心，服务质量是景区整体竞争力的重要内容。

（二）旅游景区服务的特征

1. 服务对象的差异性

旅游景区服务的是不同身份、职业、性别等不同的旅游者，不同旅游者群体差异明显，他们的消费需求和动机、兴趣、爱好等不同，但他们的共同目标都是希望得到优质的服务，因此，景区服务工作要想得到不同旅游者群体的赞许，是一件非常难的事情。

2. 服务产品的无形性

景区服务是无形的、不可储存的，而且具有看不到、摸不着的特点，它不同于实务产品是有形的，对于旅游者而言，景区服务在于旅游体验需求的满足和感觉，对于景区来说，它虽然也属于景区旅游产品的重要内容，但它是无形的。

3. 服务内容的复杂性

景区的服务内容是多样性的、综合性的服务，从服务的表现形式来分析，景区服务可以分为硬件服务和软件服务，硬件服务包括旅游接待设施服务，如检票服务、设施设备服务、公共厕所灯具等，软件服务包括如咨询服务和导游讲解服务等。从与服务对象接触的密切程度来分析，可以分为直接服务和间接服务，直接服务是指直接提供服务的设施（如游览、饮食餐饮设施）与人员服务，间接服务包括有关的设施（如通信、急救设施）与人员服务。旅游景区服务实际上是通过给旅游者提供一种愉悦的经历来完成的，要保证每一项服务都到位，每一个环节都顺畅，每一位旅游者都满意，这项工作是十分复杂的。

4. 服务条件的多样性

对于不同景区来说，景区的资源和服务设施大不相同，即使是相同的景区，服务人员的素质也不尽相同，不能保证服务的同时性和相同性，因此，服务条件是多样化的。

二、旅游景区服务的内容

旅游景区提供的服务产品具有复杂性和综合性，它的服务内容也不尽相同，不同类型的景区如风景名胜区、主题公园、旅游度假区等的个性特点、景点内容、功能体系和所处区域不同，其服务内容也会有所不同，因此每一个景区的服务除了有一些共通之处外，还具有不同的风格和特点。旅游景区的服务内容主要包括景区咨询服务、票务服务、排队服务、讲解服务、商业服务等，景区的接待服务是旅游者对景区的第一印象，表1-2所示为不同类型的旅游景区服务的主要内容。

表1-2 不同类型旅游景区服务的主要内容

环节 \ 类型	风景名胜区	主题公园	旅游度假区
不同环节	索道服务	娱乐设施服务	养生、运动休闲服务
相似环节	票务服务、排队服务、咨询服务、讲解服务、商业服务		

(一) 景区咨询服务

在大众休闲旅游时代，自由行旅游者越来越多，他们会通过各种渠道了解和咨询景区相关信息，旅游者咨询信息时一般会通过电话咨询、网络平台咨询和景区内直接当面咨询来实现，景区须为旅游者提供咨询服务。

(二) 景区票务服务

票务服务主要包括售票服务和检票服务，售票服务是旅游者购买景区门票的过程，目前旅游者购买门票有通过网络平台、现场人工或智能售票机等，验票服务是景区检验门票和统计旅游者数量的过程。

(三) 景区排队服务

排队服务是旅游者进入景区之前验票或参加景区内某一项活动时的等候环节，在游客密集时段，对于景区来说，排队服务是一个关键环节，旅游者排队过程中的引导服务可以缓解旅游者等待时的焦虑心情，并保证人群密集时的安全。

(四) 景区讲解服务

景区讲解服务是为了使旅游者更好地了解景区而进行的景点知识内容讲解的过程，景点讲解服务包括人工讲解、电子导游讲解、智能讲解系统。

(五) 景区商业服务

景区商业服务包括接待设施服务、住宿服务、交通服务、娱乐设施服务、纪念品服务、生活用品服务等。

三、旅游景区服务质量

旅游景区服务质量是指景区的以资源、设施、环境为基础的服务产品带给旅游者的感受，以旅游者满意度为衡量标准，景区服务质量包括硬件质量和软件质量，硬件质量指景区交通、设施、商品等实物的质量，软件质量指景区环境、工作人员的素质等无形产品的质量。

(一) 旅游景区服务质量的构成

旅游景区服务是由不同的服务项目、服务岗位来实现的，因此旅游景区的服务质量是由各个服务项目和环节共同构成的,每一个服务项目和环节都是不可或缺的组成部分,本节参照迈克尔·波特的企业竞争优势价值链,分析景区服务质量的环节(见图1-3)。

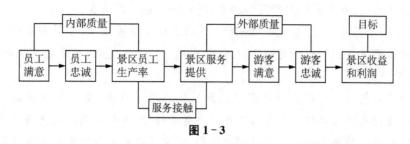

图1-3

旅游景区服务质量可以由内部质量和外部质量来保证,内部质量主要指以内部员工为主导的服务生产率,外部质量是指旅游者为主的满意和忠诚度,景区内部服务质量直接影响外部质量的产生,而连接内外服务质量的是服务接触,服务接触是实现景区服务的重要环节。

(二)旅游景区接待服务三步法

旅游景区服务质量是由服务接触来实现的,服务接触的各个环节都有各自的核心服务,每个岗位和核心服务是不同的,但是服务接触的基本环节是相同的,每次服务接触都包含迎客、服务和送客的三个部分。

迎客是每位工作人员在看到旅游者时积极主动为其提供服务,并通过目光关注,微笑、语言问候来欢迎客人,确定旅游者向自己走来或途中遇到旅游者应主动关注对方,并向对方问候:"您好,欢迎光临。"

服务是景区服务接触的核心,此时对工作人员的要求是服务语言亲切和蔼、服务仪态标准规范、服务态度积极主动、服务内容专业到位,以上都会给旅游者留下直观的印象。

送客是服务接触的结束,是服务中的重要环节,是优质服务的品质收尾,一般要求服务人员在对游客服务结束时配合肢体语言说:"祝您游玩愉快!"

第四节 旅游景区管理认知

◇ **案例导入**

所有迪士尼乐园都有发展理念的关键词,也就是为了实现乐园核心理念而提出的具体指导方针,就东京迪士尼而言,乐园的关键词围绕"家庭娱乐"四个字而展开,表现为四个方面:安全(safety)、礼貌(courtesy)、表演(show)与效率(efficiency),也就是 SCSE。具体来说,安全是指游客可以放心地使用游乐设施、购买商品、享用美食等,让游客安心地享受在迪士尼里的美好时光,这是提供服务首先就应该考虑的要素,对普通企业而言,就是在提供服务时首先考虑商品的安全性。

  礼貌是指待人处事的态度。服务是人与人所做的行为，因此，就存在一些必须遵守的礼仪，对普通企业而言，商品最终要传送给顾客，所以一点也不能马虎。

  表演是指娱乐界所说的"表演必须继续"，在每天的节目表演中，演员都要带着第一次演出的心情；舞台建筑行业不允许有油漆脱落、灯光不亮的情况发生，对普通企业而言，就是要避免出现劣质产品。

  最后，效率是指让尽可能多的游客享用到乐园的游乐设施，游客是专程到游乐园游玩的，如果他们没能来得及参与几个游乐项目就要离开的话，主题公园也就失去了意义。对普通企业而言，效率一词要求的是生产效率的提高、价格策略的合理制定与客源的尽力争取。

  突发事件下的 SCSE 法则

  同其他企业一样，在迪士尼乐园的实际运作中，员工手册必不可少，但是突发事件发生时仅靠员工手册是不能解决所有问题的，这时 SCSE 的意义不言而喻，当遇到意外情况时，员工只要遵循迪士尼乐园的 SCSE 法则去处理就没有问题。

  S——能否确保游客的生命安全？
  C——能否彬彬有礼地处理问题？
  S——能否破坏游客的雅兴？
  E——对于游客而言，这是不是迅速有效的解决方式？

  对经理而言，员工引发问题并做处理之后，还要考虑以下内容：

  S——能否确保游客与员工的生命安全？
  C——能否彬彬有礼地处理问题？员工的行为是否得当？
  S——能否破坏游客的雅兴？员工的行为是否得当？
  E——对于游客而言，这是不是迅速有效的解决方式？员工是否采取了迅速有效的处理方式？

  总之，迪士尼乐园所体现的 SCSE 法则，完全可以也应该贯彻于一般企业管理运作的实践当中。

［资料来源：芳中晃.迪士尼乐园管理"秘方"[J].招商周刊,2005(48).］

  上述案例中具体讲述了迪士尼乐园的管理方法，通过阅读案例可以大致了解旅游景区管理的相关内容，下面小节内容我们具体探讨下旅游景区管理的概念、基本内容和任务，同学们也可以结合迪士尼乐园管理案例进行解析。

一、旅游景区管理的概念

（一）旅游景区管理的定义

  旅游景区管理是对旅游景区的人、财、物、信息等多种资源进行有效整合，为实现旅游景区经济效益、社会效益和环境效益最大化，并实现旅游景区可持续发展的动态创造性活动。

(二) 旅游景区管理的内涵

旅游景区管理作为一个统一体主要由两个方面组成：管理的主体和管理的客体。管理总是主体对客体的作用，客体又对主体产生反作用，从而促进管理的发展。管理的主体是指景区管理机构和管理者，通常由四个部分组成：决策者、执行者、监督者、参谋者。在管理中主体起着主导作用，决定和支配着客体的运动，因此，管理主体的主观能动作用就显得特别重要；景区管理的客体就是景区实体，包括景区人、财、物、信息、形象、景区的市场和业务，以及与景区业务和效益相关的所有方面。景区管理者的管理对象主要包括以下内容：

1. 人力：员工的能力、态度、情绪和士气等。
2. 物力：景区的设施设备、旅游资源、工具等。
3. 信息：市场信息、竞争情况、管理报表等。
4. 形象：景区的视觉形象、产品定位等。

二、旅游景区管理的基本内容

(一) 旅游景区战略管理

发展战略是旅游景区长期发展目标能否顺利实现的关键，而科学的发展战略是景区发展目标得以顺利实现的保证。旅游景区战略管理是在市场经济条件下，根据景区内外环境及可取得资源的情况，为实现景区持续发展，对景区发展目标、达成目标的途径和手段的总体谋划，它具体包括景区经营方向、建立景区战略目标、制定景区经营战略、景区经营战略实施与控制、景区经营战略评价与修正。

(二) 旅游景区资源开发管理

旅游者是旅游景区存在的前提，如果没有旅游者到访，就不能称为旅游景区。不断开发和建设是保持和增加旅游景区对游客吸引力的重要手段，即便是一个运营多年的景区，在其经营的过程中依然需要根据市场的变化挖掘资源前来，不断开发新项目，增加新的人文景观和活动内容，以促进旅游者的重游率。此外，在对旅游景区资源进行开发利用的同时，一定要强调对资源的保护。

(三) 旅游景区运营管理

我国目前多数的旅游景区采用企业形式进行营利性经营，对这类景区来说，管理的主要内容就是日常经营活动，并且日常经营管理的过程也相对复杂，涉及景区设施设备的管理和维护、景区环境卫生的管理、景区突发事件的管理、景区智慧管理等等。

(四) 旅游景区营销管理

旅游景区近几年也是受到疫情影响，旅游者的人数有所减少，因此景区营销管理也是景区管理的重要内容之一,一方面做好传统的景区旅游产品的线下宣传与促销,另一方面更要积极使用新媒体技术,利用抖音、微信公众号及小程序等做好线上旅游景区营销。

(五) 旅游景区安全管理

安全是旅游景区生存之本,没有安全,就谈不上景区的运营管理,因此在景区运营管理中,对安全工作的重视要高于一切。在景区安全管理上首先要增加安全工作的硬件及软件设施投入,降低安全风险;其次要形成完善的可操作的安全硬件预案体系,并且经常展开演练,提高景区处置安全突发事件的应急能力;最后还要将完全巡查落实到平常的管理中去,特别还要增加对疫情管控的巡查,建立安全隐患整改机制,为旅游者创设更加安全的旅游环境。

(六) 旅游景区人力资源管理

景区直接面向旅游者,主要通过为旅游者提供旅游产品,使其获得精神上的满足,面对不同消费需求、消费偏好、消费能力的旅游者,景区必须在依托自身物质性旅游资源的基础上,为旅游者提供周到、细致的服务。旅游景区员工的工作效率与工作态度往往直接影响景区的服务质量,从而影响旅游景区形象以及经济和社会效益。旅游景区需要一支精干、高效的专业化队伍,因此人力资源的管理自然也就成为景区管理的关键性工作。

三、旅游景区管理的任务

旅游景区管理的任务,概括地说,就是全面负责旅游景区的保护、规划、建设和管理,使之永续利用,开展旅游活动,促进地方经济持续发展。

(一) 实施全方位保护和管理

旅游景区的健康发展是有利于社会的一项公益事业,具有环境、社会和经济等多重效益。旅游景区的各种自然和人文旅游资源组合成各具特色的景观,是旅游景区的家底,对旅游景区旅游资源的保护是保护景观多样性的需要,发展旅游景区事业,第一可把旅游资源保护好,第二通过对旅游景区的审批和建立,逐步带动地区经济的发展。

鉴于旅游景区旅游资源的稀缺性、脆弱性和不可再生性,需要人们倍加珍惜和爱护。因此,完全有必要将旅游资源的保护工作放在高于一切的首位加以考虑,时刻铭记,不可掉以轻心,要严格保护各种旅游资源,使之得以完整保存、永传于世。

(二) 编制发展规划与开发建设

规划是建设的先导,为合理开发建设勾绘蓝图,是旅游景区规划工作的一项重要任务,就是在所属人民政府领导与主管部门的指导和支持下,组织有关科技力量,深入调查研究,认真编制发展总体规划和详细规划,并负责规划的具体实施和定期的修订工作。

发展是为了更好地生存,要发展就要建设,旅游景区管理机构要精简稳妥地做好开发建设工作,要使内部交通形成网络,开通国内、国际程控电话,兴建税点和环保设施,建设阶段服务设施和文化娱乐设施,不断开发、建设特色新景点,丰富旅游内容,扩大环境容量,形成"食、住、行、游、购、娱"一条龙服务体系,以提高经济效益。

(三) 发展旅游事业

进入新时代,随着人们生活日渐富裕,精神文化需求日益增加,到祖国名山大川、名胜古迹观光游览和休闲度假,成为人们的必要选择。

旅游景区要充分利用自身的资源,开展健康、有益的游览和文化娱乐活动,按合理的环境容量和现有的物质、技术条件安排好旅游,将环境优美、秩序良好的旅游景区建设成为有益于人民群众身心健康和进行科普教育、普及历史文化知识、激发爱国主义热情的游览胜地。

(四) 发展地方经济

发展旅游景区事业是社会物质文明和精神文明建设的一个重要方面,保护和开发旅游景区不仅保护了国家的自然和文化遗产,改善了自然生态环境,满足了人们日益增长的物质和文化生活需要,而且促进了当地经济建设的发展,成为国民经济建设的组成部分,这在国际上已形成了共识。

旅游景区可以带动整个地方旅游业的发展,旅游业本身就是一个创收高、来利快、创汇便利的综合性经济产业。在市场经济条件下,产生了有形资产和无形资产,旅游景区的名称就是一种无形资产,受惠于旅游景区的名称,特别是国家级的旅游景区,各企业单位在对外宣传及招商引资时,往往有好的效果。审定批准建立国家各级风景旅游区,保护旅游资源,主要也是为当地经济发展创造条件,因此旅游景区要积极为地方经济腾飞"搭台",开展旅游活动,向外界宣传当地的自然和社会风貌,交流信息,扩大地方的知名度,在招商引资方面发挥媒介作用,为促进国家和地方经济建设全面发展充分发挥积极的推动作用。另外,随着旅游景区的开发,大量游客进入景区,给周边乡村旅游发展旅游服务的副产品、工艺品、园艺和果品、土特产品等提供了大好机遇,为村民致富开辟了新门路,从而为促进地方经济全面发展注入了新的活力。

(五) 正确处理诸边关系

旅游景区的环境、社会和经济等三大效益,备受人们关注,并且旅游景区工作涉及许多方面,因此要大力宣传,让领导、各有关部门和广大群众,特别是周边村民和单位更多地了解旅游景区事业的性质、特点、地位和作用,争取广泛的理解、支持、参与和投入,发挥各个方面的积极性,共同把旅游景区工作做好。同时,旅游景区管理结构也应加强与各相关方面的协调,友好相处,相互帮助,谦虚谨慎,合作共事,共同建设好旅游景区。尤其是要处理好与地方政府的关系,通过地方人大或政府建立、健全地方法规,来加强旅游景区的保护,加强执法监督。

实训与练习

一、思考题

1. 什么是旅游景区的概念？旅游景区可以按哪些标准进行分类？
2. 旅游景区的特点是什么？
3. 旅游景区服务的主要内容是什么？
4. 旅游景区管理的任务有哪些？

二、实训题

实训主题活动——"谁不说自己家乡美"

1. 请籍贯相同的同学组成一组谈谈自己的家乡都有哪些景区。
2. 每组制作出图文并茂、能充分反映地方特色景区的PPT。
3. 全班对照PPT分析景区所属类型。
4. 评选出两组"最美家乡"。

第二章 02

旅游景区接待服务

项目导读

景区接待服务是景区中难度最大的服务工作之一,也是相对较难管理和控制的环节之一。从迎接旅游者进入景区、提供咨询、安排导游到送旅游者离开景区,整个过程始终面对旅游者,涉及范围广,细节繁多。旅游者形成的第一印象和最后印象都在接待服务的过程中产生,所以接待服务是景区服务管理中最重要的环节之一。接待服务包括票务服务、入门接待服务、咨询服务和投诉受理服务。

学习要求

通过本项目的学习,了解接待服务的主要环节;掌握景区订票、售票、验票流程;了解旅游景区入门接待服务的基本概念,熟悉排队服务,掌握排队管理;了解旅游景区咨询服务的内容,熟悉旅游景区咨询服务的主要形式,掌握当面咨询、电话咨询及智慧咨询服务的工作流程;掌握景区旅游者投诉的原因及解决的方法,通过处理旅游者投诉等事件,了解客户心理,学会处理旅游者投诉问题的基本方法和解决疑难问题的方法。

思维导图

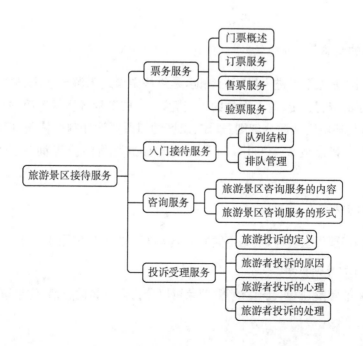

景区服务与管理

第一节 票务服务

◆ 案例导入

公园景区刷智能二维码闸机进入园区

随着二维条码技术的应用普及,北京景区启用智能通道闸机设备,通过接二维码售检票电子票务系统,游客只需手机订票、刷码检票,就能逛景点了!据悉,智能通道闸机"刷码检票"启用后,游客对准闸机扫码窗口处刷一下票上面的二维码就可入园。

除了在现场购得印有二维码或条形码的新型门票外,市民游客还可以通过网上订票、手机APP订票,到景区后直接在闸机上扫描手机购票获得的二维码,即可实现便捷入园,免去排队购票的环节。

相对传统人工售票、验票,智能通道闸机自带"扫码验票"应用不仅提升了游客的消费体验,也缓解了景区高峰时段售票、检票的压力;同时二维码电子票的应用,减少了纸质票据打印,节省了运营成本,达到了"绿色、环保"出行的目的。

(资料来源:根据搜狐网资料修改)

旅游者进入景区参观游览的入门凭证是门票,旅游者接触景区的第一个环节是票务服务。票务服务的质量直接决定旅游者对景区的"第一印象",影响旅游者随后在景区的游览心情和评价认可。

一、门票概述

(一) 门票的概念

旅游景区门票是旅游者进入景区的凭证,是供旅游者进入游览参观、科学教育、文化娱乐等场所而印制的带有宣传、留念性质的入门凭证。《旅游景区质量等级的划分与评定》细则之《服务质量与环境质量评分细则》规定:景区的门票要设计制作精美;门票要有突出特色,即设计制作有特点或成套制作;门票背面要有游览简图及咨询、投诉、紧急救援电话等。

(二) 门票的种类

旅游景区的门票类型多样,根据不同的分类标准可以分为不同的类型。

1. 按照旅游者特征划分

按照旅游者的年龄、职业、居住地等,门票可以分为全票和优惠票,优惠票包括半价票和免费票等,如南岳衡山中心景区规定,18—59 周岁旅游者实行全票,14—18 周岁及 60—64 周岁的旅游者实行半价票,14 周岁以下、65 周岁以上的旅游者实行免费票,对于衡山本地居民实行免票;又如大部分景区对全日制大学本科及以下学历在校学生实行优惠票价。

根据旅游者的出行特征,门票可以分为散客票和团体票。

2. 按照门票制作材料的性质划分

按照门票制作材料的性质,可将门票分为纸质门票、塑料门票和电子门票。

(1) 纸质门票

纸质门票在旅游景区中使用普遍,是各景区使用的主要门票类型,有些纸质门票设计相对简单,成本较低廉;有些纸质门票设计巧妙、制作精美,如将门票制作成明信片形式,旅游者可以用来收藏或邮寄。

(2) 塑料门票

塑料门票是由特殊工艺制作的,结实耐用,防水、防污染,便于保存,但塑料门票印制相对粗糙,票面易于磨损,不耐高温,容易变形。

(3) 电子门票

电子门票相对于纸质门票和塑料门票而言,更方便、易推行,目前已被广泛使用,且不断更新。主要形式有:条形码卡门票、IC 卡门票、光盘门票、RFID 门票、二维码门票等。

条形码卡门票是一种将先进的电子条码识别技术与计算机技术相结合的门票形式,具有存储量大、识读迅速、识别率高及制作和使用成本较低等特点。

IC 卡门票是一种将先进信息技术、微电子技术和计算机技术有机结合的门票形式,具有容量大、防伪性好、储存数据安全性高及可多次使用的优点,但制作成本较高。

光盘门票是一种可将景区自然风光与文化内涵整合的门票形式,兼具景点专题片、电子图书、景点门票等功能,图、文、声、像并茂,有利于提升景区形象。具有时效性强、可读性强、保存期长、阅读利用率高及收藏价值高等优点,但制作成本高。

RFID 门票是一种集传统印刷防伪和数字安全防伪于一体的高科技电子门票,具有智能化和多功能化的特点。一般通过磁卡或手环等载体携带电子标签来呈现。

二维码门票是旅游者通过网络订购景区门票,景区门票以二维码的形式发送至客户手机的门票形式。使用时只要将电子门票上的二维条码对准门禁处的"电子眼"扫描一下,便可顺利进入景区,平均 2 秒钟便可验一张门票,方便快捷。(见图 2-1)

二、订票服务

订票服务是景区实现收入的预先环节。随着旅游业的发展与旅游者源的丰富,旅游旺季越来越明显,预订景区门票已经被各地景区纳入景区服务管理的范围。

图 2-1 岳麓山门票二维码

（一）订票途径

旅游者订票的途径主要有电话订票、网络订票、售票处订票、代理点订票。

1. 电话订票

电话订票是旅游者通过拨打景区电话订票热线预订门票，取票方式是送票上门或者售票处领取。这种订票方式方便快捷，旅游者可根据需要错时购票，避开购票高峰期，按需订票；如遇到行程更改，也可以及时通过电话订票系统取消订单。

2. 网络订票

图 2-2 在线预约

越来越多的景区采用旅游者接待信息系统，利用网络提供交互式搜索，旅游者将所需信息发送到景区网站或代理商、分销商网站，使用网络支付平台支付门票费用。国内大多数景区都建立了自己的公众号或开发了预约平台小程序，实行了网络预定制度，如南岳衡山实行在线分时预约（见图 2-2），有效控制客流量，进入景区凭身份证刷票即可。

网络订票方便旅游者提前安排出游计划，节省旅游费用，享受更多的优惠；同时也有利于景区及时监测和控制景区旅游者量，为有效保护景区环境起到重要的作用。在疫情防控期间，还能做到旅游者错峰出行，更好地做好防疫工作。取票的唯一凭证是预订时的有效证件（身份证、学生证、老年证、士兵证、护照等）。

3. 售票处订票

售票处订票是旅游者在景区售票处或服务中心预订或购买门票。这是最早、最传统的订票方式。

4. 代理点订票

在各大城市中，代理点订票也日渐普遍，这是为了迎合散客越来越多的旅游趋势。

（1）旅行社代理点

旅游者可以通过客源地的当地旅行社或者目的地旅行社了解旅游景区的相关信息，实现预订功能。

（2）酒店代理点

不少旅游景区和其所在城市的各大酒店合作，旅游者可以通过其住宿的宾馆，在其住宿期间预订旅游景区门票。

（3）商场代理点

在有些城市的商场密集区和大型超市集中地，往往设立有旅游景区的门票预订代售窗口。

（二）订票流程

电话预订、网络订票、售票处订票、处理点订票等几种方式的预订流程大致相同，待确认后领取相关票类。

1. 填写订票相关信息

打入订票电话热线或成功登录电子商务网站后,分三步完成订票相关信息填写工作:第一步,选择预订旅游景区和预订日期。第二步,选择要订购的票务类型和数量:票务类型指团队票或散客票、成人票或儿童票、普通票或优惠票等分类,同种类票价因情况不同而有所不同;数量指订票人实际需要预订的票的张数。第三步,最后填写领票人信息:领票人是订票过程中最重要的直接联系人,需要将其确切信息详细记录备案,订票是否确立及何时何地来领票都需要凭此信息进行传递。

2. 确认订单

订票是否成功,自订票开始到信息反馈的时间跨度,要视具体情况而定。有些网站预订时,可以随时查阅是否预订成功的信息,但也有一些网上订票或现场订票需要一定的等待时间,尤其是在旅游旺季等特殊时期。

3. 支付订单

如选择网上支付,在支付银行右边点击"在线支付",将进入银行的在线支付系统。如支付成功,将提示您"交易成功",订单状态从"未支付"改变为"已支付"。操作完成后,未获得上述提示,则说明预订支付不成功,需要直接登录该银行的网上银行操作界面,查看该订单是否支付成功,或者与网站系统管理人员联系。

4. 取票

当订单支付成功后,订单状态为"已支付",即可以在规定时间内由取票人到指定的取票点取票,取票时取票人必须提供订单号和订单上所注明取票人的有效证件。

尤其需要注意,旅游景区门票有一个阶段的预订时间,一般最早只能提前15天左右,同时预订时间与出票时间一般不得少于1小时,到出票口取票时间视不同旅游景区而定。

三、售票服务

售票工作也是景区实现收入的直接环节,虽然工作相对单调,但职责重大,一旦发生差错,对景区和员工个人都会带来不利影响。

(一) 人工售票服务

1. 售票服务的相关设施构成

售票厅是景区的门面,旅游者进入景区之前,会到售票窗口购买或领取门票,因而售票处应设置在景区显要位置,尽可能突出人性化服务。售票大厅可结合景区实际情况,在满足旅游服务接待功能的同时,尽量配备一些综合性的服务项目,例如,设置电子滚动屏幕、播放天气及票务信息;设立问询处,让值班人员为旅游者提供及时的咨询服务;根据旅游景区接待流量实际情况摆放桌椅,设置旅游者休息处。

(1) 售票窗口

景区根据旅游者流量设置相应数量的售票窗口,根据实时流量开放相应数量的窗口。例如,在旅游旺季,尤其是黄金周期间,客流量激增的情况下,适当增加售票窗口以缓解旅游者滞留的现象。

景区一般设置团体购票窗口和散客购票窗口。通常散客购票窗口设置有排队隔栏。

(2) 购票须知

以中文和外文多种语言明示景区的开放时间、售票时间、淡旺季门票价格、享受优惠票价的特殊群体、享受免票的特殊群体及购票须知,在购票须知中应明示景区内的收费项目、套票价格。

(3) 门票

门票是景点的名片,有着丰富的内涵和包容性。景区的门票类型在前面知识点中已阐述,此处不做赘述。

2. 售票前的准备工作

(1) 准时上班:按景区规定穿着工作装,佩戴工作卡,仪容整齐,化妆得体。

(2) 检查售票设备:包括查看票房的门窗、保险柜、验钞机、话筒等是否正常。

(3) 做好清洁工作:包括票房内及售票窗外的清洁工作。

(4) 挂出价格牌:开园前挂出当日门票的价格牌,若当日或当期因特殊原因票价有变,应及时挂出价格牌并说明变动原因。

(5) 做好门票领取工作:根据前日票房门票的结余数量及当日旅游者的预测量填写"门票申领表",到财务部票库领取当日所需各种门票,票种、数量清点无误后领出门票。

(6) 备好零钞:根据需要到财务部兑换钱币,保证每日所需的零钞。现在电子支付比较便捷,纸币支付较少,零钞储备相对减少。

3. 售票服务工作流程

(1) 售票前期:旅游者走近窗口,售票员向旅游者礼貌问候"欢迎光临",主动热情询问旅游者购票需求;售票员根据《门票价格及优惠办法》主动向旅游者解释优惠票价的享受条件,并向旅游者询问需要购买的票数及种类。

(2) 售票中期:向旅游者核对购票信息;向旅游者确认票价、实收款项及找零;向闭园前一小时内购票的旅游者提醒景区的闭园时间及景区内仍有的主要活动;根据旅游者需要,实事求是地为旅游者开具售票发票;若发现窗口有炒卖门票的现象要及时制止,并报告安保部门。

(3) 售票后期:售票结束时,售票员要向旅游者说"谢谢"等礼貌用语;旅游者购错票或多购票,在售票处办理退票手续,售票员应根据实际情况办理,并填写"退票通知单",以便清点时核对;交接班时应认真核对票、款数量,核对门票编号;售票过程中,票、款出现差错的,应及时向上一级领导反映,一般是按"长款上交,短款自补"的原则处理;耐心听取旅游者的批评,注意收集旅游者的建议,及时向上一级领导反映;做好每日盘点工作,填写好相应报表及工作日记。

（二）智能售票服务

随着信息技术和智能化应用的普及，旅游者出行的方式逐渐向个性化、多元化的自助转变。景区的售票方式也发生了变革，由单一的人工服务向自助服务转变。目前旅游景区智能售票服务方式主要有扫码支付、自助售取票机、景区电商平台、微信购票、第三方平台等。

1. 扫码售票

扫码售票是指旅游者通过扫描二维码支付门票，减少现金或银联卡支付的操作流程，减少了旅游者的排队时间。这是一种在传统的人工售票基础上的支付方式变革。

2. 自助售取票机售票

旅游者可以根据自身的实际需求自行去景区自助售取票机上进行购票并完成支付，亦适应于通过电子商务平台购票的旅游者到达景区后在自助售取票机上取票。操作简单、便捷，效率高，大大节省了旅游者排队的时间。

3. 景区电商平台售票

景区通过自身的官方网站或 B2B（企业对企业）和 B2C（企业对顾客）的电商平台为旅游者提供包括购票、购物及预订酒店等消费的服务，这不仅方便了旅游者的出行，也让旅游者获得一系列消费体验。

4. 微信售票

景区推出景区公众号后，旅游者通过关注景区微信公众号，由微信菜单进入购票页面，在线下单支付景区门票，可直接去景区进行核销，这样可以省去窗口排队的流程，又为景区拓展了销售渠道。

5. 第三方平台

景区通过与携程、同程、飞猪侠、美团、驴妈妈、去哪儿、大众点评等第三方平台合作进行景区门票售卖，旅游者可根据第三方平台的评论进行有选择的订票。

（三）售票服务工作难点

1. 假钞问题

售票工作中，很容易收到假钞。假钞和其他假货一样在现实生活中大量存在，售票员一旦收到假钞，按规定需由当班人员进行赔偿。有时售票员在找补过程中也会和旅游者为钞票的真伪而争执，弄得双方都不愉快。所以，售票员应具备一定的鉴别货币真伪的知识，以避免收到假钞而带来不必要的经济损失。

（1）配备验钞机

景区应为每一个售票岗位购置功能齐全、准确的验钞机。

(2) 开展防伪钞培训

景区应有计划地请专业人员(如银行工作人员)来为有关员工开展防伪钞培训活动,帮助员工掌握辨认伪钞的方法。一般而言,可以用"一看、二摸、三听"的方法辨认伪钞。

①一看:看颜色、变色油墨、水印。真钞印刷精美,颜色协调,水印具有立体感;假钞颜色模糊,色彩不协调,水印只有一边或无立体感,纸张较差,防伪金属线或纤维线容易抽出。

②二摸:摸水印、盲文。真钞手感较好,水印、盲文立体感强;假钞较绵软或很光滑,盲文不明显。

③三听:听声音。假钞抖动时发出的声响太清脆或无声响。

(3) 注意细节

收款时,最好不要当着旅游者的面,把钞票一张一张地拿到灯光下去看,这样做容易引起旅游者的反感情绪。这也要求售票人员掌握较娴熟、自然的方法有效地鉴别货币的真伪。如发现有问题的钞票,应与旅游者礼貌协商,请其重新换一张。

◇ 案例分析

收进假钞我们要自己赔

以下是一位大学生旅游者Q的投诉:

那是阳光明媚的一个周末,我和朋友一起去Z景点玩。可刚到售票处,就发生了一件很让我们不愉快的事情,差点吵了起来。

售票窗口里面坐着一位售票员,她身边还坐着一位中年妇女,因为没穿制服,很难判断是不是景区人员。窗上贴着"门票10元一张,1.4米以下半票"的告示。我和我的同学共两个人,没有零钱,于是就给了一张50元,我只有一张50元,拿出去时外观有些破旧,但我没想到会引起后面的不愉快。

售票人员接过钱,摸了摸,看了我一眼,然后转头对坐在旁边的中年妇女说:"你看看这张?"

站在窗口的我们,没有听清楚她们具体的谈话。但她和中年妇女说话时的神态极不自然,好像在怀疑什么,又不时带着异样的眼神,往我们身上扫视。

好久之后,售票员把那张50元钱又递出来,"这钱是假的,你换一张!"她说。

我立刻证实了之前被怀疑的感觉,气愤起来:"干吗要换啊?虽然这钱是旧了点,但绝对不可能是假的!"

售票员见我生气了,她依然很冷漠,又说:"你换一张吧,收进假钞我们要自己赔的。"

我很生气,几乎想甩袖而去,但考虑到邀请同学来游玩,发生这样尴尬的事情谁都不想看到,于是很不情愿地换了一张崭新的100元给售票员。她接过钱时,脸上那种得意胜利的笑容,像是对我极大的讽刺。

这次游玩让我很失望、很气愤,景区售票人员凭什么怀疑我的钱是假的?不过,我更在乎的是售票人员的处理方法。这让我觉得自己的人格受到了侮辱,我要投诉她!

(资料来源:根据网络资料整理)

问题讨论：
试分析案例中售票员的操作不妥之处。

2. 优惠票之争

一般的景区都会对不同人群实行差别定价，包括儿童票、团体票、假日票、学生票及导游票等，例如梵净山风景区规定：18—59周岁旅游者实行全票，14—17周岁的旅游者实行半价票，14周岁以下、60周岁以上的旅游者实行免费票。然而，在购买门票的时候，难免会出现因解读门票优惠条件有误而出现分歧，售票员应积极采取措施，遵循以下原则进行处理：

（1）及时解读优惠制度。不要与旅游者发生争执，应热情、礼貌地向旅游者说明门票价格优惠制度，争取旅游者的理解。

（2）注意语气与方式。向旅游者解释时，应注意说话的方式，尽量站在旅游者的立场上进行表达。

（3）因人而异，灵活处理。遇见不同的旅游者应采取灵活处理的方式，例如遇到个别特别固执的旅游者，干脆请他（她）做一次质量监督员，对景区服务的各个方面提意见，作为回报，他（她）可以免票入园。这样做皆大欢喜，旅游者不但获得了心理上的极大满足，景区也得到了关于服务质量的第一手资料。

◇ 案例分析
"身高是唯一标准"难被接受

5月1日，在北京野生动物园门口，几位妈妈聚在一起讨论着儿童票的收费问题。其中的梁女士告诉《法人》记者："我们家的孩子只有3岁半，身高1.03米，就让我们买半价的学生票，不问年龄只看身高，我接受不了。"通过与梁女士的交谈，记者了解到北京野生动物园的儿童票免费标准是1米以下，而1米以上儿童、全日制本科以下学生须购买半价学生票。记者在现场注意到，来北京野生动物园游玩的家庭大多带着孩子。记者又随机采访了不同年龄段的家长，他们都对该园区针对儿童的收费标准产生疑义。潘先生告诉记者，他的孩子今年4岁，家住北京西直门的他们经常带孩子去北京动物园，北京动物园对儿童的免费标准是年龄和身高的双重要求，只要6岁以下就是免费的，现在的孩子身高都比以前孩子高，北京野生动物园制定的1米标准不太合理。

（资料来源：法治日报《法人》，李韵石）

问题讨论：
你认为儿童优惠票采用什么样的标准才妥当？为什么？

四、验票服务

验票工作关系到景区经济效益能否真正实现,另外它也承担着维持景区良好秩序的重要职责。随着现代科学技术的发展,验票方式越来越多样化,但不管采取哪种验票方式,仍需要工作人员提供专业的验票服务。

(一) 准备工作

(1) 形象准备。按照规定做好着装准备,佩戴好工作牌,保持整洁的仪容仪表和良好的精神面貌。

(2) 设备准备。查看验票口机器,检查话筒等设备,确保各项设备能正常使用。

(3) 卫生准备。做好入园闸口周围的卫生,保障闸口通畅。

(4) 心理准备。调整好情绪,提前进入工作状态。

(二) 验票服务要求

(1) 工作人员站在检票位,面带微笑,用标准的普通话热情礼貌地回答旅游者询问,掌握基本的英语对话,并熟悉《门票价格及优惠办法》和景区内景点名称。

(2) 旅游者入闸时,验票员应要求客人人手一张票,并认真检查;如设有自动检票机,验票员应监督、帮助旅游者通过电子检票;当自动检票机出现故障时,验票员应进行人工检票,不得出现漏票、逃票、无票等放人现象,并灵活使用"欢迎光临"等礼貌用语。

(3) 控制人流量,维持出入口秩序,避免出现混乱现象。对持无效门票入园的旅游者,应说明无效的原因,要求旅游者重新购票;对闹事滋事者,应及时礼貌地制止,耐心说服,如无法控制时立即报告安保主管,切忌在众多旅游者面前争执,应引到一边进行处理。

(4) 熟悉旅行团导游、领队带团入园的检查方法及相应的免票规定。团队入园参观时,须登记旅游者人数、客源国家或地区、旅行社名称等信息。另外,对于残疾人、老人、孕妇和婴幼儿等应提供相应的协助。

(三) 验票流程

(1) 迎客时,检票员站在检票位置,面带微笑,精神饱满,礼貌接待旅游者。

(2) 旅游者入闸时,检票员提醒旅游者出示门票并双手接过门票,迅速验票后双手递还旅游者;如果是自动检票机的景区,检票员则需协助旅游者通过检票系统,避免漏票、逃票、无票放人的情况。

(3) 验票工作完成后,检票员向旅游者表达祝福。下班时,做好当日统计工作并上报景区相关部门,填写好工作日志;做好卫生,切断电源。

第二节 入门接待服务

◆ **案例导入**

排队是个"大"问题

2022年10月2日晚,江苏苏州山塘街景区人山人海,景区一位保安大叔用大喇叭"劝返"游客:"请大家回家吧!现在到山塘街景区里面至少要排队两个小时,排队两个小时是什么概念,时间太长啦!"

在旅游旺季,旅游景区的接待量急剧增加,像苏州山塘街景区这种人山人海的现象屡见不鲜,这给旅游景区秩序的稳定带来了挑战。特别是在排队购票或者等候某个娱乐项目时,一些不文明的旅游者往往无视其他旅游者的利益,借机插队,旅游者之间往往会发生很多不愉快的事情。例如,2022年6月19日,在某漂流景区游客爆满,有游客因插队而出现争执甚至大打出手的情况。面对此类情况,旅游景区工作人员一般都是一边维持秩序,一边劝慰游客,同时也表示自己很无奈,"唉,排队问题是个大问题,这样的事情总发生,大家自觉就好,自觉就好啊!"而游客更是愤慨加无奈。

(资料来源:根据网络资料改编)

景区入口是旅游者进入景区的第一印象区,是关系到形象的大问题。景区入门接待服务的目的是让旅游者愉快、顺畅地进入景区而采取的必要服务。然而,如何能使旅游者快速有序进入景区则是景区应该考虑的一个"大问题"。

一、队列结构

旅游的季节性较强,经常会出现旅游旺季入口堵塞的现象,造成旅游者长时间排队等候;另外,景区内的某些旅游者必玩的项目也容易出现排队拥挤的情况。如果分流不当,会降低旅游者的满意度和损害景区的形象。因此,景区排队服务应根据自身的条件和情况采取不同的队形和接待方式。

(一) 单列单人型

(1) 优缺点。优点是一个检票员,成本低;缺点是等候时间难以确定,旅游者进入景区时很容易出现视觉障碍。

(2) 改进措施:设置座位或护栏;标明等候时间。

(二) 单列多人型

(1) 优缺点。优点是多个检票员、接待速度较快,较适用于人数集中的场合;缺点是人工成本相对增加,队列后面的旅游者进入景区仍然存在一定的视觉障碍。

(2) 改进措施:设置座位或护栏;改善队列,由纵向改为横向。

(三) 多列多人型

(1) 优缺点。优点是多名检票员、接待速度较快、视觉障碍感缓和,较适用于旅游者流量较大的场合;缺点是成本可能比前两种方式高,不同队列移动速度不一。

(2) 改进措施:不设栏杆,可以改善视觉进入感。

(四) 多列单人型

(1) 优缺点。优点是一名检票员、视觉进入感缓和、人工成本低;缺点是栏杆多,成本增加,排队者需要进行队列选择。

(2) 改进措施:将外部队列由纵向改为横向。

(五) 主题或综合队列型

(1) 优缺点。优点是不少于两名检票员、视觉进入感及时间感改善、信息展示空间和时间足够、排队硬件使人舒适;缺点是硬件建设成本增加。

(2) 改进措施:改变队列,单列变双列。

不同的景区应根据旅游者流量、旅游者集中度、热门参观点、排队项目点、排队区地形等特点采用不同的队形和接待服务方式,这样才能有效引导与管理旅游者,以提高旅游者体验质量和景区服务质量。

二、排队管理

(一) 排队管理原则

1. 关注旅游者

景区工作人员应有专门工作人员不时与排队旅游者接触,使旅游者清楚景区已经在为尽快让旅游者入园而努力。同时也可以通过滚动电子屏或景区播音向旅游者通告景区入园实况。

2. 积极引导

积极引导旅游者文明排队;积极制止旅游者在排队过程中出现的不文明行为,并从制度和宣传上促进文明排队。

3. 优先公正

公正对于每一位参加排队的旅游者来说非常重要。当景区推行优先原则时,应遵循以下"优先":

(1) 预订者优先。预订旅游者已提前确定了服务消费需求,应该实行优先服务。

(2) 先到者优先。对先到达的旅游者提供优先服务,杜绝强行插队的不良现象。

(3) 团队优先。考虑到团队的规模消费、服务所需时间相对较短,在不和其他原则发生明显冲突的情况下,旅游景区可以对其实行服务优先,也可以开辟专门的团队服务通道。

(4) 特殊人群优先。对老人、儿童、残障人士、军人等社会特殊群体,实行不同程度的优先。

(二) 排队管理措施

为了避免在景区入口排队出现拥堵和混乱现象,景区管理者应采取一些相应的排队管理措施。

1. 提供良好的排队环境

良好的排队环境包括舒适的座椅、具有吸引力的可视画面、优美的音乐、丰富的阅读材料等,让旅游者在不知不觉中度过等待时间。例如,国内外很多主题型旅游景区,因为过山车是旅游者都很热衷的旅游项目,排队的人很多,所以很多旅游景区都会设计曲折幽暗的隧道,利用声光电技术渲染神秘情境,使旅游者对即将到来的旅游活动充满期待。

2. 设置温馨的等候区

大多数旅游景区的等候区设在室外,因此,在设置等候区时应充分发挥室外宽敞、自如的优势,用鲜亮的色彩、抒情的音乐,使环境令人心情舒畅。同时旅游景区还可展示新项目:如提供当天的报纸及企业的宣传册等供旅游者阅读;设置定期更换的企业宣传栏,公布旅游者来信、张贴优秀员工的照片和事迹、发布促销活动通知等,缓解排队等候过程。

3. 采用个性化的关怀服务

冬天送热饮,夏天送冷饮,为老人搬椅子,为小孩提供手偶玩具,使旅游者清楚旅游景区知道他正在等待,并尽其所能安排其顺利游玩。享用了旅游景区提供免费服务的旅游者,基本没有中途离去的。

4. 保持与旅游者的经常性沟通

当旅游者的等待时间超出了心理期望值后,如果没有合理的解释,旅游者的抱怨就会大幅度上升。因此,保证让旅游者享有"知情权",给他们一个合理的解释,将有效缓解旅游者的不满情绪。旅游景区工作人员应当及时与旅游者沟通信息,告知真实情况,并鼓励旅游者去游玩其他景点,避开旅游高峰时段,或延长票证的使用时间,让旅游者改天再来。

5. 提供等待时的互动服务

通过组织旅游者做小游戏、讲故事或笑话、猜谜语等活动分散旅游者注意力,消除旅游者的焦虑情绪。例如,迪士尼乐园在旅游者排队等候的过程中,工作人员会身着米老鼠、唐老鸭等童话角色的服装在人群中"穿梭",与旅游者们进行游戏互动,拉着小孩子的手蹦蹦跳跳并与其合影留念等,这样的形式使旅游者在排队等候当中也仿佛提前进入童话般的梦境,缓解了旅游者排队等候的烦躁情绪。

6. 维护井然有序的排队秩序

旅游景区工作人员应该在排队现场进行督导和管理工作，避免插队现象的发生。一旦出现这种现象，会增加其他旅游者的烦躁情绪，也会把对插队人员的"愤慨"转嫁到旅游景区的监管上，最后影响的还是旅游景区的形象。

◇ **案例分析**

"雪山飞龙"主题队列

深圳欢乐谷主题公园在其许多重点的游乐项目前都采取了主题队列的接待方式，最典型的是"雪山飞龙"。"雪山飞龙"是以中国西北大山深处小红龙与"长麻鬼"殊死搏斗为故事背景的。其排队区通过外围老宅、古庙、内部曲折幽暗的通道、怪异的装饰等景致以及景区内循环播放的故事片来营造氛围，使旅游者在排队的过程中不知不觉地进入故事角色，在不断的环境渲染和情感累积后，最终乘上过山车，体验红龙大战的痛快淋漓。这种排队服务和游玩经历，能有效减少旅游者排队时产生的焦虑情绪，使旅游者体会到新奇、刺激和兴奋，身心得到极大的满足。

（资料来源：根据网络资源整理）

问题讨论：

根据深圳欢乐谷主题公园带来的提示，试以国内某景区为例，分析其应采取哪些措施来减少旅游者的等待时间。

第三节 咨询服务

◇ **案例导入**

旅游景区的咨询工作

小刘是某旅游景区旅游者服务中心的咨询员，不但负责当面处理旅游者的咨询和投诉，而且还负责旅游者服务中心的电话咨询工作。小刘对待工作认真负责、勤勤恳恳，对待旅游者的态度真诚、乐于助人，在对众多的旅游者服务过程中，都能够较为完美地完成旅游者的咨询工作，在旅游者意见簿中，很多旅游者为她写下了感激的话语。特别是在电话咨询中，小刘更表现出了过硬的服务技能，她对旅游景区的游乐设施和服务项目，所在城市的交通、餐饮及其他主要城市的相关信息等都对答如流，而且总是耐心倾听旅游者提出的各种问题并尽力解决。相同的岗位，刚刚离开的小张总是嫌弃工作职能简单，觉得这项工作就是接听电话，旅游者发牢骚的时候忍着不作声，做一做记录而已，这项工作没做多长时间就漏洞百出，遭到旅游者多次投诉，最后被旅游景区管理部门辞退。

（资料来源：刘英，宋立本.旅游景区服务与管理[M].北京：北京理工大学出版社，2020.）

咨询服务是旅游景区产品销售的配套服务，虽然是一种免费服务，但旅游景区咨询服务质量会直接影响到整个旅游景区的外在形象和声誉，会影响到旅游景区的客源市场。因此，旅游景区应该高度重视咨询服务。

一、旅游景区咨询服务的内容

旅游景区的咨询服务，主要是向旅游者提供公益性的旅游信息、解答游客的问询、方便旅游者更好地在旅游景区游览。咨询服务主要包括以下内容：

1. 景区资源介绍

向旅游者介绍本旅游景区的风景资源，包括资源类型、特色等。

2. 景区信息或资料介绍

向旅游者提供本旅游景区游程安排、游览线路、客流量变化信息、游览项目预告等信息或资料。

3. 游览建议

做好旅游者的参谋，回答旅游者疑问，为旅游者旅游活动提供好的建议。

4. 便民信息

向旅游者宣传有关科普知识、安全防范知识，为旅游者提供包括医疗、交通、住宿等方面的便民信息。

二、旅游景区咨询服务的形式

（一）现场咨询服务

现场咨询服务通常是指旅游者到达旅游景区的景区咨询服务点时，旅游景区工作人员向旅游者提供的票务、游览线路、产品信息、景区餐饮及住宿等配套服务内容的服务工作，此项服务工作一般是免费的，也是旅游景区向旅游者提供的一项重要服务项目。

1. 现场咨询服务标准

（1）着装得体

景区整齐划一的工作制服容易让旅游者产生信任感。一般而言，成熟、管理规范的景区都会为景区的工作人员配备统一的工作制服。因此，现场咨询服务人员要根据景区规定身着工作制服，穿戴要整齐干净，不能邋遢污浊。这不仅有利于提升景区形象，同时也便于景区的管理，还有利于旅游者的识别。

（2）形象良好

首先，妆容得体。现场咨询服务人员以着装整洁统一、和谐自然为准则，恰到好处的妆容，给人以文明、整洁、雅致的印象。其次，保持微笑。在面对客人时要始终面带微笑，保持亲切、友好、真挚的服务态度。再次，姿态优雅。要注意保持优雅的站姿和坐姿，站立时身体要正对客人,腰身挺直;坐时应坐满座位的 1/3—2/3,上身挺直,不要出现斜靠、仰躺、倒卧、跷腿等不雅形象。

(3) 态度认真谦和

①接受旅游者问询时,应双目平视对方,集中精神,以示尊重与诚意,认真倾听,不可三心二意。注意自己的谈吐应谦和,不要以貌取人,应尊重客人并一视同仁。在提供耐心详细的答复和指导时,要做到有问必答,用词恰当,简单明了。

②对于不清楚的事情不要不懂装懂随意回答,更不能轻率地说"不知道"。而对经过努力确实无法回答的,要向旅游者表示歉意。

③如果出现多个人同时问询,则不能慌张,要保持冷静,遵循先问先答、急问急答的原则,注意客人情绪,避免怠慢,尽量使旅游者都能得到适当的接待和满意的答复。

④在接待客人时,不要与一位客人谈太久而忽视其他人,也不得探询客人的隐私,言谈不可偏激,避免夸张的论调。

⑤当旅游者固执己见时,现场咨询服务人员应尽量说服;如果旅游者提出的要求没有违反岗位原则或损害景区利益时可尽量满足旅游者要求,反之则坚持原则。当旅游者态度恶劣时,现场咨询服务人员应以旅游景区大局为重,尽量控制自己的情感和情绪,尽快平息旅游者的愤怒,切忌与旅游者硬碰硬。

2. 现场咨询工作流程

(1) 做好前期准备工作

①咨询场所准备。保持整洁的工作环境,是每一个景区提高自身工作形象的开端,也是增强客人对景区信任的开始。

②服务人员准备。首先,作为咨询服务人员,要了解景区的最新动态。最基本的是要了解景区内将要开展的活动时间、内容、参加方法等,及时向旅游者提供最新的景区活动安排以及其他相关信息,并把前一天的工作日志浏览一遍,了解相关问题的处理情况,做到心中有数。其次,要做好形象准备。现场咨询服务人员应着装整洁,保持端庄文明的形象,调整好心态,确保饱满的工作热情和谦和的工作态度。

(2) 做好现场咨询工作

①主动热情。现场咨询服务人员应密切关注景区咨询台的动态,如看到满脸疑惑的旅游者时,应主动热情地询问:"您好!请问我可以为您做点什么吗?"通过主动热情的服务向旅游者传递景区咨询服务人员的友好与热情,使旅游者消除焦虑与担心,感到温暖与亲切。

②耐心细致。在接受旅游者提出的服务要求时,应问清细节,做好记录,及时向有关部门反映。对旅游者关于本地及周边区域景区情况的询问,应提供耐心、详细的答复和游览指导。

(3) 完成总结工作

①做好记录。在即将结束工作时,对于旅游者的咨询要做好记录,重点将问题以及解决方法记录清楚,重复出现的问题需要多加注意,检查景区的服务工作是否存在漏洞。

②及时反映情况。一方面,对于无法当场解决的问题要及时向部门领导汇报,对于经常

出现的问题也要及时汇总后向部门领导反映,及时解决问题,避免大的隐患出现。另一方面,对现场咨询中旅游者提出的建议、反馈的意见进行整理并及时反映给领导。

(二)电话咨询服务

电话咨询服务是指景区工作人员通过对外公布的景区咨询电话,向旅游者提供的票务、游览线路、产品信息、景区餐饮及住宿等配套设施服务内容的咨询服务工作,是一种以电话为媒介的沟通形式。

1. 电话咨询服务标准

(1) 态度热情

对于电话咨询,服务人员应积极、热情、自信地提供服务。虽然电话咨询不是与旅游者当面沟通,但也需要带着笑容通话,这样的通话效果最佳,友好的语气可以感染听者的情绪。

(2) 谈话得体

接听电话应向对方问好并尽快表明自己的身份,不要张口就问"喂,你是谁?"而应该礼貌地询问对方的需求,如:"您好,欢迎致电某某景区,很高兴为您服务。""上午好,这里是某某景区,请问有什么需要帮忙的吗?"等。此外,还应当使谈话围绕对方提出的问题或其关心的事情。如不能提供相应的帮助,也不要把问题推回去,而要耐心询问是否需要留言或是转达。

(3) 语速适中

在与旅游者讲话时,要使用标准语速,既不能太快,也不能太慢,要学会适时地停顿,让其主动参与到电话沟通中来。

(4) 记录迅速

旅游者提出要求时,快速记录,最好具有较强的外语听说能力。

2. 电话咨询工作流程

(1) 接听电话前

作为景区的咨询服务人员,上班后要先了解前一天的工作概况,并熟悉景区的最新动态,为咨询工作做好准备。同时,在电话旁边常备记录的办公用品,确保自己工作时能记录电话咨询内容。

(2) 接听电话时

服务人员在电话铃声响三声之内接听电话能体现出效率及乐意提供服务的意愿;如超过三声,拿起电话后应先向对方致歉"对不起,让您久等了。"对于错打的电话要礼貌对待"对不起,您打错了,这里是某某景区。"

仔细聆听旅游者的要求,如需等待则需要对旅游者说"请您稍候",轻轻放下电话。若发现没有听清楚旅游者的意图,应礼貌地要求旅游者重复一遍。在某些特殊情况下,景区服务人员接到咨询电话但不能马上给予回答,而又需要咨询者等待时间过长时,应该问清楚情况后建议对方挂断电话,待查询清楚情况之后第一时间给咨询者回电,千万别把对方晾在一边。如果旅游者有留言,应愉快而准确地记录留言,并将记下的信息读一遍给对方听,确保信息无误。

（3）接听结束时

在结束谈话之前，应主动询问咨询者是否还有其他问题需要帮助，然后感谢对方来电，并欢迎随时致电。在确认对方已经把话说完后，应等对方先挂断电话后自己再轻轻地放下电话，切忌"啪"地扔下电话。

（三）智慧咨询服务

智慧咨询服务是指景区利用智慧景区的发展平台，通过互联网专业技术的支持，为旅游者更加完整、有效、及时地获取景区内的相关信息而提供的服务。智慧咨询服务主要有景区APP、微信公众号及景区网站三种形式。

1. 景区APP

智能手机几乎是每人拥有一台，智能手机的普及也为智能旅游带来了契机。很多景区早在2014年起就开始纷纷制作景区旅游APP，告别传统模式，争取与智能时代及互联网时代挂钩。

2. 微信公众号

微信已成为当下国内最大的社交软件之一，微信作为旅游者必备的APP，也为旅游者购票、入园、游园提供了最为值得依赖的智慧化平台，而景区微信公众号就成了一个景区传递信息、服务发展的重要渠道。微信公众号在旅游者咨询方面可以做到以下两点：

（1）线路推荐

根据旅游者购票类型、张数等属性定制游园线路，并进行智慧推荐，例如购买两张青年男女票，可尝试推情侣游园路线；购买两张成人票和一张儿童票，首推亲子路线；购买老人票，首推休闲游园路线等。

（2）地图导览身边服务

让地图变活，景区内的餐饮、住宿、商店、公交站、增值服务等均可在地图中呈现。通过微信地理位置接口，旅游者可以看到自己的位置，以及查看各项服务的详情与距离，并为旅游者提供前往该地的导航，为旅游者提供了便利。

3. 景区官网

随着"互联网＋"经济的形成，各行各业大大小小的公司正在不断地走入互联网的大军中，而企业的网站建设就是企业走向互联网这个圈子的第一步，旅游企业也不例外。景区网站在实际的运用中更是增设了信息提供、信息交互、产品交易和关系管理等相关功能。

◇ **案例分析**

故宫博物院"智慧开放项目"

随着5G、人工智能、云计算等信息技术的快速发展，运用数字化、网络化、智能化提升文化和旅游供给质量及管理服务效能成为时代新趋势。故宫是世界文化遗产、国家5A级景区。2018年,故宫博物院的开放区域已达到全院面积的80%;2019年,故宫博物院接待观众18 482 165人次;2020年受疫情影响,接待观众2 565 251人次。随着开放区域的不断扩大,如何将古建安全、文物保护、观众安全落到实处,是开放服务工作面临的新挑战。完善硬件服务之外,通过数字化手段增强博物馆的管理与服务手段,对外让观众畅通游览、对内创新观众管理方式,成为推动故宫博物院线上线下服务的一体化发展内在需求。

  2018年起,故宫博物院数字与信息部同专业地图团队合作,对故宫开放区域600多个建筑、展厅、服务设施位置信息精确采集,采用GPRS导航技术、LBS定位技术、360°全景技术等,集成大众喜爱的紫禁城祥瑞、故宫美图、特色路线,打造集指路、百科与闲聊为一体的AI专属导游,推出了"玩转故宫"小程序,满足不同观众的个性化游览需求。在2021年12月发布的数字故宫小程序2.0中,"玩转故宫"全新升级为"智慧开放"项目,除继续优化地图导航服务,更以开放服务面临的突出问题为导向,从运营管理、服务质量、旅游者需求、开放安全、古建安全保护等多个维度抓取核心问题,扩展在线购票、预约观展、在线购物等实用板块,新增旅游者参观舒适指数查询、无障碍路线查询等功能,将"零废弃""适老化""无障碍"等理念融入开放服务中,并对AR实景导航在故宫场景应用进行了探索。从"玩转"导航的小助手,到更智能、更友好、更简单的开放服务平台,故宫博物院公共服务水平迈上了新的台阶,也向"智慧博物馆"一站式参观体验的建设历程迈出了新的一步。

（资料来源:李庆禹.故宫博物院"智慧开放项目"[EB/OL].(2022-01-30).中国旅游新闻网www.ctnews.com.cn.）

问题讨论:

试分析故宫智慧旅游项目的推广价值。

第四节　投诉受理服务

◇ 案例导入

黄山景区规范旅游投诉管理

  黄山风景区管理部门针对旅游者对景区的投诉,制定了相关旅游投诉制度,规范旅游投诉处理。通过开通价格投诉电话12358,组建物价员队伍,实行明码标价和最高限价,切实加强物价监督和管理工作,近年来在价格方面的投诉大大减少。

  黄山风景区管理部门还针对旅游、工商、交通、公安、综合治理、物价等职能管理部门抓整治。从旅游者反映最多的问题入手,组织开展了多次旅游市场大检查和严打整治工作,保障了景区社会、经营和旅游秩序的稳定有序。近年来,景区未发生一起刑事案件和重大治安案件,未发现"黑车"、机动车追客拉客、欺客诈客等现象。以整治"黑导""乱导""不导""冷导"为突破口,重点查处、纠正了导游损害旅游者利益的问题。在旅游集散地设立了5个"黄金周"导游服务质量监督管理站,现场随机抽查,及时调解处理旅游纠纷。近几年的"十一"黄金周期间,景区内均未发生关于导游服务质量方面的有效投诉。建立的"12315"快速反应机制和首问负责制,限时处理旅游者投诉问题,实行投诉先行赔偿制度,进一步规范了旅游从业行为,优化了旅游发展环境。

每年黄山风景区管理部门针对景区交通、安全、卫生、经营、环境等事关旅游服务质量与质量八个方面的问题,认真开展社会调查,并将各单位行风建设纳入党风廉政建设责任制一并进行考评,通过设立举报电话、明察暗访、问卷调查、座谈等形式,组织对全区旅游行风进行民主评议,对行风建设力度不大、效果不佳的单位和相关责任人限期整改,建立起以评促改、以改供行风建设机制,优化了旅游发展环境。

(资料来源:万剑敏.旅游景区服务与管理[M].北京:高等教育出版社,2020.)

此案例讲述了黄山景区规范旅游投诉管理的方法,有效满足了旅游者的需求,并提高了景区服务质量。当旅游景区向旅游者提供的产品或服务未能满足旅游者的心理预期时,就会引起旅游者的不满,从而会导致旅游者产生投诉的意愿;在投诉意愿的驱使下,有可能产生实际的投诉行为。一旦产生旅游者投诉行为,就有可能对旅游景区产生负面影响。因此,旅游者的投诉不容忽视。

一、旅游投诉的定义

旅游投诉是指旅游者、海外旅行商、国内旅游经营者为维护自身和他人的旅游合法权益,对损害其合法权益的旅游经营者和有关服务单位,以书面或口头形式向旅游行政管理部门提出投诉,请示处理的行为。旅游景区旅游者投诉是指旅游者将他们主观上认为由景区工作的差错而引起的麻烦和烦恼,或者损害了他们的利益等情况向服务人员提出或向有关部门反映。

景区向旅游者所提供的产品或服务都可能出现未满足旅游者要求的情况,引起旅游者不满。当这种不满的心理产生时,一些旅游者会有投诉的意愿(向景区直接投诉、向消费者协会或相关机构投诉等),在这种意愿的驱使下会发生实际的投诉行为。

二、旅游者投诉的原因

旅游者投诉的原因是多种多样的,有服务接待中的主观原因,也有客观方面的原因。分析游客投诉的原因,有助于在景区服务中预先估计可能发生的问题,尽量减少旅游者的投诉,努力做到防患于未然。

(一)旅游景区企业内部的经营管理混乱

有些旅游景区未按照国家规章和法规的相关要求规范运作,导致旅游景区经营链条中的许多环节存在不规范经营的问题;一些旅游景区为了追求不正当的经济利益而忽视了广大旅游者的正当利益,同时也忽视了旅游业的整体形象。

（二）旅游景区产品旅游者满意度低

1. 质价不符

旅游经营者没有提供质价相符的旅游服务，宣传与实际产品不符。个别旅游景区为招揽旅游者，夸大或发布不真实的旅游信息，误导消费者，如使用"天下第一""唯一""最佳"等字眼标榜自己的景区，但实际情况却与广告宣传的相差甚远，甚至还有的旅游景区登出门票的优惠信息，但是不标明包含项目及条件等，等到旅游者到了，才发现有诸多消费条件，或把本应该包含的项目再另外售票。

2. 收费不明

收费价格虚高或者收费项目不明，强行对景区内的一些活动项目收费，不按承诺给予收费优惠等。

（三）景区硬件配套设施不完善

1. 配套设施

景区的配套设施配备不到位，如景区标识牌不完善等；客房的设施设备存在问题，如冷暖空调、冷热水的供应不足及卫生设施、设备陈旧（客房中电视、冰箱、台灯、床具坏了没有及时修理）等。

2. 环境情况

景区内或周围卫生环境不好；安全措施不到位，存在安全隐患；景区内存在"野导""黑导"等。

3. 交通情况

景区外交通不便，可进入性差；景区内交通拥挤，等待时间过长；停车场乱收取费用等。

（四）旅游景区服务人员的素质不高

1. 不尊重旅游者

具体表现在以下方面：

（1）接待态度不热情、不主动。有的服务人员态度不热情，不主动招呼旅游者，或者以"喂"代替；在工作时间里，有的聊天、忙私事、忙打私人电话等；当有旅游者到来时，态度冷淡，爱理不理，或者旅游者多次招呼也没反应。

（2）不注意语言修养，挖苦、辱骂旅游者。有的服务人员对旅游者态度生硬，或言语冲撞；有的服务人员对旅游者评头论足，挖苦旅游者，如有的旅游者到景区商场挑选玉器后，觉得不合适正要离去时，服务员挖苦道："看你这副寒酸样，早就知道你没钱买！"

（3）动作粗鲁。拿物品给旅游者不是"递"，而是"扔"或"丢"给旅游者。

2. 工作不负责任

具体表现在以下方面：

（1）工作不主动、不认真。对旅游者冷淡，对旅游者的询问不予理睬或一律回答"不知道"。有的景区导游员不愿多开口，带旅游者游而不导，或者干巴巴地背导游词；有的随便取消日程安排中的节目，也不做任何解释；有的甚至到旅游景点时让旅游者自己去看，自己却在车上睡觉或办私事。

（2）忘记或弄错旅游者交代办理的事情。如洗衣服，旅游者交代干洗，服务员却送去湿洗；旅游者请服务员代订宴席、飞机票、电传等，服务员忘记办理，误了旅游者的事情等。

（3）损坏、遗失旅游者的物品。行李员搬运时乱碰乱丢，打碎旅游者买的物品，碰掉转轮等；在房间里旅游者物品被盗，运送行李时遗失行李；撤换床单时，粗心地将旅游者的衣服等卷进其中，送到洗衣房；餐厅服务员上菜不小心弄脏旅游者的文件、衣服等。

（五）旅游者的期望值过高

随着人民生活水平的提高，旅游者越来越见多识广，期望值越来越高，如他们期望所面对的人具有专业知识并受过充分训练，甚至期望服务人员能有好脾气，和颜悦色，保持最大的耐心为他们服务，不仅仅是口头上的保证，还有实际的行动。然而旅游景区的服务质量却没有同步提高，这使得旅游者的满意度下降，导致投诉。

（六）旅游者的理性消费、维权意识有些缺失

旅游者消费心理不成熟，一方面表现为出游之前追求低价，客观上助长了削价竞争之风；另一方面表现为纠纷出现时，缺乏理性维权意识，诉求过高，经常发生旅游者维权过度事件，扩大了景区经济损失。

三、旅游者投诉的心理

（一）求尊重的心理

旅游者希望在旅游过程中其人格受到别人的尊重，当景区工作人员的某些言行在他们看来是对他们的不尊重甚至是一种侮辱时，他们就会觉得不满而会产生投诉。他们希望别人判定他们的投诉是对的、是有道理的，目的是希望景区管理人员重视他们的意见，希望有关人员向他们表示歉意并且立即采取相应的处理措施。

（二）求发泄的心理

求发泄心理是旅游者通过投诉来表达其内心的愤懑和不满的一种心理。旅游者离开了习惯的生活环境，怀着较高的期望参与到旅游活动中，一旦当他们对景区服务人员的态度感到不满时，他们就会觉得委屈，因而产生投诉，目的是希望发泄心中的不满与怨气，以求得心

理上的平衡。

（三）求补偿的心理

求补偿是旅游者认为其在享受景区服务的过程中合法权益受到损害而通过投诉以获得某种补偿的心理。他们认为引起其合法权益受到损害的原因包括景区服务人员的某些行为或者是景区不能履行合同中的承诺给旅游者带来的精神上和物质上的伤害，也包括旅游者觉得价格不合理、不公道，财物受损失或身体受伤害等。目的是求得补偿，他们要求的补偿可能是物质上的，例如补偿差价，也可能是精神上的，例如相关人员赔礼道歉。

四、旅游者投诉的处理

（一）处理投诉的工作程序

1. 接受投诉

（1）对于非现场投诉，例如旅游者通过电话、来信、E-mail 及网上投诉，受理投诉人员应做好笔录，及时向有关部门反馈。

（2）对于现场投诉，主动问候（问候语："小姐/先生：您好！请问有什么可以帮助您的吗？"），耐心倾听旅游者投诉，并及时引导或控制旅游者情绪，将旅游者带离事发现场处理，避免其他旅游者围观而产生不良影响。记录旅游者投诉的内容，了解旅游者的期望，根据旅游者投诉内容初步判断责任归属。对旅游者表示歉意，记下旅游者姓名与电话，告知其将尽快给予答复。根据旅游者投诉情况，及时向相关部室管理人员与值班经理反映。

2. 核实投诉

（1）根据旅游者的投诉内容展开调查。

（2）协调、沟通被投诉人及相关责任部门，询问投诉现场的其他员工，核实投诉事件经过，并填写《旅游者投诉现场调查表》。

（3）根据调查核实的结果及旁证员工的证词，初步划分投诉责任归属，并报部室负责人确定责任归属。

（4）若旅游者投诉事项所涉及的责任明显在景区或员工的，经调查结果属实的，即确定此投诉为有效投诉，并填写《投诉登记表》。若旅游者投诉事项所涉及的责任明显不属于景区或员工的，或旅游者投诉与调查核实结果不相符的，或责任难以确定的，为无效投诉。

3. 及时处理

（1）将解决的方法告诉旅游者。在提出解决方案之前，旅游景区服务人员首先应该根据现行旅游法规及旅游景区的有关规定，对旅游者进行解释工作，不论是双方谁出了问题，都要阐明立场。寻求解决问题方法的过程中，服务人员要态度诚恳，做到不卑不亢，既能维护旅游者的自身权益，又可以树立旅游景区的美好形象。根据相关规定和自己的经验提出解决的方法，尽量和旅游者协商解决，而不要把自己的意愿强加给旅游者。

(2) 确定解决办法并及时采取行动。

(3) 将投诉报告及时上报,以便归类统计旅游者的投诉类型和原因。

4. 跟踪管理

(1) 对于未能及时处理的投诉,由工作人员与相关责任部门共同跟踪处理。

(2) 对于不能在规定时间里将处理回执意见反馈给投诉受理部门的,投诉受理部门应再发出《投诉通知催办单》。

(3) 成功处理了旅游者的投诉,旅游者较为满意地离开旅游景区,但是服务工作还没有结束,处理投诉的升华环节是对旅游者的跟踪调查。跟踪调查的方式一般有这样几种:电话、电子邮件、信函。通过这些跟踪服务,旅游景区进一步向投诉的旅游者了解旅游景区的解决方案是否圆满,同时也把温馨的问候和祝福送达旅游者,虽然是一个小小的行为,但却是增加旅游者忠诚度的有效举措。

(二) 处理投诉的注意事项

在处理旅游者的投诉过程当中,工作人员要尽量做到以下几点:

1. 耐心倾听

在实际处理中,要耐心地倾听旅游者的抱怨,不要轻易打断旅游者的叙述,更不要批评旅游者的不足,而是鼓励旅游者倾诉下去,让他们尽情发泄心中的不满。当耐心地听完了旅游者的倾诉与抱怨后,当他们得到了发泄的满足之后,就能够比较自然地听得进去服务人员的解释和道歉。

2. 态度诚恳

旅游者有抱怨或投诉就是表现出旅游者对旅游景区的管理和服务工作不满意,从心理上来说,会觉得旅游景区亏待了他,因此,如果在处理过程中态度不友好,会让旅游者心理感受很差,从而恶化与旅游者之间的关系。反之,若服务人员态度诚恳、礼貌热情,会降低旅游者的抵触情绪。俗话说,"怒者不打笑脸人",态度谦和友好,会促使旅游者平复心绪,理智地与服务人员协商解决问题。

3. 处理快捷

处理投诉和抱怨的动作快,一来可让旅游者感觉受到尊重,二来表示旅游景区解决问题的诚意,三来可以及时防止旅游者的负面情绪对旅游景区造成更加持久的伤害。

4. 语言得体

旅游者对旅游景区不满,在发泄的过程中有可能会言语过激,如果服务人员与之针锋相对,势必恶化彼此的关系。在解释问题的过程中,措辞也要十分注意,要合情合理、得体大方,不要一开口就使用伤人自尊的语言,尽量用婉转的语言和旅游者沟通。

5. 补偿到位

在补偿时,旅游景区认为有必要对旅游者补偿的,应该尽量补偿到位,有时是物质及精神补偿同时进行,旅游者得到额外的收获,他们会理解旅游景区及服务人员的诚意而对旅游景区再建信心。但是,需要注意的是,旅游景区提供的补偿服务是在感情上给予旅游者的一种弥补和安抚,它并不能代替整个服务过程。它只可以用在旅游景区给旅游者造成的损失或伤害无法修复,旅游者即将带着深深的遗憾离开旅游景区的时候,为了不让旅游者彻底绝望,旅游景区所采取的"温暖行动"。所以,补偿类的服务一般是旅游景区不得已而采用的行动,旅游景区还是要尽量完善自己的设施和服务以保证减少对旅游者的伤害。

6. 办法多样

很多旅游景区处理旅游者投诉和抱怨的结果,就是给他们道歉或从经济和物质上进行补偿,其实解决问题的办法有许多种,除上述手段外,可邀请旅游者参加旅游景区内部讨论会,或者给他们机会参与到旅游景区的规划、建设和管理的事务当中。

实训与练习

一、思考题

1. 旅游景区门票预订主要有哪几种途径?
2. 景区售票服务工作的难点表现在哪几个方面?
3. 排队服务中的队列有哪几种类型?各有怎样的优缺点?
4. 随着社会经济的发展,旅游者对咨询需求有何变化?作为咨询服务者应掌握怎样的服务要点?
5. 旅游景区应如何看待旅游者投诉?在处理旅游者投诉时应注意哪些方面?

二、实训题

一例电话投诉

"十一"黄金周期间,某旅游景区为了吸引旅游者注意而增加了表演活动。一天,接待部李丽接到了一个旅游者的投诉电话。

旅游者:"你们旅游景区怎么回事啊?你们安排的新活动时间我都不知道,回到家了才听到别人说,我这门票花得可不值了……"

李丽:"我们已经在旅游景区门口设置了公告栏啊,而且在售票处还有宣传单都注明了时间啊,您难道没看?"

旅游者:"那么大的门口,那么多人,谁能注意到?去一趟容易吗,什么也没看到……"

李丽:"我们旅游景区一天接待大量旅游者,也不能一个一个去讲解吧,这个需要您自己配合啊。"

旅游者:"我买了门票了,你们就应该告诉我啊,就你们这样,我给你们旅游局打电话投诉。"

(资料来源:杨桂华.旅游景区管理[M].北京:科学出版社,2006.)

问题讨论:

假如你是李丽,面对案例中的旅游者,你会如何处理?

第三章 03

旅游景区导游服务

项目导读

旅游景区导游服务是旅游景区接待活动的重要环节,旅游景区导游员只有理解旅游景区导游服务的作用,熟练掌握相关服务流程、规范及服务技能,并学会灵活运用相应的导游方法和讲解技巧,才能成为一名优秀的景区导游员。

学习要求

通过本项目的学习,了解旅游景区导游服务的类型及特点,了解旅游景区导游服务的作用;掌握旅游景区游览中的服务规程,熟悉服务准备、送别服务及总结工作的工作要求和流程;学会灵活运用各种讲解技能,能够针对不同景区运用各种讲解方法,并能够灵活运用实地导游讲解的要领;熟悉游览引导技能及心理服务技能的灵活运用。

思维导图

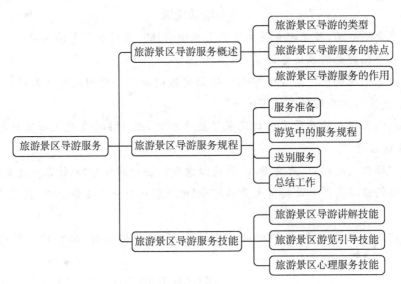

第一节　旅游景区导游服务概述

◇ 案例导入

张家界天门山"智能导游"上线

2013年6月，为使广大旅游者更方便快捷地了解天门山，湖南张家界天门山旅游景区特推出"智能导游"平台。平台囊括天门山旅游攻略、旅游景区导览、服务指南、历史人文等诸多内容，旅游者只需用手机扫一下"智能导游"二维码，就能立刻在掌上全面了解天门山，为自己量身订制个性化的天门山之旅。天门山"智能导游"平台中除了有常规旅游景区、线路等详细内容，还特别设置能让旅游者参与实时互动的"照片墙"，让旅游者能随心所欲地晒照片。

目前天门山"智能导游"平台二维码已印制在旅游景区免费发放的导览地图首页，旅游景区标识牌、宣传栏等二维码填制工作正在进行中。为方便查看，旅游景区建议将"智能导游"二维码拍照存入手机中。

（资料来源：高慧.张家界天门山"智能导游"上线.第一旅游网 http://www.toptour.cn.2013-06-24）

旅游景区的参观游览服务是旅游者活动的主要目的，是旅游消费的重要环节；好的旅游景区导游服务能让旅游者获得更充分的旅游体验，能在一定程度上提升旅游者对旅游景区的满意度，从而形成良好的口碑。

一、旅游景区导游的类型

根据旅游景区导游服务的不同性质，旅游景区导游分为广义上的旅游景区导游和狭义上的旅游景区导游两大类。

（一）广义上的旅游景区导游

1. 自助式导游服务

自助式导游服务是指旅游景区通过书面材料、标准公共信息图形符号、语音等无生命设施、设备向旅游者提供静态的、被动的、非人员解说的导游服务。主要包括图文音像导游和电子导游两大类，具体形式有指示牌、导游图、电子导游自助式服务设备、网络展示、公众号推送等。这种景区导游服务方便快捷，没有时间限制，旅游者可以根据自己的爱好、兴趣及体力等情况自由选择，但互动性差且易受自然的或人为的破坏。

2. 向导式导游服务

向导式导游服务是指旅游景区通过专门的导游员以导览和导游讲解的方式向游客提供

的导游服务。这种导游服务具有较强的互动性,旅游者与旅游景区导游员能进行及时沟通与交流,但受时间限制。

(二) 狭义上的旅游景区导游

狭义上的旅游景区导游主要指旅游景区导游员所提供的导游服务。旅游景区导游员亦称"讲解员",是指旅游景区(如博物馆、自然保护区等)为游客进行导游讲解的工作人员。

本书中涉及的旅游景区导游是指狭义上的旅游景区导游。

二、旅游景区导游服务的特点

(一) 工作地域相对集中

景区导游的工作地域相对集中,可能是一个单位景区,也可能是一个景区内的几个景点,而不像全陪导游提供旅游团的全程陪同服务、工作地域范围广;也不像地陪导游提供的是当地旅游活动的安排、讲解等服务。

(二) 工作职能重景区讲解,轻综合服务

景区导游一般只限于在景区做讲解工作,安排在景区内的相关活动,处理景区内发生的问题,并解答旅游者的问询,而不像全陪、地陪导游,在导游过程中不仅要向旅游者介绍当地的概况和景点,还要向旅游者提供完整的吃、住、行、游、购、娱六大要素的综合服务,协调和处理相关事宜。

(三) 知识体系专而广

由于旅游景区导游所面对的是来自不同行业、不同地区、不同身份、不同层次的旅游者,他们在导游讲解过程中会提出各种各样的问题,因此,景区导游人员要掌握和景区有关的一切知识,要求专而广。"专"是指旅游景区导游员必须对自己所在的景区有较为全面的认识,是关于本景区知识的专家。"广"是指旅游景区导游员必须具备渊博的知识、宽广的知识面。

(四) 服务能力重在内涵挖掘与文化传承

对景区导游的能力要求更多集中在语言表达能力和知识掌握能力方面,不仅要去介绍景区的历史背景、规模、布局、价值和特色等,还要介绍景区的自然、人文景观及风土人情,重在如何挖掘内涵与文化传承。

(五) 工作核心凸显在旅游者对景区的体验与满意度

景区导游人员应对其所服务的景区负责,不仅要合理安排景区内的游览计划,还要提醒旅游者在游览过程中的注意事项,增强旅游者在景区游览中的体验性,提升旅游者满意度。

三、旅游景区导游服务的作用

（一）引导旅游者的游览行为

旅游者是旅游景区的主角，为旅游者服务好，并期望更多的旅游者前来参观游览，是旅游景区工作者的追求。但实际上，对很多旅游者而言，他们并不清楚在景区游览时应该注意什么，自己的责任和义务是什么，自己的权利何在。也就是说，大部分旅游者是盲目的、不成熟的。因此旅游者也需要引导和管理，也需要按照景区的有关规定进行游览活动，用符合社会公众道德的各项行为规范来约束自己，这些都要靠景区的旅游指南、警示标志、导游员的讲解和示范行为等导游服务来完成。

（二）提升旅游者的景区游览满意度

旅游景区导游服务质量是旅游景区服务质量高低的最敏感标志。因旅游活动具有异地性和暂时性，旅游者要想在较短的时间内在一个陌生的旅游环境中获得较好的游览效果，必然要求景区提供全面的引导游览服务，尤其是当旅游者面对的是人文古迹和人文山水的时候。因此，导游服务质量的好与坏不仅关系到整个旅游服务质量的高低，而且关系着旅游景区和地区旅游业的声誉。好的旅游景区导游服务有利于提升旅游者的景区游览满意度。

（三）提高旅游景区的综合收益

好的导游服务能让旅游者获得更充分的游览体验，一方面能有效延长旅游者在景区的停留时间，从而刺激旅游者在娱乐、购物、餐饮、住宿等方面的二次消费，直接增加景区的收入；另一方面，由于旅游者对景区的满意度增加，从而形成良好口碑。因此，良好的导游服务才能切实提高旅游景区的经济效益、社会效益及生态效益。

第二节　旅游景区导游服务规程

◇案例导入

小王的"委屈"

有一次，某景区导游员小王负责接待一个散客旅游团，旅游团一共11人，其中7人讲英语，4人讲中文。游览景点时，小王考虑到团员中讲英语的较多，便先用英语进行了讲解，没想到他准备用中文做再次讲解时，讲中文的游客已全都走开了，因而他就没用中文再做讲解。

在接下来的讲解中，小王花了3个多小时用英语向7个游客详细讲解了景区，在讲解中有游客提出了一些有关景区的问题，小王以"时间很紧，先游览，回饭店后一定详细回答"婉拒;在游览中有游客建议他稍作停歇,他都谢绝了,坚持为游客进行了全程讲解。虽然很累,但他很高兴,认为自己已尽最大努力、出色地完成了景区导游讲解任务。然而,出乎他意料的是小王接到了游客的投诉:4位讲中文的游客投诉小王崇洋媚外,对待游客不平等;7位讲英语的游客投诉他行程安排太累,讲解过多,游客没有自由赏景和拍摄的时间。为此,小王觉得很委屈。

(资料来源:根据网络资料改编)

旅游景区导游的服务工作有着自身的规律和规范,导游员应严格遵循,并应及时反馈游客需求。旅游景区导游服务的主要内容和服务程序主要包括四个方面:服务准备、游览中的服务规程、送别服务和总结工作。

一、服务准备

旅游景区导游员根据接待计划做好准备工作是旅游景区导游员向旅游者提供良好服务的重要前提,旅游景区导游员应认真对待,主要做好包括计划准备、知识准备、物质准备、心理准备及形象准备等五个方面的准备工作,确保服务准备细致、周密。(见图3-1)

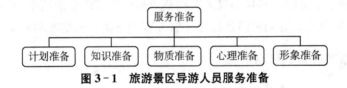

图3-1 旅游景区导游人员服务准备

(一)计划准备

旅游景区接待计划是旅游景区按照与旅游者、旅行社等其他单位签订的旅游合同的内容做出的契约性安排,是导游员了解旅游团(旅游者)基本情况和安排活动项目及日程的主要依据。接到接待通知,导游人员要及时了解和分析情况,并做好接待计划。

1. 了解所接团队或旅游者的有关情况

接待前,旅游景区导游员要认真阅读接待计划及相关资料,熟悉该群体或个体的总体情况。如果是旅行社的团队,绝大部分都有全陪和地陪导游,入境旅游团队还有领队,景区导游人员应尽快与地陪导游联系,了解旅游者的基本情况,以便做好游览接待计划。如果没有其他陪同人员,特别是散客,景区导游人员应尽快与旅游者接触,通过观察和简单交谈,了解该旅游者群体的基本情况。通常需要了解的信息有以下方面:

(1)联络人的姓名和联系方式。如果是旅游团队,还需要掌握旅行社的名称、团队编号等。

(2)旅游者的人数、性别、年龄、职业、民族等,有无需要特殊照顾的旅游者。

(3)客源地概况、基本的旅游动机。

(4)旅游者有无特殊要求和注意事项。

(5) 收费问题,有无可减免对象。

(6) 旅游者的其他行程安排等。

2. 语言准备

旅游景区的讲解应在以普通话为普遍使用的语言的基础上,根据旅游者的文化层次做好有关专业术语的解释;对于民族地区的景区,旅游景区导游员还应根据旅游者情况提供民族语言和普通话的双语讲解服务;对于外籍客人,外语导游员应准备相应语言词汇的讲解服务。

(二) 知识准备

旅游景区导游的工作相对固定在一个景区或景区的几个景点,这就要求导游人员对景区的情况全面掌握,而且要不断地更新、储备新的知识,同时也要不断地扩展知识面。知识的准备主要包括以下四个方面:

1. 旅游景区讲解内容所需的知识

根据不同景区的情况,分为自然科学知识、历史和文化遗产知识、建筑与园林艺术知识、宗教知识及文学、美术、音乐、戏曲、舞蹈知识等,以及必要时与国内外同类景区内容对比的文化知识;掌握必要的环境保护和文物保护知识以及安全知识;熟悉本景区的有关管理规定。

2. 自身欠缺的知识

在做知识准备的过程中,要善于发现自己的知识缺陷,及时补充、完善自己的知识结构。

3. 与旅游者相关的知识

一方面,了解客源地的相关知识,如地理、历史、人口、经济、城市建设、民俗等。若是外国旅游者,还应了解客源国的政体、对外关系、民族宗教等情况。另一方面,分析旅游者的心理,根据旅游者的组合(包括旅游者的职业、身份、性别、年龄等)了解旅游者的爱好,做到有针对性地进行知识准备,根据旅游者对讲解的时间长度、认知深度的不同要求,旅游景区导游应对讲解内容做好两种或两种以上讲解方案的准备,以适应不同旅游团队或个体旅游者的不同需要。

4. 热门话题

了解当前的热门话题、国内外重大新闻、旅游者感兴趣的话题等。

(三) 物质准备

1. 领取必要的票证、表格

旅游景区导游员应领取接待计划表、旅游团(者)名单、旅游服务质量反馈表、门票或门票结算单,如有餐饮或住宿服务,还需领取餐饮结算单和住宿结算单。

2. 准备工作物品

旅游景区导游员应准备好导游证、胸卡、导游旗、导游图、讲解的工具或器材、接站牌及旅游团(者)通讯录等物品，如果旅游景区有旅游纪念品或旅游景区宣传资料赠送给游客，还需要根据旅游团(者)人数提前准备好。

3. 准备个人物品

旅游景区导游员必备的个人物品包括：手机及充电器、名片、防护用品(如雨具、防晒用品等)、常备药物(如降暑药、防蚊虫药等)、记事本与工作包等。

(四) 心理准备

1. 吃苦耐劳的准备

在旅游景区的服务工作，基本上都是由旅游景区导游员来完成的，尤其是对于那些散客旅游者或者由散客拼成的旅游团，一般没有配备专门的全陪、地陪导游，若在旅游过程中遇到问题、发生事故，都需要旅游景区导游员去面对、处理。对于需要特殊服务的旅游者，也须及时采取措施。

2. 承受抱怨与投诉的准备

尽管旅游景区导游员为旅游者做好了细致周密的服务准备，但还是有可能会出现个人旅游者的批评、挑剔、抱怨、指责，甚至投诉。面对这种情况，旅游景区导游员要敢于面对，沉着、冷静处理。

3. 调整好情绪的准备

人都会有情绪，景区导游人员也不例外。在实际工作中，导游人员要有好的情绪，并且要善于利用情绪。同时，注重工作与生活中自我角色的转变，不能把自己生活中不愉快的情绪带到工作中。

(五) 形象准备

旅游景区导游员的形象准备也十分重要。在讲解过程中，良好的仪容、仪表能给旅游者带来深刻的印象和美好的回忆，这为顺利带团创造了有利条件。旅游景区导游员的外形要求主要指仪表、仪容两方面。

1. 仪表

(1) 旅游景区导游员应按所在景区的规定穿着统一服装上岗并保持整洁。若没有统一服装，导游员要按照两个基本要求着装：一是服装要整洁；二是与自己的年龄相协调，服饰既不过分美丽、时尚和怪异，也不过于庄重。一般来说，夏天男导游不穿短裤和无领汗衫；女导游不宜穿太短太露的服饰，不宜佩戴过多的饰物，比如胸针、手镯、脚链等。在接待重要旅游者或出席外事活动时，旅游景区导游员还应注意特殊的服饰要求。

(2) 上岗时要正确佩戴上岗证和工号标牌。

（3）上岗时要保持饱满的精神状态，不可打哈欠、抓耳挠腮、萎靡不振等。

2. 仪容

（1）容貌虽说是天生的，但经过修饰可以美化，容貌修饰的总要求是端庄、整洁。

（2）旅游景区导游员的发型应大方、干净利落；男导游要每天剃须，女导游可淡妆上岗，但不可浓妆艳抹。

（3）旅游景区导游员要保持口腔卫生，注意消除口腔异味，早晚刷牙，吃东西后漱口。

（4）上岗时要注意个人卫生，不留长指甲，尤其是女导游不要涂深色的指甲油。

二、游览中的服务规程

（一）致欢迎词

在导游服务开始时，景区导游人员应向旅游者致欢迎词。致欢迎词是给旅游者留下第一印象的好机会，导游人员应当重视。

1. 致欢迎词地点

景区导游人员致欢迎词应当在景区的入口处或景区讲解的开场白之前，对于重要客人一般在接待室。

2. 欢迎词的内容

欢迎词的内容应根据旅游者的国籍、团队人数、年龄及具体的时间、地点、成员的身份等有所区别，不可千篇一律。致欢迎词应注重适度、真挚，说话符合自己的身份，不能让旅游者感到不真实、做作，以免产生不良效果。一般情况下，景区导游人员所致欢迎词的内容如下：

（1）问候语：向旅游者问好。

（2）欢迎语：代表旅游景区及本人对旅游者表示欢迎。

（3）介绍语：介绍本人及所属单位。

（4）态度语：表示提供服务的诚挚愿望。

（5）希望语：表达希望旅游者对讲解工作给予支持配合的意愿。

（6）祝愿语：预祝旅游愉快顺利。

（二）商定游览行程及线路

商定游览行程不仅表明导游人员对旅游者的尊重和欢迎，而且可以从商议安排中了解旅游者的主要兴趣，以便游览计划的安排更符合旅游者的需要，这是保证景区导游工作顺利进行的重要一环。但是，一般而言，商定游览行程及线路发生在比较大型的旅游景区，而且除在旅行社组织的旅游团队或者某些特殊团队之外，其他旅游者一般愿意听从旅游景区导游员的安排。

旅游景区导游人员在与旅游者商议安排游览行程和线路时，应该注意以下几个问题：

1. 商议的时间

与旅游者商议的时间越早越好。越早了解旅游者的需求，越能尽早有的放矢地安排好游览的程序、线路和节目，调整导游人员的讲解内容。所以，旅游者一旦到达，景区导游人员就应安排时间与旅游者商议。若有可能，在旅游者到达前通过电话等通信工具谈妥更好。

2. 商议的对象

（1）接待散客时，原则上应与所有旅游者商议。

（2）对一般参观团，与团长或领队商议就可以了；若领队希望团内某些人士参加，也可以考虑并表示欢迎。

（3）对较正式的代表团，若负责人说话有权威性，那么主要与代表团选定的负责人商议即可。

（4）对于学术团、专业团，由于这样的团队学者较多，个人意见也很重要，因此，若可能，应与全体团员共同商议。

（5）对于旅行社组织的旅游团，由于有地陪导游引领，因此主要与地陪、全陪导游商议，必要时可以邀请领队参与。

（6）对于贵宾团，特别是有一定级别的领导（如省级及以上领导）人员参加时，他们的行程应尽早定好。在商定行程时，导游人员往往不参加，只需要听从本单位领导的安排、指示就可以了。

3. 商议行程、线路时应掌握的原则

（1）尽量按景区已有的安排行事，不做太大的变动。

（2）尽力满足旅游者合理而可能的要求，特别是重点旅游者的个别要求，尽量照顾一般旅游者的特殊要求。

（3）当出现异议时，本着少数服从多数的原则进行。景区导游人员不要介入旅游团的内部矛盾，不能将团队分裂或分组。

（4）对变动内容确有困难、旅游者要求不能满足时，导游员要耐心解释。婉言拒绝要留有余地，要让旅游者感到自己的要求虽然没有得到满足，但导游员确已尽最大努力了。

（5）对记者、作家的要求应尽可能满足。"满足一位记者（作家）的要求，便满足了成千上万的读者要求。"

（6）对旅行代理商和旅游界知名人士，要努力满足他们的要求，接待好他们，这样可能会带来更多的客源。

4. 商议的方法

在一般情况下，应尽力引导旅游者按景区原有的方案进行游览。在商谈的时候，可以先请游客提要求，当发现和已有安排差不多时，便可顺水推舟，表示按大家的要求安排。若旅游者的意见与既定安排有一定差距，导游人员要学会引导，通过讲解的艺术技巧，把旅游者的思路引导到既定的安排上来。

(三)导游讲解

导游讲解是景区导游服务的核心工作,旅游景区导游员应按照景区讲解服务规范,为旅游团(者)提供高质量的导游讲解服务。

1. 景区导游图(平面图)前的讲解

(1)景区概况讲解。景点导游讲解是景区导游人员工作的核心内容。在景区导游过程中,导游人员应先向旅游者介绍景区的概况,主要内容如下:

①历史背景或成因,即景区何年所建,当时的历史背景是什么;对于自然景观还需要介绍其成因。

②景区用途,即为什么而建,或者说当时的建造目的,这主要针对人文景观而言。

③景区特色,即景观上有何独特之处,景观观赏点的分布、建筑结构布局有何特点,观察意义何在,美学价值如何。

④景区地位,即景区在世界、全国、省内、市内处于何种地位。

⑤景区价值,包括历史价值、文物价值、学术价值、旅游价值、美学价值、教育功能等。

⑥名人评论,即利用"名人效应法"介绍景区受人赞赏的情况。

(2)向旅游者讲明本次游览的路线、大致所需时间和集散地点。

(3)讲明参观游览中的有关规定和注意事项,如哪处景点不可以拍照,在特定的游览区域应遵守怎样的规定,在景点中面对小商小贩强行向旅游者兜售物品的行为应做好哪些防范措施和安全注意事项等。

2. 游览中的讲解

游览中的导游讲解是旅游景区导游服务的主体内容。导游员应始终带领旅游者沿着游览线路对所见景物进行精彩的导游讲解。

(1)讲解的内容、方式要因人而异、繁简适度。导游员应对旅游景区的历史背景、特色、地位、价值等方面的内容做全面详细的讲解,视旅游者的类型、兴趣、爱好的不同有所侧重、有所取舍,同时也要给客人留有思考、回味的空间。

(2)讲解语言应通俗易懂、准确、幽默、富有感染力。在旅游景区讲解时,尽可能避免同音异义词语的歧义;若使用文言文讲解,需注意旅游者的理解力,最好以大众化语言给予补充解释。

(3)讲解时应结合有关景物或展品向旅游者宣传生态环境和文物保护知识,并解答旅游者问询;讲解中涉及的历史人物或事件,应充分尊重历史的原貌,如遇尚存争议的科学原理或人物、事件,最好选用中性词语给予表达;讲解中涉及的民间传说应有故事来源的历史传承,旅游景区导游员不得随意杜撰编造。

(4)旅游景区导游员还应保证在计划的时间与费用内,让旅游者充分地游览观赏,劳逸适度。另外,还应注意做到"三结合":讲解和引导相结合、集中与分散相结合、详与略相结合。

(5) 在旅游景区导与游的过程中,旅游景区导游员应随时注意旅游者的安全,要特别关照年老(幼)、体弱的旅游者,要自始至终与旅游者在一起活动,随时清点人数,随时注意周围环境,防止意外发生和造成不必要的麻烦。

(四) 旅游景区其他相关服务

1. 购物服务

购物是旅游活动的主要环节之一,导游员购物服务质量的高低决定了旅游者在旅游景区购物消费数量的多少,同时也关系到导游员为国家和景区企业间接创收的效果如何。导游员在带领旅游者进行购物时,应注意以下几个方面:

(1) 如实向旅游者介绍本地区、本景区的商品内容和特色。
(2) 如实向旅游者介绍本景区合法经营的购物场所。
(3) 不得强迫或变相强迫旅游者购物。

2. 乘车(船)游览时的服务

景区讲解如果是在乘车(船)游览时进行,旅游景区导游员应注意以下几个方面:

(1) 协助司机(或船员)安排旅游者入座。
(2) 在上车(船)、乘车(船)、下车(船)时提醒旅游者有关安全事项,提醒旅游者清点自己的行李物品,并对老幼病残和其他弱势群体给予特别关照。
(3) 注意保持讲解内容与行车(行船)节奏的一致,讲解声音应设法让更多的旅游者都能听见。
(4) 努力做好与行车安全(行船安全)的配合。

3. 旅游者观看景区演出时的服务

如旅游者游程中包含有在景区内观看节目演出,旅游景区导游员应注意以下几个方面:

(1) 如实向旅游者介绍景区演出的节目内容与特色。
(2) 按时组织旅游者入场,引导旅游者文明观看节目。
(3) 在旅游者观看节目过程中,旅游景区导游员应自始至终坚守岗位。
(4) 如个别客人因特殊原因需要中途退场,旅游景区导游员应设法给予妥善安排。
(5) 不得强迫或变相强迫旅游者增加需要另行付费的演出项目。

4. 游览中的特殊服务

导游员在带团过程中,旅游者会提出各种各样的要求,在处理这些要求时,导游员应本着"合理而又可能"的原则以及有理、有利、有节、不卑不亢的态度进行处理。

(1) 如果个别旅游者希望不按规定的行进线路进行参观游览,想"脱团"自由活动,若是环境许可,导游员可以给予满足,但必须提醒其集合时间、地点、联系方式及安全注意事项等。
(2) 若在旅游过程中旅游者发生意外受伤和患病等情况,旅游景区导游员应及时做出应急处理,并向领导汇报。如有需要,应请领导速派人员陪同患者前往医院就诊,严禁导游员擅自给患者用药。对于旅行社组织的旅游团,景区导游员应积极配合旅行社导游妥善处理。

(3) 如在旅游过程中旅游者发生证件或钱物丢失等情况,旅游景区导游员要安抚旅游者,详细了解丢失情况,尽力协助寻找,同时要向景区领导汇报,根据领导的安排协助旅游者向有关部门报案,补办必要的手续。对于旅行社组织的旅游团,景区导游应积极配合旅行社导游妥善处理。

三、送别服务

参观游览活动结束后,景点导游人员要向旅游者致简短的欢送词,送别时的规范与服务也是极为重要的,具体说来,导游员要做好以下几个方面的工作:

(一) 致欢送词

1. 致欢迎词的时间、地点

参观游览结束时,景区导游员要向旅游者致欢送词,地点不限,既可选择在景区观光车上也可以选择在景区的出口处等。

2. 欢送词的内容

在送别服务中最重要的内容是致欢送词,欢送词包含的内容如下:
(1) 总结语:总结整个景区游程。
(2) 感谢语:感谢旅游者在游览中的支持与配合。
(3) 歉意语:若游程中有不尽如人意的地方,导游可借此机会真诚地表达歉意。
(4) 希望语:真诚地希望旅游者提出对景区和导游的宝贵意见和建议,表达期待重逢的愿望。
(5) 惜别语:表示友谊和惜别之意。
(6) 祝愿语:将美好的祝愿送给旅游者。

(二) 提醒旅游者检查随身物品

在旅游者即将离开旅游景区时,旅游景区导游员应反复提醒旅游者带齐随身物品,以防遗失事故的发生。

(三) 送别旅游团(者)

结束旅游景区参观游览后,旅游景区导游员应使旅游者顺利、安全地离开。一般情况下,旅游景区导游员要将旅游者送至景区出口处,并与旅游者热情挥手告别。切忌告别后马上转身离去,要一直目送旅游团(者),直到旅游团(者)远离自己的视线后方可离开。

(四) 处理遗留问题

按有关规定和领导指示,积极办理旅游者临行前的委托事宜和一些遗留问题,如委托办理托运及专递物品、信件等,给旅游者一个满意的交代。

四、总结工作

送走旅游者,并不意味着导游工作的结束,还要做好总结工作。这是旅游景区导游工作有始有终的体现,不仅是旅游景区提高服务质量的必要手段,也是旅游景区导游员提升自身导游服务效率和导游服务质量的必要手段。

(一)写好接待总结

完成接待任务后,要认真、按时写好接待总结,实事求是地汇报接待情况。接待总结的内容主要包括以下几个方面:一是接待旅游者的人数、抵离时间,若是旅游团队,还要记录团队的名称和旅行社的名称。二是旅游者成员的基本情况、背景及特点。三是重点旅游者的反映,尽量引用原话,并注明旅游者的姓名和身份。四是旅游者对景区景观及建设情况的感受和建议,对接待工作的反映。五是尚需办理的事情。六是自己的体会及对今后工作的建议。七是若发生重大问题,需另附专题报告。

(二)查漏补缺

在总结工作中,应及时找出工作中的不足或存在的问题,如导游人员不清楚的知识、回答不准确的地方以及回答不出来的问题等。根据这些问题进行有针对性的补课,如请教有经验的同行,或查找相关资料,以提高今后的导游水平。

(三)总结提高

对旅游者提出的意见和建议涉及景区导游员的,景区导游员应认真检查,吸取教训,不断改进,以提高自己的导游水平和服务质量;涉及其他接待部门的,应及时反馈到所涉及的部门,以便其改进工作。

第三节 旅游景区导游服务技能

◇ 案例导入

讲解不规范　武侯祠让导游"闭嘴"

2002年4月,成都武侯祠博物馆的一纸通知,引发了导游"闭嘴"之争。提及事情的起因,武侯祠方面认为,作为博大精深的三国文化的代表,武侯祠有义务为游客提供专业化的讲解,避免大量导游由于知识结构的限制"讲不好武侯祠"。在旅游行业内,的确存在着一些导游员不懂装懂、滥竽充数的现象。该景点通过长期的观察,才有了请导游员"闭嘴"这一说。

(资料来源:李娌,王哲.导游服务案例精选解析[M].北京:旅游教育出版社,2007.)

旅游景区导游讲解服务是旅游景区导游服务的重点和核心,也是衡量旅游景区导游服务质量高低的重要标志。优质的旅游景区讲解服务能提高旅游者在旅游景区的体验,能有效地提高旅游者对景区的满意度。

一、旅游景区导游讲解技能

(一)旅游景区导游讲解原则

1. 客观性原则

所谓客观性是指讲解要以客观事实为依据,在客观事实的基础上进行意境的再创造。客观事实是指独立于人的意识之外的,又能为人的意识所反映的客观存在,它包括自然界的万事万物和人类社会的各种事物,包括有形的,如名山大川、文物古迹;也包括无形的,如社会制度等。

景区导游员进行讲解时,无论采用何种方法和技巧,都必须以客观存在为依据,即导游的讲解必须建立在自然界或人类社会某种客观现实的基础上。

◇ **案例分析**

"天地一家春"印记之由来

在颐和园仁寿殿的外月台上,南侧和北侧各有一对铜龙凤,可以燃香,铜凤的基座上刻有"天地一家春"的印记。对于这五个字的来历,几乎所有的旅游者都有一些好奇,于是大部分导游都会为此介绍一番。其中有部分导游员会讲述以下故事:

"这个印章是咸丰皇帝赐给慈禧的。当年咸丰皇帝趁着慈禧怀孕的时候,从江南找来了春、夏、秋、冬四位美女来陪他,慈禧当时还是贵妃,得知此事伤心不已。看到慈禧哭得梨花带雨,咸丰皇帝很心痛,就赐给慈禧一块印章,上面写着'天地一家春',意思是不管皇帝身边有谁,你慈禧在我心目中永远是最重要的。因此,慈禧老佛爷非常自豪地在这个地方刻上了这个'天地一家春'的印章。"一位导游绘声绘色地说。

然而上述故事纯属虚构。据颐和园专职讲解员介绍,"天地一家春"是慈禧太后在圆明园的居所名称,她以此来纪念和咸丰皇帝的爱情往事,至于"皇帝从江南找来春、夏、秋、冬四位美女陪伴"之类的传说,更是没有任何史料依据。

旅游景区导游员在提供讲解服务时,增加一些传闻、野史,在一定程度上能满足部分旅游者的好奇心理,为讲解增添一些娱乐性。然而未经考证的传闻、野史对于颐和园来说,却无形中让历史应有的严肃和庄重荡然无存,这显然背离了景区应有的责任担当,也使得具有历史厚重感的景点失去了镜鉴古今的意义。

(资料来源:根据网络资料整理)

问题讨论:

试分析景区导游员在讲解过程中尊重历史本来面貌的重要性。

2. 计划性原则

所谓计划性就是要求旅游景区导游员根据旅游团（或旅游者）的具体情况合理安排在景区内的活动时间，选择最佳游览线路，适当做好讲解内容的取舍等。具体计划内容一般包括：景物的特色、重点，观赏的途径、要点，时间的安排及顺序等。

譬如：岳麓书院的讲解一般以书院中轴线为重点，岳麓书院现存建筑大部分为明清遗物，主体建筑有大门、二门、讲堂、半学斋、教学斋、百泉轩、御书楼、湘水校经堂、文庙等，各部分互相连接。导游员可以通过大门上的宋真宗赐的"岳麓书院"四个大字匾额和对联"惟楚有材，于斯为盛"介绍大门；通过讲述"朱张会讲"之盛况、介绍檐前"实事求是"的匾额、大厅中央悬挂着的"学达性天"与"道南正脉"匾额来介绍岳麓书院的文化底蕴。

3. 针对性原则

所谓针对性是指讲解应从旅游者的实际情况出发，因人而异、有的放矢地进行讲解。旅游者来自五湖四海，受自身性别、年龄、成长环境、受教育程度等的影响，审美情趣各不相同，因此，旅游景区导游员应根据不同旅游者的实际情况，在讲解内容、讲解方法及语言运用方面有所区别。

◇ **案例分析**

不同旅游者的兴趣分析

天子山自然保护区（见图3-2）被誉为"峰林之王"，位于武陵源的东北部，南连张家界国家森林公园，西与杨家界风景区和贺龙元帅的故乡桑植县相邻，东南与索溪峪风景区相望，这里原来叫青岩山，以青石林立而得名，后来，土家族首领向大坤不满封建朝廷的昏庸统治，在青岩山揭竿起义，由于它代表了以土家族为主的各族人民的利益，得到民众的爱戴和拥护，称"向王天子"，善良的土家族人民为了纪念这位勇敢的民族英雄，就将这座山改名为"天子山"。

图3-2 天子山一景

天子山奇特的地貌，叫做张家界地貌，根据科学论证，3亿多年前，这里是一片汪洋大海，大约1亿年前由于海浪的冲击形成的石英砂岩在海底沉积了500多米厚，后来，经过新构造运动的强烈抬升，这里成了陆地，地面抬升后，在流水深切的作用下，一些细小的砂石被冲走了，加上重力的作用，岩石崩塌，又被雨水、溪流慢慢冲刷，就使得武陵源地区在漫长的岁月中，逐渐形成了这种奇特的地貌，让人不禁为这大自然的鬼斧神工而惊叹，于是天子山景区也就有了"扩大的盆景，缩小的仙境"的美誉。

（资料来源：根据湖南省导游证考试导游词整理）

问题讨论：

根据上述关于天子山景区的介绍，假如你作为天子山景区的导游员，针对不同类型的旅游者，应如何在此基础上准备导游讲解词？

4. 灵活性原则

所谓灵活性，就是旅游景区导游员的讲解要因人而异、因时制宜、因地制宜。灵活性原则要求旅游景区导游员在讲解时应根据旅游者的具体情况以及天气、季节的变化和时间的不同，灵活运用导游知识，选择符合实际的讲解内容，运用恰当的导游方法。例如，晴天里的西湖、雨中的西湖、月下的西湖和雪中的西湖，呈现不一样的美，景区导游员在讲解时应准备不同的内容。

（二）旅游景区导游讲解方法

1. 概述法

概述法是景区导游员就景区的地理、历史、社会、经济等情况向旅游者进行概括性的介绍，使其对即将参观游览的景区有一个大致的了解和轮廓性认识的一种导游方法。一般适用于游览较大的景点之前，在入口处示意图前进行的讲解。

◆ **讲解示范**

湖南崀山

大家好！欢迎大家来到崀山旅游区参观游览，崀山位于湖南省新宁县境内，是典型的丹霞地貌。在数千万年以前，这里是一片内陆湖，由于地壳的变动，内陆湖底突出，从而形成了现在的红色砂砾岩结构的丹霞地貌。其丹霞地貌的形态与规模在全国同类地貌之中首屈一指。在108平方千米范围内，聚集了天一巷、辣椒峰、扶夷江、八角寨、紫霞峒、天生桥六大景区。

美丽的崀山先后被评为国家地质公园、国家重点风景名胜区、中国丹霞世界自然遗产、国家5A级旅游景区，被丹霞地貌创始人陈国达院士誉为"丹霞之魂，国之瑰宝"。这里气候湿润，四季分明，植被茂盛，生态环境优越，境内雄伟壮观的方山台寨，拔地而起的石柱、石墙，陡峭险峻的赤壁丹崖，狭长曲折的石巷、石槽，集聚雄、奇、险、秀、幽的特色，旅游者流连忘返，是人们旅游观光、休闲度假、攀岩探险、科考研究的好去处。

图3-3 崀山一景

（资料来源：根据湖南省导游证考试导游词整理）

2. 分段讲解法

分段讲解法就是对那些规模较大、内容较丰富的景点,导游人员将其分为前后衔接的若干部分来逐段进行讲解的导游方法。一般来说,旅游景区导游员可首先在前往景区的途中或在景区入口处的示意图前介绍旅游景区概况,主要包括历史沿革、占地面积、主要景观名称及观赏价值等,使旅游者对即将游览的景点有一个初步的印象,达到"见树先见林"的效果,并产生"一睹为快"的感受。然后,旅游景区导游员根据景点顺序进行游览,但应注意不要过多地涉及下一景点的景物,但是在快结束这一景点游览的时候,可适当地透露一点下一个景点的情况,目的是引起旅游者对下一景点的兴趣,并使讲解一环扣一环,环环扣人心弦。

◇ 讲解示范

花明楼景区

带领旅游者参观游览花明楼景区时,景区导游员可将其分为七个部分来介绍。

①概况介绍:花明楼景区位于湖南省宁乡市花明楼镇炭子冲村,地处湖南省会长沙市湘江以西,与韶山毛泽东故居、乌石彭德怀故居相距约30千米,形成了全国独一无二的伟人故里文化生态旅游金三角,已成为湖南省最重要的革命纪念地和旅游观光区之一。花明楼景区主要景点包括刘少奇故里门楼广场、铜像广场、纪念馆、文物馆、炭子冲民俗文化村、故居、花明园等景点。

②刘少奇故里门楼介绍:门楼是1998年刘少奇一百周年诞辰之际建成的,颇具江南古建筑风格。"刘少奇故里"这五个苍劲大字是由全国书法家协会原主席沈鹏先生题写。

③刘少奇同志铜像广场介绍:正前方有一个由整齐的小松柏簇拥着的庄严肃穆的平台。在平台中央,少奇同志铜像威严地矗立着,铜像是1988年少奇同志九十周年诞辰时落成的。由时任国家主席杨尚昆同志亲自揭幕,铜像由中华全国总工会捐建,著名雕塑大师刘开渠和他的高徒程允贤精心制作。这座铜像加底座共高7.1米。这个数字包含着两层含义:第一,"七一"是党的生日,少奇同志一生致力于党的建设,为党和人民的事业付出了毕生的精力,是我们党的卓越领导人。第二,少奇同志享年七十一岁。大家看铜像坐西北朝东南,面部神情似微笑似沉思,满怀沧桑地遥望远方,拿着烟头的手自然摆放,飘逸的风衣将其衬托得更加伟岸,再现了作为党和国家主要领导人的少奇同志风尘仆仆、日理万机的光辉形象,使人油然而生一种敬意和亲切感。1998年刘少奇一百周年诞辰之际,时任党中央总书记江泽民为铜像题名。

④刘少奇同志纪念馆介绍:这是我国唯一一座完整系统地介绍刘少奇生平业绩的传记性专馆。1988年11月24日开馆。纪念馆共有五个展厅,以伟大的探索者、卓越的领导人为主题,全面系统地展示了刘少奇的生平思想和丰功伟绩。

⑤刘少奇文物馆介绍:这是在刘少奇同志一百周年诞辰之际建成的,为江南园林式庭院建筑,集刘少奇文物收藏、保管、修复、研究于一体。

⑥刘少奇同志故居介绍:1898年11月24日刘少奇同志就诞生在这里。门上悬挂的刘少奇同志故居这块门匾是1982年由邓小平同志题写的。故居背靠青山前临碧水占地面积

1300多平方米,共有房屋21间半,其中瓦房16间半,茅屋5间。1959年被湖南省人民政府公布为省级重点文物保护单位,1988年被国务院公布为全国重点文物保护单位。经历一个多世纪的风雨沧桑,这种普通的农舍也和刘少奇一起见证了坎坷岁月,保持了永恒的本色。

⑦花明园介绍:这是占地面积4000多平方米的德育文化广场。以花岗岩雕塑万德鼎为中心,九龙柱顶天立地,一叶湖波光粼粼。万德鼎以16块方形花岗岩和1万个德字组成。鼎身以宁乡出土的国宝级文物人面文鼎为模型,四面正中分别镌刻毛泽东、刘少奇、邓小平、江泽民同志书写的凹形德字,其余的9996个凸形德字均为历代名家集字。修养亭,是为重温刘少奇的光辉著作《论共产党员的修养》而建。修养亭上有副楹联"德才配天地,修养冠古今"。长廊内以碑刻为主,分为东西两院。东院南墙上镌刻了毛泽东、邓小平、江泽民三代领导人对《论共产党员的修养》的评价,东院北墙镌刻了刘少奇在《论共产党员的修养》中引用的孔子、孟子等人的名言。

(资料来源:根据湖南省导游证考试导游词整理)

3. 突出重点法

突出重点法就是在讲解中避免面面俱到,突出某一方面的讲解方法。如果景区导游员讲解模糊,没有突出重点,游览结束后,肯定不会给旅游者留下深刻的印象。因此,导游员讲解时应有的放矢,做到轻重搭配、详略得当、重点突出。具体说来,景区导游讲解员应该突出以下几个方面:

(1) 突出景区具有代表性的景观

对游览大的景点,导游员必须制订周密的计划,确定重点景观。这些景观既要有自己的特征,又要能概括全貌。到现场导游时,导游员主要讲解这些具有代表性的景观。例如,讲解南岳衡山景区时,突出四绝:藏经殿之秀、方广寺之深、祝融峰之高、水帘洞之奇。

(2) 突出与众不同的景观

景区导游员在讲解时必须讲清景点的特征及与众不同之处,例如同为佛教寺院,其历史、宗派、规模、结构、建筑艺术、供奉的佛像各不相同,导游员在讲解时应突出介绍其与众不同之处,以有效地吸引旅游者的注意力,避免产生雷同的感觉。

(3) 突出"之最"

面对某一景点,导游员可根据实际情况介绍这是世界(中国、某省、某市某地)最大(最长、最古老、最高、最小等)的。例如,介绍贺龙公园中贺龙铜像时,说是中国近百年来伟人铜像中最大、最重的一尊。有时第二、第三也值得一提,如长江是世界第三大河,但一定要注意划定"之最"的范围,千万不能弄巧成拙。

(4) 突出旅游者的兴趣点

导游员在研究旅游团的资料时,要注意旅游者的职业和文化层次,以便在游览时重点讲解旅游团大多数成员感兴趣的内容,投旅游者所好的讲解方法往往能产生良好的效果。例如,参观游览北京故宫时,如果带领的是建筑业旅游团,景区导游员应多讲我国古建筑的特色、风格和设计方面的独到之处,甚至还可以同他们交流有关建筑业方面的专业知识;如果是带领一般的旅游者游览,就应将重点转到讲述封建帝王的宫廷逸事和民间有关的传说。

4. 触景生情法

触景生情法是见物生情、借题发挥的导游讲解方法。旅游景区讲解员运用触景生情法时要注意:一方面,旅游景区导游员不能就事论事地介绍景物,而是要借题发挥,利用所见景物使旅游者产生联想;另一方面,导游讲解的内容要与所见景物和谐统一,做到情景交融。

◇ 讲解示范

张家界天子山仙女献花

各位朋友,接下来请大家到对面来欣赏天女献花的秀丽吧,请大家顺着我手指的方向看到山岭的中部,在朦胧的云雾中有一个美女的倩影亭亭玉立,你们看,她怀抱花篮,嘴含微笑,正深情地把朵朵鲜花撒向人间,因而称之为"仙女献花"。

图 3-4 仙女献花

(资料来源:根据湖南省导游证考试导游词整理.)

5. 虚实结合法

虚实结合法是在讲解中将典故、传说与景物介绍有机结合,即编织故事情节的讲解手法,也就是导游讲解故事化,从而产生艺术感染力,使气氛变得轻松愉快。

运用虚实结合法时应注意以下方面:

(1) 这里的"实"是指景物实体、史实、艺术价值等;"虚"指的是与景点有关的民间传说、神话故事、逸闻趣事等。"虚"与"实"必须有机结合,以"实"为主,以"虚"为辅,并以"虚"加深"实"的存在。在中国,几乎每一个景点都有一个美丽的传说,如张家界御笔峰有向王天子将御笔掷落的传说。

(2) 在导游讲解过程中,虚实结合法运用得好可以增添旅游者的游兴。但在虚实结合法的使用过程中,切忌胡编乱造、无中生有,典故、传说等的运用必须以客观存在的事物为依托,以增强可信度。

◇ 讲解示范

张家界天子山御笔峰

请大家看前方的不远处,有一排秀丽精致的石峰,上粗下细,形如笔杆,这便是武陵源精华绝景之一的"御笔峰",也是峰林风光的标志景点,相传向王天子兵败以后,将几支御笔掷落于山谷之中,然而笔通灵气,落地成峰,形成了"御笔峰",如果在红霞满天的时候来观看,御笔熠熠生辉,笔尖还残留着几点朱红墨迹呢。

图 3-5 御笔峰

(资料来源:根据湖南省导游证考试导游词整理)

6.问答法

问答法是指在导游讲解中,导游员向旅游者提问题或启发他们提问题的一种导游讲解方法。目的是引起旅游者的注意,激起其欲知某事的强烈愿望,使旅游者由被动地听变为主动地问,使被讲解之景物在其脑海中留下清晰深刻的印象,同时也可使讲解过程生动活泼,融洽导游员和旅游者的关系。

问答法主要有以下四种形式:

(1) 自问自答法

自问自答法是由导游员自己提出问题并做适当停顿,让旅游者猜想,但并不期待他们回答,而是意在吸引旅游者的注意力,促使旅游者思考,激起旅游者的兴趣,然后导游员才做简洁明了的回答或生动形象的介绍,以给旅游者留下深刻的印象。

运用自问自答法时应注意:这种方法通常用于很难的、客人回答不上来的问题,类似一种疑问式的停顿。导游员使用这种方法只是为了吸引旅游者的注意,接下来要讲解的内容才是比较重要或关键的。

例如,在游览张家界天子山时提到张家界地貌,导游可以向旅游者提问"张家界地貌形成的原因",稍作停顿后,接着解释成因。

(2) 我问客答法

我问客答法即由导游提出问题,导游人员引导旅游者回答或讨论的方法。

使用我问客答法时应注意:我问客答法要求导游善于提问,所提问题旅游者不会毫无所知,但会有不同答案。通常要回答的问题不会很难,只要导游稍加提示,客人就可以答出来。导游要诱导客人回答,但不要强迫其回答,以免尴尬。旅游者的回答不论对错,导游都不应打断,要给予鼓励,最后再讲解。

例如,在毛泽东故居讲解中可提出如下问题:大门顶端挂着的"毛泽东同志故居"金字红木匾是谁亲笔题写的?

(3) 客问我答法

客问我答法是由客人提出问题,导游人员来进行回答。

使用客问我答法时应注意:导游要欢迎旅游者提问,这样可以减少导游唱"独角戏",增强旅游者与导游交流的机会;当旅游者提出某一问题时,表示他们对某一景物产生兴趣;导游对旅游者提出来的即使是幼稚的问题也不能笑话他们,要巧妙地解答;导游要掌握主动权,不要让旅游者的提问干扰了讲解;不能旅游者问什么就解答什么,要回答与景点有关的问题。

(4) 客问客答法

客问客答法是客人提出问题后,导游人员不直截了当地回答,而是有意识地请其他旅游者来回答,亦称"借花献佛法"。

使用客问客答法时应注意:把问题转给其他旅游者时要注意不为难旅游者,不让其难堪,最好有事先安排;此方法不宜使用太多,易造成旅游者质疑导游员自身能力,对导游员产生不信任感。

7. 悬念法

悬念法是在讲解时提出某些旅游者感兴趣的话题,但又故意引而不发,以激起旅游者急于想知道答案的欲望的方法,俗称"吊胃口"或"卖关子"。

使用悬念法时应注意:导游先提出问题但不告知下文或暂不回答,让旅游者去思考,最后才讲出结果。可借助其他方法来体现悬念,如问答法、引而不发法、引人入胜法、分段讲解法等都可以产生制造悬念的效果。制造悬念法不能运用过多,过多效果反而不好。

例如,在游览杭州西湖三潭印月讲解中可先设计一个有悬念的问题:游览杭州西湖三潭印月可以看到32个月亮(也有说33个月亮),为什么呢?

8. 类比法

类比法就是以熟喻生,达到触类旁通效果的导游手法。导游用旅游者熟悉的事物与眼前的景物做比较,定会使旅游者感到亲切和便于了解,达到事半功倍的导游效果。

类比法有以下两种:

(1) 同类相似类比。同类相似类比即将相似的两物进行比较。例如,将北京的王府井与日本东京的银座、美国纽约的第五大街相比;将上海的城隍庙与日本的浅草寺相比。

(2) 同类相异类比。同类相异类比即将两种同类但有明显差异的物或人进行比较,比如规模、质量、风格、水平、价值等方面的不同。例如,在游览炎帝陵时,景区导游员介绍炎帝时,自然会提起舜帝。炎帝与舜帝虽然都是中华民族的始祖,但两位却有着不同之处。炎帝是中华农耕文化的创始人,为中华民族的始兴和繁衍做出了开创性的伟大贡献。他教人耕种、发明工具、开创医药、制作陶器、始造明堂、开辟市场等,大家今天的衣、食、住都源于炎帝的创造发明。舜帝是中华民族的道德始祖,他推行孝道:"父义、母慈、兄友、弟恭、子孝",倡导诚信,实施德政,协和万邦。

9. 换算法

换算法就是把难懂的或需要特别强调的数字加以形象化的描述。

例如,故宫规模宏大。假如安排刚出生的孩子在每个宫室里各住一晚,当他把所有宫室都住一遍后,他就成了一位27岁的青年了。这样既形象又生动,使人感到故宫规模之宏大。

10. 感慨法

感慨法,就是用寓情于景、富有哲理性的语言激发旅游者的情绪,使他们得到一种愉悦的启迪。

◇ 讲解示范

普陀风景区

在号称"海天佛国"的普陀风景区,导游员带着旅游者登上佛顶山,俯瞰大海。这时,景区导游员启发性地感慨道:"朋友们,眼前这锦鳞片片、白帆点点的水面就是东海,多少年来,大海拥抱着、冲刷着佛顶山,以它特有的气势启迪着人们——海是辽阔的,胸怀无比宽广;海是厚实的,什么都能容纳;海是深沉的,永远那么谦逊……常看大海,烦恼的人会开朗,狭隘的人会豁达,急躁的人会沉稳……"

图 3-6 普陀山一景

(资料来源:魏星.导游翻译语言精练[M].北京:中国旅游出版社,2004.)

11. 述古法

述古法,就是向旅游者叙述有关历史人物、事件、神话故事、轶闻典故等,以丰富旅游者的历史知识,使他们运用形象思维更好地了解眼前的景观。例如,在参观游览武汉古琴台时,景区导游员就可以采取述古式的导游手法讲述伯牙与子期"高山流水"的故事。

(三) 旅游景区导游讲解要领

导游讲解,实地发挥尤其重要。导游方法的运用原则以及常用的导游方法的技巧学得再好,关键是看实地能否正常发挥。因此,要想成为一名优秀的景区导游员,就应该不断提高自己的导游讲解水平,掌握导游讲解的要领。

1. 做好讲解前的准备工作

(1) 注重日常知识积累

景区导游员要想提高讲解水平,知识积累是重要基础。在日常工作和生活中,景区导游员可以通过以下渠道积累知识:一是通过媒体收集景区的点滴变化。例如,2015年7月5日中国土司遗址入选世界遗产名录,当天众多媒体从各方面报道了相关消息,景区导游员如能"有心"收集,在日后讲解土司遗址时将成为有用的素材,丰富导游讲解内容。二是通过阅读专业书籍,丰富自己在某一知识领域的积累。例如,南岳衡山导游员要想讲好南岳大庙,就需要阅读关于宗教方面的书籍,只有通过深入学习,才能让自己的讲解不仅能"讲其然",还能"讲其所以然"。三是通过网络搜索,寻找某一关注问题的相关背景知识。

(2) 做好接到任务后的准备

虽然平时的积累非常重要,但是"临阵磨枪"也是做好导游讲解工作的要领之一。景区导游员在接到讲解任务后,应根据了解的旅游者情况及景区实际情况,有针对性地做好讲解前的准备:一要分析旅游者信息,厘清讲解重点。例如,以讲解岳麓书院为例,如果接待的是小学生,则可讲述"福""寿"字的由来,如果接待的是大学生,则应重点讲述什么是理学及"经世致用"的实践等。二要温故知新。"温故"指的是对于自己不是特别熟悉或曾经出过错的讲解内容,需要再次温习,以免出错,特别是自己不大熟悉的重要的历史年代、建筑物的长度或高度等数据;"知新"指的是在讲解前有意识地去寻找自己未曾讲解过的知识点和内容,力争使自己的讲解每次都有新信息、新创意。

2. 把握讲解过程中的要领

(1) 在景区的游览指示图前向旅游者说明游览线路、重要景点、洗手间及吸烟区的位置。

(2) 确定讲解主题,以主题为红线将每一个小景点串起来,引导旅游者去发现景区最独特之处。

例如,讲解武汉东湖磨山,楚文化是贯穿始终的主题,而建筑文物上的凤形图案、火红色彩等就是线索。景区导游员如果在讲解中能注意去寻找和发现更多的主题及相应的线索,就可以针对不同的旅游者从不同的主题讲解一个景区,引导旅游者去发现美、欣赏美,满足他们的求知、求美的需求。

(3) 在讲解每个小景点时可以用"突出重点法"来讲解该景点的独特之处,用"触景生情法"延伸讲解与此有关的景区背景及历史,用"妙用数字法"来讲解其历史、建筑特点等,有些还需要用"类比法"将该景点与旅游者家乡或熟知的景点联系起来以加深印象。

(4) 景区导游员在讲解自己熟悉或擅长的内容时,不要过于张扬卖弄,避免过多使用"你们知不知道……""让我来告诉你……"等语言,同时注意控制节奏,给旅游者缓冲、消化知识内容的时间。

3. 注意讲解后的导游服务

(1) 巧妙回答旅游者的提问

在导游讲解结束后,旅游者有可能提出各种各样的问题,如果问题与游览有关,而且导游也知道如何回答,可以在回答问题的同时进行深入讲解,往往会有好的效果,能增强旅游者对自己的信任;如果问题与游览无关,就要学会巧妙地回避。当遇到自己不清楚的问题时切忌胡乱回答,以免被当面指出,贻笑大方,从而失去旅游者对自己的信任;如果自己知道确切答案,但旅游者有另一种说法时,要注意不要当众争执,不要直接指出对方的错误,要学会回避矛盾、找出共同点,给对方找"台阶"下,及时转换话题。

(2) 引导旅游者"换位欣赏"

导游人员在讲解结束后,要善于引导旅游者用眼睛去发现美、从不同角度去欣赏美、从不同层面去感受美。例如,在某个角度拍照效果最好、从某个地方远眺风景最美等。

(3) 告知旅游者相关注意事项

导游人员在讲解结束后,要向旅游者说明自由活动的注意事项,建议他们值得去的地方及线路,再次强调集合的时间和地点,并告诉旅游者如果需要帮助可以在什么地方找到导游员等。

总之,导游讲解不仅是一个语言问题,而且是一种导游的方法和技巧问题。导游通过自己的主观能动作用,以合理、有效的安排,根据不同特点的旅游团(旅游者)进行有针对性的分类讲解,才可能把不同客人的兴致调动起来,使旅游不仅是一种异乡经历,还是一种在与人交往中得到精神享受、在审美情趣中得到文化享受的高尚活动。

二、旅游景区游览引导技能

旅游景区引导是景区导游人员根据游览方案,引导旅游者参观游览和参与各种活动的行为。旅游景区引导最重要的是把握好行进的节奏、观赏位置、观赏时机,并处理好导与游的关系。

(一) 注意调整观赏的节奏

在游览中,导游人员应根据预先制定的游览路线,带领旅游团(者)有序进行游览。

1. 根据旅游淡旺季调整节奏

在旅游旺季,当景区客流量增大,甚至出现人满为患的现象时,导游人员应根据具体情况对游览路线进行局部调整。这种做法的目的是避开高峰,达到理想的观赏效果,但不能通过减少游览项目来达成,这是导游人员需要牢牢把握的重要原则。

2. 根据旅游者个体差异调整节奏

在行进中，导游人员还应根据旅游者的体能、文化层次和欣赏水平，合理把握行进速度。对于体能差、文化层次和欣赏水平较高的旅游者，行进速度应适当放慢些；反之，则应适当快一些。总之，在游览中应做到快慢搭配、游憩协调，使旅游者感到轻松自在、快乐有趣。

（二）选择恰当的观赏距离和位置

观赏位置的选择具体包括对空间距离、角度及心理距离的把握。

1. 把握空间距离和角度

距离和角度是两个不可或缺的观景赏美因素。不同的景物需要不同的观赏视距，有的宜远观，有的宜近览。例如，崀山扶夷江边的"将军石"，远观酷似一位身披战袍仰天长啸、虎虎生威的将军，而近看，则是一块普通的巨石。

最佳的观赏位置除了合适的空间距离之外，还应把握合适的角度。例如，路南石林是一种喀斯特地貌，其中一块岩石在特定的角度观看像一个美丽少女的侧影，当地人发挥想象将它命名为传说故事中的"阿诗玛"。

2. 把握心理距离

心理距离是指人与物之间暂时建立的一种相对超然的审美关系。在审美过程中，旅游者只有超脱于日常生活中的功利、伦理及社会的考虑，才能真正获得审美的愉悦，获得美感。例如，恐高的旅游者领略不了华山的险峻之美；恐海者领略不了大海的波澜壮阔；长期生活在风景名胜区的人也有可能对周围的美景熟视无睹，正如"不识庐山真面目，只缘身在此山中"，大抵说的就是这个道理。

（三）掌握合适的观赏时机

观赏美景要掌握好时机，即要掌握好季节、时间和气象的变化。因此，在景区引导中，掌握观赏时机也十分重要。

例如，宋代画家郭熙曾说过"春山淡冶而如笑，夏山苍翠而欲滴，秋山明净而如妆，冬山惨淡而如睡"，从美学上说，不同的季节、时间和气象，对景观尤其是自然景观的色彩、形象、线条的美观度等都会产生重大影响，这就是古人所说的"时景"。又例如，在泰山之巅观日出，在峨眉山顶看佛光，在庐山小天池欣赏瀑布云，在蓬莱阁观赏海市蜃楼，这些都告诉旅游者需要抓住稍纵即逝的观赏时机。

（四）正确处理导与游的关系

旅游景区导游员的讲解是必不可少的，通过讲解和引导，旅游者可以适时地、正确地观赏到美景，但也需在特定的地点、特定的时间让旅游者去凝神遐想，去领略、体悟景观之美。

三、旅游景区心理服务技能

在旅游过程中,旅游景区导游员在心理上对旅游者施加影响,使其在精神上获得享受并留下难忘的印象,对于提高旅游景区导游服务质量是非常重要的。

(一)尊重旅游者

尊重旅游者,即要尊重旅游者的人格和愿望,要在合理而可能的情况下努力满足旅游者的要求。旅游者在旅游景区参观游览时,希望人格得到尊重,希望自己的意见和建议得到尊重。例如,当旅游景区导游员热情主动并耐心倾听旅游者的意见和要求时,这就满足了旅游者自我尊重的要求,他们也会尊重旅游景区导游员,并配合旅游景区的游览安排,使本次在旅游景区的参观游览成为一次美好的回忆。

另外,在旅游活动中旅游景区导游员要妥善安排,例如,多安排一些参与性活动,使游客获得成就感,从而使其在心理上获得极大的满足。但值得注意的是,参与性活动绝不能勉强游客,避免触动他们的自卑感。

(二)保持服务热情

对于旅游景区导游员来说,旅游景区的每一个角落,都是非常熟悉的,面对自己熟知的景点,一遍又一遍地重复着自己早已烂熟的解说词,难免感到厌倦,工作的热情会受到极大的影响,而这些情绪、思想却不能表露出来。但是,对于旅游者而言,大部分旅游者是第一次来到这里,充满了新奇和乐趣,这就要求旅游景区导游员在每天的工作中都能以微笑、诚信对待每位旅游者,使旅游者时时感受到服务人员饱满的工作热情以及高效优质的服务。

(三)学会使用柔性语言

"一句话能把人说笑,也能把人说跳",有时一句话好好说,会使人高兴;有时一不小心一句话也能伤害一个人的自尊心,因此,旅游景区导游员要学会多使用柔性语言。所谓柔性语言,也就是让人高兴的语言,往往柔和甜美,多表现为语气亲切、语调柔和、措辞委婉、说理自然,多用商讨的口吻。旅游景区导游员在与旅游者相处时绝不要争强好胜,不要与旅游者比高低、争输赢,不要为满足一时的虚荣心而做"嘴上胜利者",而是应当在导游服务中贯彻"双赢原则"。

(四)多提供个性化服务

个性化服务一般是指针对于旅游者个别要求而提供的服务,是一种建立在理解人、体贴人基础上的富有人情味的服务,正所谓"细微之处见真情"。旅游景区导游员在做好导游讲解服务的同时,要将旅游者"放心中",善于把握主动服务,对旅游者的特别需求要给予特别关照,使他们感觉受到了优待,产生自豪感,从而提高他们的满意度。

此外,除了上述的讲解、游览引导及心理服务技能之外,旅游景区导游员还应具备一定的游览设计技能,在接待旅游团(者)之前,根据旅行社的接待计划或旅游者的意愿,根据接待对象的具体情况,合理安排游览路线,选择合适的游览内容,对旅游景区的游览线路、游览项目和内容做出一种具体的计划安排。

实训与练习

一、简答题

1. 在旅游景区导游工作中,与旅游者商定游览行程及线路时应注意哪些问题?
2. 请简述导游讲解的基本方法和技巧。
3. 你认为应如何提高旅游景区心理服务技能?
4. 假如小李是岳麓书院的一名景区导游员,接到通知将接待一批来自北京的退休教师,为此,小李应做好哪些准备?同时,试拟一份欢迎词、一份欢送词。

二、实训题

以本地某旅游景区为例,模拟旅游景区讲解服务。

1. 实训目的:通过实训,学生更好地掌握旅游景区的讲解技能。
2. 实训要求:以小组为单位,分工合作,完成以下工作。
(1) 通过网络或实地考察,收集所选景区的相关资料。
(2) 进行角色扮演,模拟景区讲解服务。
(3) 小组互评,教师点评。

第四章 04

旅游景区配套商业服务

项目导读

　　旅游景区商业服务是指满足旅游者食、住、购、娱等方面需求的服务。餐饮和住宿是旅游者的基本需求，娱乐和购物是旅游者更进一步的需求，能够体现旅游景区的资源特色和文化特色。旅游景区商业服务关系着景区的形象和声誉，服务项目内容是否丰富多彩、形式多样、价格合理、管理完善，会极大影响旅游者的景区体验感，也会影响景区的经济创收。

学习要求

　　通过本项目的学习，学生要了解旅游景区商业服务的主要内容，了解旅游景区餐饮、住宿、娱乐、购物服务的基本概念和特点；掌握旅游景区餐饮、住宿、娱乐、购物服务的主要类型及基本要求；熟悉旅游景区餐饮、住宿、娱乐、购物服务和管理的任务及意义，培养景区内餐饮、住宿、娱乐、购物服务的服务技能，培养及提升景区商业服务的业务素质和职业素养。

思维导图

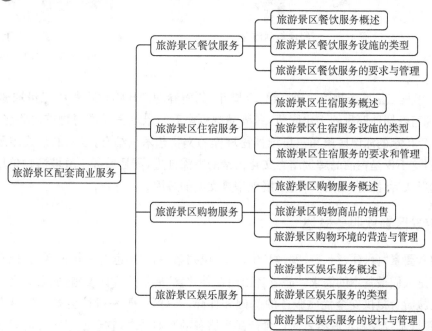

第一节 旅游景区餐饮服务

◇ **案例导入**

剑南春：与时俱进 打造御酒新名片

2021年12月12日，剑南春携手三星堆组成古蜀文明CP，推出首款联名酒——剑南春·青铜纪，将剑南春的深厚底蕴和三星堆的文化艺术相结合，以酒的形式传承和发扬蜀地文明，产品兼顾了收藏和文化价值。

这款新品的瓶体采用三星堆独有的青铜釉色渲染，神秘雄浑的青铜面具与千年飘香的蜀地名酒巧妙融合，散发着深厚的历史韵味和文化气息，内含的渐变色小酒杯上立体面具更是活灵活现，让大唐国酒文化与三星堆酒文化进行了一场千年对话。

图 4-1 三星堆与剑南春

图 4-2 剑南春·青铜纪

（资料来源：绵竹市人民政府官网）

2021年是三星堆博物馆建成开馆25周年，剑南春的产地绵竹市距离三星堆遗址约40千米，也拥有着蜀地厚重的文化底蕴，白酒品牌剑南春与景区三星堆博物馆的联名合作，将剑南春千年传承的深厚底蕴和三星堆神秘璀璨的文化艺术相结合，以酒的形式传承和发扬蜀地文明，这不仅是白酒品牌剑南春文化营销的纵深推进，更是景区三星堆博物馆用文物的现代表达形式诉说大国的历史传奇，展现华夏文明的辉煌。

一、旅游景区餐饮服务概述

旅游六要素"食、住、行、游、购、娱"中，"食"位列第一，中国也有一句古话"民以食为天"，可见"食"是人们最基本的需求。旅游者出门在外，"食"离不开餐饮设施，旅游景区餐饮设施是景区向旅游者提供安全优质服务的基础和保障。它区别于一般社会餐饮的最大之处在于，旅游餐饮不仅仅满足旅游者对饮食产品和服务的基本需求，它还凸显了旅游景区乃至一个地区饮食文化特色,影响着旅游景区的形象和声誉,并且是旅游景区创收的一个重要渠道。

(一)旅游景区餐饮服务的概念

旅游景区餐饮服务是指景区在旅游者参观游览过程中,针对其所需的餐饮需求而提供的服务。餐饮服务是景区服务的重要组成部分,餐饮服务的质量水平和风格特色在很大程度上反映了景区经营的总体质量水平和风格特色。

(二)旅游景区餐饮服务的特点

旅游景区餐饮因为附着于特殊的地理位置和环境,而与一般社会餐饮存在较大的差异性,这些差异性也构成了旅游景区餐饮自身的特点:

1. 餐饮类型多样化

旅游景区的餐饮类型较为丰富,有中西式快餐厅、农家乐餐馆、蒸菜馆、美食一条街、户外烧烤、特色土菜馆、高档宴会餐厅、主题餐厅、海鲜酒楼等不同档次和消费水平的餐饮类型。旅游者可以根据自身的饮食需求和消费能力,采用丰俭随意、快慢有别的用餐方式。

2. 市场需求多元化

旅游者来自全国各地甚至于世界各地,由于所处自然环境、经济水平、社会制度、文化修养、风俗习惯等不同,具有明显的地域差异性。旅游者的地域差异性就说明景区餐饮的市场需求具有多元化的特点,要求景区餐饮产品的经营要多样化,以满足旅游者的不同餐饮需求。

3. 地方特色显著化

景区餐饮是景区整体产品的一部分,景区餐饮不仅为旅游者提供基本的餐饮服务,还要满足旅游者求新、求奇心理,丰富旅游者的旅游体验,让他们不仅饱眼福还可饱口福。因此,景区内经营地方特色餐饮不仅是弘扬地方饮食文化、扬名地方特色餐饮的好机会,同时还能拉动当地土特产的消费,提高当地居民的收入,一举多得。

4. 客源市场季节性

旅游的淡旺季使得旅游景区餐饮具有明显的季节性,客源不稳定,具有较强的波动性,在旅游旺季、周末、黄金周、大型文娱活动期间,旅游者相对较多,其他时间客人较少。因此,旅游景区餐饮重点要抓好旅游者高峰期的餐饮服务与质量管理,做好淡旺季的食材管理。

5. 监督管理复杂性

旅游景区餐饮经营方式非常灵活,有自主经营、承包租赁、流动摊点、加盟合作等灵活多样的经营方式,经营方式灵活但管理制度较为缺失,质量监督随意性强,环境卫生不一定能够得到保证,而且餐饮市场竞争日益激烈,餐饮产品同质化现象也比较严重,景区餐饮管理的难度较大。

二、旅游景区餐饮服务设施的类型

(一) 景区内酒店餐饮部

景区内酒店餐饮部是指景区内的宾馆、酒店开设的餐厅。一般来说，这类餐厅场地面积大，设施设备齐全，装潢设计高档，员工服务水准专业，用餐环境舒服，各项服务齐全，可以为旅游者提供完善的服务和高档的餐饮产品，可以说是所有旅游景区餐饮接待系统中处于"金字塔"顶端的类型。比如莽山森林温泉酒店，酒店位于被誉作"原始生态第一山"的湖南郴州莽山国家森林公园内，离森林公园入口1千米，酒店依托温泉资源，开发成为一家五星级度假酒店，酒店有自己的餐厅供旅游者用餐，餐饮设施包括多功能厅、宴会厅和包房，可同时容纳1000多人进餐。

(二) 一般餐饮企业

一般餐饮企业是指只提供餐饮服务，并能为旅游者提供用餐场所的餐饮设施，目前景区中存在中餐厅、西餐厅、农家餐厅、简餐盒饭餐厅等几种类型的餐饮企业。这种餐饮形式规模不一，是目前景区内最常见的类型。比如杭州西湖景区的"知味观"，由孙翼斋先生于1913年创建，孙先生对自家的点心很有信心，就写了"欲知我味，观料便知"八个大字贴在门楣上，从此食客络绎不绝，生意日渐兴隆。知味观是商务部首批认定的中国十大餐饮品牌企业，是目前杭州最具知名度的餐饮企业之一，以经营各式名点为主，辅以杭州名菜的经营，"幸福双""猫耳朵""西施舌"等成为传统知名点心。

(三) 景区美食街

景区美食街是商业专业街的一种类型，往往包含当地特色美食、小吃和当地特产等，富含当地传统文化特色，餐饮选择性较广，也常常是各种餐饮"网红"的藏龙卧虎之地，很受现代旅游者的欢迎。比如位于重庆市洪崖洞景区的美食街，这是一个富含川渝文化的民俗美食街综合体，有重庆火锅、酸辣粉、担担面、油醪糟等各种美食。而洪崖洞则是"成渝十大文旅新地标"，由吊脚楼、仿古商业街等景观组成，共11层，在洪崖洞景区可望吊脚群楼观洪崖滴翠，逛山城老街、赏巴渝文化，所以深受旅游者的欢迎。

(四) 景区饮品店

饮品店是指以提供饮料喝冷饮为主的餐饮形式，主要包括各类茶馆、酒吧、咖啡厅、冰淇淋店、冷饮店、以提供牛奶及饮料为主的乳品店以及其他方式的饮料服务。比如长沙市岳麓山景区山顶就有茶颜悦色、妈妈茶、蜜雪冰城、桃花姑娘手工擂茶坊等饮品店。

(五) 售货亭

售货亭是指景区内的固定餐饮食品成品小卖部，主要为旅游者提供食品的成品和饮料等,如面包、蛋糕、方便面、零食、矿泉水等罐装饮料等。

(六) 特色民俗餐饮

近年来,随着经济社会的高速发展,人民生活水平的提高,传统的大众餐饮形式已经不能满足大众"刁钻"的胃口了。为适应社会发展的潮流,景区特色餐饮逐步涌现出来。其中,中华老字号餐饮品牌、特色旅游餐饮街区、民族风情餐饮等餐饮应运而生。比如贵州西江千户苗寨景区的苗族长桌宴,长桌宴是苗族宴席的最高形式与隆重礼仪,已有几千年的历史,通常用于接亲嫁女、满月酒以及村寨联谊宴饮活动。西江苗寨景区的长桌宴沿着古街一字摆开,旅游者与当地苗民一起敬酒畅饮、载歌载舞、热闹非凡。

下面案例论述了餐饮与景点的结合,同学们通过阅读来发散思考景区餐饮服务的走型及创新。

◇ **行业广角镜**

"宴长沙"餐厅——潇湘八景与美食盛宴

宴长沙成立于2016年,被誉为"湖南餐饮的一张名片",也被称为"湖南文化的小博物馆",致力于"传承传统湘菜,传播湖湘文化"。团队走访三湘四水,将湖南地域文化、非遗作品、湖湘戏曲与传统湘菜相结合,打造出独具一格的湖湘地域特色文化空间,色、香、味与器、乐、景一一相逢,全方位呈现湖南人的待客之道。

洞庭秋月、渔村夕照、山市晴岚、潇湘夜雨……潇湘八景之美不只是风景,也被宴长沙团队融入美食之中,将八景关联的地域文化及特色食材结合,成为湘菜创新的灵感来源。"潇湘八景·长沙宴"以精选湖南各地上等食材和经典的烹饪技法为核心,搭配湖南特色小食、湘茶及当季鲜果。一菜即一景,遥相呼应。雨落潇湘的夜景,见证了流通往来的兴旺,也融合了走南闯北的味觉,宴长沙以湘菜之源"组庵佛跳墙",致敬潇湘八景之源"潇湘",还以当家头牌菜"三年湘黄老母鸡炖花胶"呼应"平沙落雁",以"鱼"勾勒"远浦归帆"……每一道菜品都体现了湘菜人的精致与深耕,更演绎出湘菜传承的独具匠心。

极具氛围感的帷幔下,宛转悠扬的唱腔响起,经典戏曲上演,台下听戏的宾客听得入迷,不仅还原了古代赏戏场景,也让这场宴席文化味十足。用餐者陶醉于这场湖湘文化之旅中,久久回味。花鼓戏小调轻快欢愉,唱的是百姓的生活,传颂的是平淡里的幸福。湘剧大气磅礴,传颂着湖南人追求美好的率真。

隆回手抄古纸、江永女书、花瑶挑花、呜哇山歌、凤凰蜡染、浏阳夏布、浏阳菊花石、望城皮影、望城剪纸、铜官窑陶瓷、滩头年画……这些带着湖南人纯粹而执着性情的手艺作品,是宴长沙团队多年来跋山涉水,在一座座山、一个个村镇里找到这些非遗手艺人,经过反复沟通确认才最终定下来呈现的作品。14项湖南非遗手艺人作品,向每一个驻足在它面前的人,诉说着独特的艺术故事。非遗手艺是匠心的沉淀,更是使命的传承。于湘菜人,更是如此。

(资料来源:根据搜狐网资料整理)

三、旅游景区餐饮服务的要求与管理

（一）旅游景区餐饮服务的基本要求

1.清洁卫生

食物是人们最基本的需求，清洁则是对食物最基本的保障。旅游景区餐饮消费具有流动性大、旅游者参与度高的特点，尤其是旅游旺季，团队旅游者批次多、规模大、用餐时间集中，并且旅游者构成复杂，容易引发某些传染疾病的交叉感染。而且景区受地理场所、交通设施等因素影响，容易导致食品及原料采购困难、储量不足，新鲜度也很难保证，为应对旺季时旅游者的需求，餐饮的食材选用、用具清洗和消毒都需要得到保障。旅游者出门在外，在景区旅游的同时希望拥有整洁协调、空气清新的用餐环境，以及新鲜卫生、美味可口的景区用餐体验。

◇ **知识链接**

市场监督管理总局发布《食品相关产品质量安全监督管理暂行办法》

2022年10月8日，国家市场监督管理总局发布《食品相关产品质量安全监督管理暂行办法》（以下简称《办法》），进一步贯彻党中央、国务院决策部署，督促企业落实食品安全主体责任，强化属地监管人员的监管责任，加强食品相关产品质量安全监督管理，保障公众身体健康和生命安全。

《办法》规定了食品相关产品生产者、销售者的主体责任及生产全过程控制的具体要求，食品相关产品生产者要建立原辅料控制、生产关键环节控制、检验控制以及运输交付控制等制度，销售者要建立食品相关产品进货查验制度。《办法》同时明确了食品相关产品质量安全追溯制度、召回管理制度、标签标识管理制度。

《办法》规定了涵盖事前许可、事中检查、事后惩处的全过程闭环监管体系。食品相关产品生产许可实行告知承诺审批和全覆盖例行检查；市场监督管理部门要建立完善本行政区域内食品相关产品生产者名录数据库，实施风险分级分类监管；实施食品相关产品质量安全风险监测；明确监督抽查不合格等行政处罚信息依法记入国家企业信用信息公示系统。

《办法》建立了食品相关产品严格的法律责任制度，对食品相关产品法律责任予以明确。目前法律法规尚未规定的，对应增设违反原料禁止性行为、违反管理制度和事故处置等有关情形的处罚。

《办法》自2023年3月1日起施行。下一步，市场监管总局将以推动《办法》实施为契机，督促企业落实主体责任，提升风险防控能力，切实保障人民群众"舌尖上的安全"。

（资料来源：国家市场监督管理总局）

2.方便快捷

旅游者进入景区主要目的是参观游览，要保证有充裕的时间和从容的心情欣赏景区美景,品味景区文化内涵,就会尽量缩短用餐时间,有的甚至选择边吃边玩边看的用餐方式,因此,为了契合旅游者的需求,旅游景区餐饮服务应方便快捷。目前,大部分旅游景区都配备以快餐业为主的餐饮形式,常备有中式、西式等各类快餐食品,为那些急于就餐的旅游者提供方便快捷的产品和服务。

3. 美味可口

旅游的异地性造就了餐饮的吸引性,"网红餐饮""美食打卡"层出不穷,旅游者到景区旅游,除了满足视觉和心理上的猎奇感,也想品尝到与日常生活饮食不同的、充满地方特色和风情的饮食。因此,旅游景区餐饮需要在地方性和特色性上面做文章,不断对餐饮做出创新,满足新时代旅游者的需求。

4. 便利舒适

旅游景区餐饮在景区内的位置要符合便利性的要求,从两个方面来说,一是良好的外部连通性,二是便捷的内部通达性。就环境而言,旅游景区餐厅的整体建筑、风情风格应该与景区尽量保持统一性,营造舒适和谐的用餐环境,达到烘托甚至装点景区的效果,使得旅游者在景区用餐的过程与旅游体验过程保持一致,得到审美和文化等方面的精神享受和愉悦。值得注意的是,旅游景区餐饮位置和环境的建设和营造、餐饮设施设备的购置与摆放等都是以不损害景区的自然生态环境和景观价值为前提的,尽量减少和避免出现对周边自然生态和人文环境造成破坏的情况。

(二) 旅游景区餐饮服务的管理

1. 餐饮食材管理

餐饮食材包含食材的花色品种、清洁健康、香味口感、色泽外观、内在质量与价格之间的吻合程度等。景区餐饮产品开发要尽量挖掘当地文化内涵,从外观、口感和健康等方面体现餐饮产品的精髓,反应旅游景区所在地区的风土特色。比如云南的鲜花饼,云南美称"世界花园",玫瑰花产量非常大,鲜花饼正是一款以云南特有的食用玫瑰花入料的酥饼,是具有云南特色的经典点心代表,也是云南各景区的金字招牌。

2. 环境质量管理

大多数外出旅游的人,都是寻求心理上的一种轻松和愉悦,这不仅表现在游览中,同时也贯穿于饮食中。他们在就餐的时候不仅要求食物的味道好,对就餐环境也有相应的要求。一个好的用餐环境,不但会给餐厅的食物增添几分美好的滋味,而且也会给旅游者留下深刻的印象,同时也会给企业增添不少的客源。

餐饮环境质量包括自然环境质量和人际环境质量。餐饮自然环境质量是指餐饮单位的建筑体量、外观风格和内部的装修设计、空间布局和灯光音乐等;而餐饮人际环境质量则是指餐厅的管理人员、服务人员和旅游者三者之间友好、和谐、理解的互动关系。自然与人际环境质量共同影响了旅游者对景区餐饮甚至是景区旅游的感知与评价。

3. 客服务质量管理

服务质量是餐饮质量管理中的重要构成,其水平的高低既要有客观的方法加以衡量,还要更多地按旅游者主观的认识加以评判。因此一方面要规范服务标准。餐饮业是劳动密集型行业,服务人员多,服务项目复杂。而旅游景区旅游者的餐饮需求多样、就餐时间有限,这些都造成了景区餐饮服务质量的不稳定性。因此,必须制定服务质量标准和服务规程,通过对服务标准和每个环节的动作、语言、时间、用具,以及对意外事件、临时要求的化解方式、方法等的规定,来规范对客服务的行为,稳定餐饮服务质量;另外,旅游者接受服务时的主观感受,因人、因地、因时而异,因此要求餐饮服务在标准化服务的基础上,对不同的旅游者需求提供有针对性的、个性化的服务。另外一方面要引进专业的服务人才。制定切实可行的措施,加强对专业技术人才的管理,要建立一支思想好、业务精、技术硬的专业队伍,打造特色餐饮服务品牌;定期培训员工,加大对服务人员的卫生知识、外语知识、服务礼仪、服务技能等培训,不断提高餐饮服务人员的业务技能和素质涵养;与旅游院校联合,引进专业人才,提高景区餐饮从业人员的服务能力。

第二节 旅游景区住宿服务

◇ 案例导入

这不仅仅是一家度假酒店,更是一个绝美赏景地

雅丹地貌在西北地区很常见,而水上雅丹仅青海才有,当你来到现场,你会发现这里仿佛是另一个神秘星球。整个水上雅丹地貌面积将近2.1万平方千米,每个雅丹高度各不相同,错落分布在湖水之中,显得格外壮观。水上雅丹的日出和日落是没有任何地方可以比拟的,朝霞和日暮满天映照在湖面上,宛如仙境一般。

青海乌素特水上雅丹景区里有三个住宿选择:乌素特雅丹大酒店、房车营地和伊贝罗斯塔帐篷酒店。乌素特雅丹大酒店属于传统酒店,标准间66间、大床房3间、三人套1间、豪华套间3间、家庭房3间。房车营地现有88辆凯伦宾威房车,其中4床房车61辆、2床房车27辆,内部装饰简约典雅,设施齐全,是自驾旅行者和户外爱好者上佳的停驻点。青海伊贝罗斯塔帐篷酒店有帐篷客房200余间,独特的帐篷屋顶设计和全景式客房可以与自然零距离亲密接触,在帐篷客房即可欣赏旭日初露的日出、夕阳余晖的日落和群星璀璨的星空,它不仅仅是度假酒店,更是绝美赏景地。

(资料来源:根据青海乌素特水上雅丹景区官网资料整理)

旅游景区住宿设施及服务的优劣直接影响旅游者对景区评价的好坏,应着重对待。

一、旅游景区住宿服务概述

（一）旅游景区住宿服务概念

旅游景区住宿服务就是借助旅游景区的住宿设施，景区服务人员向旅游者提供的以满足旅游者在景区住宿、休息等需求为基本功能，同时也可满足旅游者其他需求的服务。规模大的景区都设有相应规模的住宿接待设施，其选址可能在景区内，也可能在景区外，经营管理方式一般为景区直接经营，也有租赁经营、委托饭店集团经营等方式，不论采用何种方式，都应将其视为景区的一个组成部门进行管理。

（二）旅游景区住宿服务特点

旅游景区住宿服务为旅游者在景区内的旅游活动提供了最基本的条件，使他们的基本需求得到满足和保障，并获得心理上的安全感。设施齐全、高质量或者特色化的住宿服务可以为旅游者带来美好的体验，延长旅游者在景区的停留时间，提高旅游者的满意度和重游率。但同时，旅游景区的客源集中在到景区观光、游览、度假的旅游者身上，客源相对单一，也具有更加明显的季节性，容易受景区旅游淡旺季的影响。

二、旅游景区住宿服务设施的类型

（一）传统休闲度假酒店

传统休闲度假酒店是传统的景区住宿类型，具体包括饭店、度假村、疗养院、避暑山庄、会议中心等，大多按照国家星级饭店标准化服务，可以使旅游者获得较为舒适的旅行生活，是所有旅游景区住宿接待系统中档次较高的类型。它们往往具备特色休闲度假功能，建筑与装修风格独特，管理和服务特色鲜明。

◇ 行业广角镜

颐和安缦——东方美学酒店

北京颐和安缦位于中国著名的皇家园林颐和园东门，由一系列院舍集结而成。也是100多年前觐见慈禧太后的贵宾下榻之所。

颐和安缦汲取了中国传统建筑的美学特征，以及颐和园的庭院风格，弥漫着经典高贵的气息和东方优雅的美感。酒店的客房与套房环绕着静谧的花园庭院，优雅小径纵横交错。客房设计上采用碧竹帘、木屏风等，并保留了原木横梁和高耸天花板，家居物件皆为明清风格，风朴雅致。

（资料来源：根据安缦官网资料整理）

（二）主题酒店

主题酒店是以某一特定的主题来体现酒店的建筑风格和特定文化氛围的酒店。伴随着国家"文化＋旅游"产业发展的大背景，景区主题酒店也在深耕与景区文化融合的概念和主题，树立属于自己的品牌和特色化的体验，让酒店主题更鲜明、更具文化味，它们往往具有教育及社交功能，符合旅游者更加个性化的需求，使旅游者获得更加沉浸式的体验感。

⊕ 行业广角镜

向宇宙出发——长隆飞船酒店

长隆飞船酒店位于珠海横琴长隆国际海洋度假区，地处粤港澳大湾区核心位置——港珠澳三地"一小时生活圈"。酒店与长隆宇宙飞船紧密相连，依托丰富的珍稀海洋生物展览、环保科普保育、大型演艺节目及互动游乐设施等园区资源，拥有1250间海洋特色主题客房，多间主题餐厅。（图4-3、图4-4）

图4-3 长隆飞船酒店

图4-4 酒店主题客房

（资料来源：长隆旅游官网资料）

（三）民宿

民宿是指利用当地民居等相关闲置资源，主人参与接待，为旅游者提供体验当地自然、文化与生产生活方式的小型住宿设施，它能反映出当地的风土人情、历史文化特色，能够满足旅游者对返璞归真的休闲游憩体验的需要，如吊脚楼、小竹屋、小木屋、小石屋等。该类住宿接待系统在为旅游者提供住宿服务的同时，也构成了景区中极具特色的风景，让旅游者感受景区内特有的自然和文化氛围。近年来随着旅游住宿个性化程度的加深和旅游者对于旅游住宿品质的提升，也出现了一些颇具地方特色和文化气息的民宿。2021年2月25日，文化和旅游部发布旅游行业标准《旅游民宿基本要求与评价》（LB/T 065—2019）第1号修改单。修改后，旅游民宿等级分为三个级别，由低到高分别为丙级、乙级和甲级。

◇ **知识链接**

文化和旅游部、公安部等十部门近日联合印发《关于促进乡村民宿高质量发展的指导意见》(以下简称《指导意见》)。

在完善规划布局、优化资源开发任务中,《指导意见》提出,将乡村民宿发展纳入各地旅游发展规划,与国民经济和社会发展规划、国土空间规划等相衔接,严守耕地和永久基本农田、生态保护红线,确保乡村民宿发展的协调性与可持续性。引导村民和乡村民宿经营主体共同参与农村人居环境建设和管护,倡导低碳环保经营理念。

在丰富文化内涵、加强产品建设任务中,《指导意见》提出,尊重历史文化风貌,合理利用自然环境、人文景观、历史文化、文物建筑等资源突出乡村民宿特色,将农耕文化、传统工艺、民俗礼仪、风土人情等融入乡村民宿产品建设,注重与周边社区的文化互动,鼓励乡村民宿参与公共文化服务。以乡村民宿开发为纽带,开展多元业态经营,拓展共享农业、手工制造、特色文化体验、农副产品加工、电商物流等综合业态,打造乡村旅游综合体,有效发挥带动效应。

在引导规范发展、加强品牌引领任务中,《指导意见》提出,推进实施旅游民宿国家、行业相关标准,培育一批乡村等级旅游民宿。将乡村民宿纳入各级文化和旅游品牌建设工作。培育具有区域特征和地方特色的乡村民宿品牌,鼓励优质乡村民宿品牌输出民宿设计、运营管理、市场开拓等成熟经验。

在加强宣传推广、引导合理消费任务中,《指导意见》提出,充分运用信息化手段,加强对乡村民宿产品的精准宣传和互动反馈,推出一批有故事、有体验、有品位、有乡愁的乡村民宿。将乡村民宿纳入文化和旅游消费惠民、会展节庆活动内容范围,鼓励各地将有条件的乡村民宿纳入政府机关和企事业单位会议培训、职工疗休养选择范围。

(资料来源:中国旅游报社 2022-07-20 发布的《文化和旅游部等十部门发文促进乡村民宿高质量发展》)

(四) 露营

露营式住宿接待系统包括露营地、夏令营、临时帐篷等,是指开辟一块专用营地作为旅游者夜间露营休息的场所,旅游者自带露营设备,如露营车、帐篷或租用景区的露营设施,以实现住宿的方式。这类住宿接待设施往往选址在远离城市的、风景秀美的、贴近大自然的区域,让人们自由、随意、放松地体验娱乐休闲生活。21世纪初,基于房车旅行的露营活动开始在国内出现,被视为小众且高端的旅行方式之一。2009年时房车露营被列入未来最具价值且最受欢迎的休闲娱乐项目;2013年时再次加强房车、自驾车营地建设;2015年时,国家标准化管理委员会发布了《休闲露营地建设与服务规范》,首次对自驾车露营地、帐篷露营地、青少年露营地等做出标准规范等,房车露营向着正规化、规模化方向更快速成长。

三、旅游景区住宿服务的要求和管理

旅游景区住宿服务包括前厅接待服务和客房服务两个方面,在业务上和内部管理上与星级饭店管理差别不大。前厅接待服务的内容包括客房预订服务和接待服务,具体有前厅销售服务、客房预订服务、入住登记服务、问询服务、礼宾服务、总机与商务中心服务、前厅收银服务等;客房服务包括清洁卫生服务(清洁整理客房、更换补充物品、检查保养设备)和对客服务(如管家式服务等)。

(一)旅游景区住宿服务的要求

1. 环境安宁整洁

住宿是旅游者单独拥有的空间,住宿环境优美安宁、住宿设施整洁卫生是最基本的需求。旅游者选择在景区内住宿是因为景区内有优美的自然环境和优良的生态环境,这会给人舒服、高雅的感觉,景区住宿设施内外清洁整齐,使人产生信赖感、舒服感、安全感,能够放心使用。这也是反映景区住宿服务质量的一项重要内容,也是景区住宿档次、等级的一个重要标志。

2. 服务亲切真诚

服务人员亲切真诚的服务态度,能够最大限度地消除旅游者的陌生感、距离感等不安的情绪,缩短旅游者与服务人员之间情感上的距离,增进彼此的信赖感。旅游者选择景区住宿,是希望自己游览景区可以更加便利,希望看到的是服务人员真诚的微笑,听到的是服务人员真诚的话语,得到的是服务人员热情的服务,希望服务人员尊重自己的人格和生活习俗,希望真正体验到"轻松度假"的感觉。

3. 体验不断创新

当今时代是大数据与人工智能推动的时代,在住宿行业中,构建数字新体验已成为突出重围、提升差异化核心竞争力的重要出口。现代的旅游者更加注重生活品质,对外出旅游住宿有着智能化、个性化、品质化等多方面的需求,而景区内住宿设施如果能不断创新入住体验,引入智慧化、数字化管理,就更能迎合旅游者外出旅游对于便捷和品质的需求。

◇行业广角镜

技术创新赋能住宿产业,艺龙酒店科技签约酒店超千家

2022年11月11日,同程旅行旗下艺龙酒店科技宣布签约酒店量超过1000家。目前,艺龙酒店科技平台形成了多元化的酒店品牌矩阵,可以充分满足用户商务差旅、休闲度假等多元化出行住宿需求。

自2021年成立以来,多元化的品牌运营体系和数字化的中台赋能体系,不断推动艺龙酒店科技平台穿越疫情的波动,逐步获得了市场的肯定。截至2022年10月30日,入驻艺龙酒店科技平台的多家酒管公司,已签约门店超过1000家,开业门店超700家,覆盖国内380多个城市。目前,艺龙酒店科技面向国内市场主推艺龙国际酒店、艺龙酒店、艺龙瑞阁公寓、艺龙电竞酒店、美豪雅致酒店、美豪丽致酒店、延泊酒店、艺选酒店等酒店品牌,未来,艺龙酒店科技将重点发力中高端酒店市场,持续强化产品和服务品质。

与此同时,艺龙酒店科技组建了由旅智科技、同驿科技、艺龙智慧布草、艺同凡享等服务平台构成的住宿业赋能中台。此外,艺龙酒店科技搭建了完善的会员体系"艺龙会"及新零售平台"艺方好物"。

艺龙酒店科技的运营能力和赋能体系,不仅成为自身抵御疫情冲击的重要支撑,也为越来越多的投资人和酒店商家提供了帮扶与支持。2022年,酒店投资人余学峰将南京一处位置优越的酒店改为艺龙酒店科技平台上的艺选安来酒店品牌,并进行了整体的翻新改造。在艺龙酒店科技供应链平台集采的支持下,这次翻新既保证了质量,又控制了成本。今年7月至9月,翻新后的酒店保持了90%的出租率,业绩不仅没有受到疫情影响,还在艺龙酒店科技的技术、运营、会员、营销等协同支持下稳步提升。

艺龙酒店科技CEO席丹丹表示,艺龙酒店科技通过住宿行业的深入实践,持续探索住宿与在线旅游行业之间更多的合作空间,进而整合公司的技术、供应链、数字化和平台优势,为住宿产业的创新发展贡献力量。"平台和酒店之间的关联,不应仅仅局限于单纯的预订交易,而应该将科技与服务进行全方位融合,共同提升住宿行业的效率和效能。"席丹丹说,未来艺龙酒店科技将继续秉持让旅途更智慧、更温暖的使命,深度赋能住宿行业,为全球旅行者提供优质、便捷、安心的住宿服务体验。

(资料来源:网易订阅资料)

(二) 旅游景区住宿服务的管理

旅游景区住宿服务管理主要包括两个方面,即住宿服务质量管理和安全管理。

1. 住宿服务质量管理

旅游景区住宿服务质量管理是为了保障旅游者景区内住宿的质量而进行的管理,主要包括以下几个方面:

(1) 通过利用和开发旅游景区良好的环境资源和现有的设施设备,向旅游者提供高质量的住宿服务。

(2) 通过市场调研和预测,结合旅游景区特色,开发符合市场需求的产品,以满足旅游者与当地消费者的需要,提高旅游景区的经济效益。

(3) 通过与旅游供应商和零售商的业务联系,从产、供、销各个方面,不断改进服务质量,提高市场竞争力。

(4) 通过专业教育和岗位培训,提高住宿服务部门各级管理人员和服务人员的专业知识水平和服务水平,保障服务效率。

2. 安全管理

旅游景区住宿安全管理是景区住宿服务单位为了保障旅游者及服务人员的人身和财产安全,以及景区住宿服务单位自身的财产安全而进行的计划、组织、协调、控制与管理活动的总称。景区住宿服务单位要综合考虑国家法律法规和旅游景区自身的特点,制定一套科学、有效的安全管理计划、制度与措施。

（1）犯罪与盗窃的防范计划、控制与管理。重点包括旅游者生命、财产的安全控制与管理，如旅游景区应加强景区住宿大门入口、电梯入口、楼层走廊的安全控制与管理，加强客房门锁、钥匙以及客房内设施设备的安全控制与管理，加强旅游者财物和保管箱的安全控制与管理；员工的安全控制与管理；财产的安全控制与管理。

（2）火灾的应急计划、控制与管理。火灾的应急计划是指在发生火灾的情况下，全体工作人员采取行动的计划及控制、管理方案。火灾的应急计划要根据住宿的布局及人员状况用文字制订出来，并经常进行演练。火灾发生或火灾警报发出时，所有员工必须坚守岗位，保持冷静，并按照平时规定的程序做出反应。

（3）包括防疫安全在内的其他常见安全事故的防范计划、控制与管理。旅游景区住宿还可能出现一些意外的安全事故，因此景区住宿服务单位必须考虑周全，事先做好相应的防范。疫情防控期间景区要采取精准防控措施，严格疫情防控管理，实行常态化疫情防控。

第三节　旅游景区购物服务

◇ 案例导入

赓续文化薪火，非遗购物节登台盐城西溪景区

2022年11月11日下午，盐城市在西溪旅游文化景区开启非遗购物节，以"大爱西溪，非遗'盐'集"为主题，让许多鲜为人知的非遗项目"火起来"。

盐城历史悠久，非遗丰富多彩，现拥有国家级非遗代表性项目5项，省级非遗项目29项，市级非遗142项。作为全国非遗旅游景区，西溪景区既有《范仲淹》《天仙缘》《寻仙缘》等情景剧，让观众在视觉盛宴中感受忧乐精神、家国情怀、大爱之美，也有以东台发绣为主题的电影《西溪传奇》、舞蹈《发绣》，其中，《发绣》荣获第十五届江苏省"五星工程奖"。在西溪，既有川剧变脸、顶缸、响鞭等看点十足的草市街非遗表演；也有面塑、时堰木雕、扎染技艺等目不暇接的非遗市集，还有陈皮酒、鱼汤面、黄泥螺等令人惊艳的非遗美食。这些非物质文化遗产，应人们的日常生活而生，兼具浓郁的文化底蕴，共同构成了古镇西溪独特的文化底色。

西溪景区准备以此次非遗购物节为契机，广邀各地非遗，共同打造沉浸式非遗体验，更好地弘扬非遗时代价值，展现非遗时代风采，讲好非遗故事，不断打造非遗品牌，提升非遗知名度。同时，紧扣市场需求，拓展非遗产业化保护发展之路，把更多的非遗产品推向市场、融入生活。

（资料来源：赵峰旻，姜振军.澎湃新闻：赓续文化薪火，非遗购物节登台盐城西溪景区[EB/OL].（2022-11-12）.https://www.thepaper.cn/newsDetail_forward_20710457）

旅游景区购物在旅游景区中的地位和作用十分重要，它是景区旅游市场的重要组成部分、景区创收的重要来源。旅游购物是指旅游者为了旅游或在旅游活动中购买各种实物商品的经济文化行为,它包括专门的购物旅游行为和旅游中一切与购物相关的行为总和,但不包括出于商业目的而进行的购物活动。它在时空上能够显示旅游目的地的标识;在功能上不仅满足旅游者的消费需求,更重要的是一种实实在在的旅游经历,满足旅游者精神上的需求。旅游景区购物是提高景区整体竞争力的重要因素之一,能够增加当地居民的收入,提高就业水平,并能带动景区相关产业的发展。

一、旅游景区购物服务概述

旅游购物是指旅游者为了旅游或在旅游活动中购买各种实物商品的经济行为。旅游景区的购物商品包含旅游商品和一般消费品,而旅游商品是其中的主要构成。旅游商品与日用消费品有所区分,它对于旅游者旅游体验的提升和旅游景区综合效益的提高有着较大的影响。

(一)旅游商品的概念

旅游商品是指旅游者因旅游活动引起的在旅游准备阶段购买的旅游专用品或在旅途中购买的实物商品(餐饮除外),不包括任何一类旅游者出于商业目的而进行的购买,即为了转卖而做的购买。

旅游商品与普通商品最大的区别就是旅游商品的购买者是旅游者,如果说旅游商品是旅游者在旅游准备阶段和旅途中购买的一切实物商品的话,那么在旅游准备阶段(即旅途还没正式开始时,人们还不能算作旅游者)人们购买的日用品还不能算作以旅游者身份进行的购买活动,但是在准备阶段购买的旅游专用品目的性非常专一,即只为旅游活动而进行的购买。

(二)旅游商品的分类

根据旅游商品对旅游者不同的需求和效用,将其分为三类:旅游纪念品、旅游实用品和旅游消耗品。

1. 旅游纪念品

旅游纪念品指为回忆一次旅游而购买的商品,是纪念特殊时期或经历的事物。旅游纪念品是旅游商品的核心部分。所谓旅游纪念品,是指旅游者在旅游活动整个过程中购买的具有区域文化特征、富有民族特色、纪念性的一切物品。旅游纪念品,顾名思义,是旅游者为了纪念目的而获得的有形物品,它的出发点也是最重要的一点就是纪念意义,但这并不是旅游者进行旅游活动的必要条件,不是说旅游者必须购买旅游纪念品才使得其旅游活动得以成行。在购物环节上,旅游纪念品的发展具有很大的弹性空间。主要是景区依托型纪念品、事件依托型纪念品、名优土特商品、名牌产品。本书结合旅游购物的实践主要展示五类旅游纪念品:

(1) 工艺品

旅游工艺品作为旅游商品的大宗和主体,不仅能给旅游景区带来一定的经济效益,而且能起到广告宣传作用,以提升旅游景区的知名度。它是指旅游者在旅游活动中购买的富有当地民族地域特色,具有工艺性、礼仪性、实用性和纪念意义的以物质形态存在的商品。旅游工艺品和土特产构成旅游六大因素中的"购"的主要成分。如今,旅游工艺品包含了绝大多数工艺品。如漆器,陶器,瓷器,木雕工艺品(木雕金蟾、木雕牛、木雕马、木雕十二生肖、木雕公鸡、木雕小鸟、木雕大象、木雕雄狮等),刺绣制品,麦秸工艺品,玉雕,桦树皮工艺品(桦树皮酒壶、桦树皮水壶、名车钥匙扣、木相框、桦树皮船等)等等。

(2) 书画金石

书画金石是反映民族文化的绘画、书法、拓片、篆刻作品,是旅游纪念品的一个重要组成部分。它是形象反映民族文化的艺术品,有很高的收藏价值,主要包括书法、绘画创作、画像石、金文、文房四宝、篆刻、印章、拓片等。

(3) 土特产品

土特产品是指具有本地特色的农副产品、药材等。地方特色是旅游纪念品最为本质的特征。有地方特色的土特产品可能来自当地的自然资源,如东北三宝、青海的冬虫夏草等土特产品;可能来自当地特有的民族文化、宗教信仰、民俗等,如丽江东巴文字木刻画、云南傣族的贝叶经等。

(4) 珠宝首饰

珠宝首饰是指珠宝玉石和贵金属的原料、半成品,以及用珠宝玉石和贵金属的原料、半成品制成的佩戴饰品、工艺装饰品和艺术收藏品。主要包括玉器、金器、银器、珍珠、宝石等,在人类数千年的历史长河中,主要作为权力、富贵和吉祥的象征,较为名贵。随着社会的发展和物质文化生活水平的提高,珠宝首饰已开始进入普通百姓的生活,日益成为旅游商品的一个重要组成部分。比如,山东招远黄金珠宝首饰城旅游景区中的特色购物休闲中心是山东省旅游局首批命名的"旅游购物六真店",主要经营黄金系列首饰、铂金系列首饰、白银系列首饰、珍珠系列首饰、钻石宝石镶嵌系列首饰、金石系列产品及各类工艺礼品等,拥有价格从几元到百万元以上不等的国内外千余种类上百万件珠宝饰品,供旅游者及消费者选择采购,是我国北方最具吸引力的黄金珠宝首饰集散中心。

(5) 特制旅游纪念品

特制旅游纪念品是指一种专门为特定事件或活动(如旅游节、啤酒节等)开发的旅游纪念品,如在上海世博会期间推出的世博会特许商品,这类商品带有上海世博会名称、会徽和吉祥物等世博会知识产权标志,像海宝系列产品、中国馆模型等旅游纪念品受到旅游者的青睐。

2. 旅游实用品

旅游实用品指满足旅游者从事旅游活动专门需要效用的旅游商品,最显著的特点是具有专用性,如旅游专用鞋、服装、望远镜、照相器材、风雨衣、电筒、指南针、游泳用品、各种应急品等等。

3. 旅游消耗品

旅游消耗品在旅游途中[在各旅旅游者源地(国)所设车站、码头、机场内的免税店、旅游途中的普通商店]购买的日用消费品,主要满足旅游者在旅游活动中的日常需要,是旅游者外出的必需品。它包括穿着和用品两大类,如各种旅游服装、鞋帽、器械、洗涤用品、化妆用品、娱乐用品等。它不同于一般日用品,要求实用品艺术化,具有纪念意义,带有礼品性质,因此它是实用性与纪念性相结合的商品,以轻工、纺织产品居多。不包括在居住地购买的日常用品、机场免税店服饰。

二、旅游景区购物商品的销售

(一) 旅游者购物心理分析

1. 求实用心理

求实用是旅游者追求商品的使用价值的购物心理,是人们购买商品的一个普遍性的心理需求。旅游者购买商品,特别注意商品的品牌、质量、功能和实用价值,尤其是中低收入阶层的旅游者,在旅游过程中购买所需要的用品时特别注意商品的质量和用途,要求商品经济实惠、经久耐用、实用方便。

2. 求审美心理

求审美是旅游者重视旅游商品的艺术欣赏价值的购物心理。对旅游者来讲,旅游不仅希望欣赏到美的风景,同时也希望能购买到一些富有美感的旅游商品,他们往往重视商品的款式、包装以及对环境的装饰作用,喜欢具有民族特色、地方特色和审美价值的旅游商品,特别是那些具有艺术美、色彩美和造型美的旅游商品。

3. 求新异心理

求新异是旅游者追求商品的新颖、奇特、时尚的购物心理。在旅游者购物的过程中,追新猎奇是旅游者固有的心理需要,在购买旅游商品时,追求新奇和与众不同,他们大多喜欢具有新的颜色、新的款式、新的质量、新的材质、新的情趣的商品。这些商品可以满足人们求新异的心理,调节枯燥、单调、烦闷的生活。如在福建土楼旅游,旅游者喜欢购买土楼模型。

4. 求珍藏心理

求珍藏是旅游者购买商品以留作纪念的购物心理。很多旅游者喜欢把在旅游点买的纪念品连同他们在旅行时拍的照片保存起来,留待日后据此回忆他们难忘的旅行生活;另外还有部分旅游者有一些特别的兴趣、嗜好,从而有选择地购买自己感兴趣的旅游商品,满足自己的爱好,比如有人收集各国邮票、有人喜欢特定商品的商标、有人喜欢古玩字画等。

5. 求馈赠心理

求馈赠就是旅游者购买商品以赠送他人的购物心理,从旅游地购买到的旅游商品具有特别的纪念意义,表达了对亲朋好友的感情,既可以增进彼此情意,又可以提高自己的声望。

6. 求知识心理

求知识是旅游者希望在购买旅游商品的过程中获得某种知识的购物心理。有些旅游者特别喜欢售货员和导游能介绍有关商品的特色、制作过程,字画的年代、其作者的逸闻趣事以及鉴别商品优劣的知识等。他们对当场作画或刻制的旅游商品及有关资料说明特别感兴趣。

需要注意的是,旅游者的购物心理具有多样性和层次性,在购买行为中,可能同时存在两种或两种以上的具体购物心理相互交错、相互制约。不同的旅游者由于具体情况不同,其购买心理需求也各具特点,从而形成了不同的购买行为。在旅游购物服务中,应当把握旅游者不同的购物心理,更好地为旅游者服务。

(二) 旅游景区商品销售技巧

1. 拉近与旅游者的距离

旅游景区购物商品的销售除了产品自身吸引力外,销售人员自身也是一张活名片。要注意自己的仪表和态度,微笑真诚待客,先不要着急谈销售的问题,可以先从旅游者感兴趣的话题谈起。或者说一些温馨提示话语,或者可以根据时令季节张贴一些温馨的话语,如"××提醒您:天冷了,请预防感冒!"等字样,体现出店内的温馨感;店内若有空间,可以设计得具有文化气息,如旅游纪念品的保养使用小常识、景区景点购物店的文化理念等。

2. 展示商品的技巧

讲解和展示旅游商品时,语言加手势,要活灵活现,如有条件,要拿出样品让旅游者亲眼看到、摸到,使其对产品百分之百的相信,产生购买欲。如果不是昂贵的药品和食品而不能随便品尝外,要让旅游者亲自试用一下,让旅游者亲身体验和感受。此外还可以设法让旅游者看到商品的使用价值以及实际使用功能,切实知道其价值及作用。

3. 推荐商品的技巧

常言道,知彼知己,方能百战不殆。在产品推介之前,认真了解客户的基本情况,了解客户的需求点和问题点,然后根据客户需求,有重点地介绍产品会事半功倍。最关键的是要实情实价,对旅游者要实谈价格、实谈功能,不能哄骗旅游者,不能哄抬价格。

◇ 行业广角镜

打造重庆手信品牌,助推巴渝文化建设

近年来,我市旅游商品开发水平不断提升,综合带动作用日益显现,在丰富旅游市场供给、拉动内需扩大消费等方面发挥了重要作用。市文化旅游委与相关单位会同全市旅游商品企业,从线上展示销售平台打造、线下实体店布局、文创产业园建设、品牌活动策划等方面协同联动,推动全市旅游商品(文创产品)发展取得积极成效。

(一) 政策支持持续加码。一是文化和旅游部印发《关于推进旅游商品创意提升工作的通知》(办资源发〔2021〕124号),组织实施旅游商品创意提升行动,深入推进文化和旅游融合发展,提升旅游商品开发水平。二是市委、市政府出台《关于加快全域旅游发展的意见》(渝委发〔2017〕42号),通过实施全域旅游商品开发工程,努力将丰富多样的"重庆造""重庆产"工业品、农产品、工艺品、美术品、特色食品、非遗作品等转化为旅游商品,努力培育形成"重庆好礼"旅游商品品牌体系。三是市文化旅游委印发《全市旅游商品创意提升工作实施方案》(渝文旅发〔2021〕160号),实施重庆市旅游商品创意提升"十大行动计划",推动我市旅游商品高质量发展。

（二）多元合作机制逐步建立。市文化旅游委与四川美术学院、重庆旅游集团密切合作,发挥行业部门统筹能力、四川美术学院创新能力、重庆旅游集团市场能力的聚合效应,积极构建政府引导、市场主体、高校参与的产业合作机制,努力激发重庆旅游商品(文创产品)发展活力、动力。

（三）"重庆好礼"旅游商品体系初步构建。一是搭建"重庆好礼"线上展示销售平台。委托重庆旅游集团开发"重庆好礼"官方网站(目前未正式上线运营),旨在为全市各区县政府、资源供货方(企业主体)、旅游者或消费者、运营企业提供满足各自需求的产品和服务。二是设立"重庆好礼"线下实体店。引导重庆旅游集团等市场主体在机场、车站、商业街区、文博院馆、景区、酒店、邮轮等文化旅游要素集聚区域,开设"重庆好礼"线下实体店,为旅游者提供线下与线上有机整合的展示销售平台。三是制定"重庆好礼"品牌标准。出台《"重庆好礼"旅游商品评定规范》(DB50/T 1030—2020),从评定原则、基本要求、分类、评定细则等方面推动我市旅游商品规范有序发展,提升旅游商品的地域性、工艺性、实用性、市场性。

（四）旅游商品品牌活动初具规模。一是连续3年成功策划举办以"创意赋能、品质兴旅"为主题的"重庆好礼"旅游商品(文创产品)大赛等系列活动,共评选品牌旅游商品240件,极大地增强了市场主体创新发展的活力和动力。二是联合渝中区政府举办两届"朱炳仁·铜"杯重庆渝中文创产品设计大赛等系列活动,深度挖掘体现重庆元素,助力打造具有巴渝文化特色的旅游商品(文创产品)。三是组织参加2021中国特色旅游商品大赛,获评金奖7个,银奖9个、铜奖9个,列全国第五。

(资料来源:重庆市人民政府官网)

三、旅游景区购物环境的营造与管理

景区购物环境是景区内围绕购物活动存在的,并影响着购物活动结果的一切外部条件的总和。它包括与购物活动相关的一切政策、法规、人文、社会、基础设施等方面的因素,这些因素相互作用、相互影响形成一个有机整体,是旅游购物健康发展的支持和保障体系。

（一）旅游购物点的选址

旅游景区内旅游购物设施选址宜选在景区风景线的必经之路上,这样不仅能保证最大的客流量,同时也能确保有购物需求的旅游者不至于错失购买机会。比如旅游景区前入口处,也就是旅游景区检票入口处之前的附近位置,一般在景区的有形分界线以外。或者旅游景区出口处,也就是旅游景区验票出口之前的附近位置,在景区内。两点位置不同,其所适宜销售的旅游商品也有所不同。例如:对于在游览过程中必需的旅游商品或有可能用到的旅游商品应选择在前入口处销售,如登山所需的手杖、溯溪所需的拖鞋等。

当旅游者即将离开旅游景区时为了落实出发前的购物计划,并实现游览过程中激发出的新购物欲望,有一种机会即将失去的紧迫感,此时的购买欲望最为强烈;另一方面从消费行为学看,旅游者在游览景区之前对此地的特色旅游商品知之甚少,出于规避风险的心理,一般不做出购物决定,当游览景区之后对景区当地的自然资源、人文历史、风土人情等有了较为深入的了解,对于体现景区当地自然人文历史等特点的特色旅游商品也就有了详细丰富的信息储备,出于对此游览的纪念或赠送亲朋好友的目的。此时购物在情理之中,所以,旅游纪念品和土特产品的销售设施应布局在景区游览的最后一段,也就是景区出口前最为合理。

旅游者在游览过程中有时会产生情景式即时消费,这种消费机会出现得突然,能给旅游者带来惊喜、意外的满足。旅游者往往即时产生购买需求,即时做出购买决策,如在一些景区的某个特殊景点,在某物上悬挂连心锁,以示情人心心相印、忠贞不渝,这类商品的销售理应布局在现场。如果景区面积较大,旅游者在游览过程中物质、能量消耗较多,游览过程中需要补充饮料、食品或其他物品,此类商品的销售可在主风景线上择点做插入式布局。

(二) 景区外部购物环境的营造

旅游购物设施要与景区环境、文化协调一致。在旅游景区规划中要把旅游商品购物设施作为其中一个重要的辅助设施考虑进去,其建筑物的样式风格、形与神应与景区的整体风格一致,与主体建筑协调,与景区的整体形象美和文化气质相吻合,使之融于周围自然环境与文化环境,成为景区的有机组成部分。首先,景区旅游购物的发展要有一个良好的政策环境。其次,人文环境也是景区购物发展的一个不可缺少的部分。最后,创造一个有利于景区可持续发展的良性生态环境。

(三) 景区内部购物环境的营造

景区内部购物环境主要指景区内购物网点的设置、购物设施的配备、购物氛围的营造等。例如商品的摆放、灯光柔和度和亮度、空气清新度、装饰的艺术感染力等细节的打造。

(1) 购物场所布局合理,建筑造型、色彩、材料有特色,与环境协调。

(2) 对购物场所进行集中管理,优化购物环境,保证景区购物场所环境整洁,秩序良好,无围追兜售、强买强卖现象。

(3) 旅游商品种类丰富、特色突出、包装精美,能突出本地区及本旅游景区的特色。景区购物商品明码标价,无价格欺诈行为。

(4) 商品购物服务人员要注意自己的着装和仪容仪表,还要善于与旅游者沟通。

(5) 景区购物工作人员要善于接触客人,向旅游者提供细致热情的销售服务,并懂得把握不同旅游者不同的购物心理和购物需求,个性化地展示商品特征,增进旅游者信任,激发旅游者的购买兴趣。

总之,旅游购物离不开特定的购物设施,旅游商品与购物设施的不同组合给旅游者完全不同的心理感受,可增加魅力、强化经历、促进商品销售。现在消费者越来越重视购物环境、购物设施的现代化、特色化、人性化,购物已经成为现代人的一种休闲消费方式。所以,发展旅游购物时必须配套相关的购物设施,提高人员素质,从而营造一个有特色、人性化的购物环境。

第四节　旅游景区娱乐服务

◇ 案例导入

破解"好山好水好无聊",《印象大红袍》点亮武夷山夜经济

武夷山是中国仅有的4个世界文化与自然双遗产地之一,风光秀丽,处处皆景。但长期以来,武夷山夜间却较为单调,被称作"好山好水好无聊"。2010年,全球第五个印象系列山水实景演出《印象大红袍》落户武夷山,首创360度旋转观众席,每5分钟内即可完成一次360度平稳旋转。至今已有逾530万人次旅游者在夜幕中观赏过《印象大红袍》。不经意间,这部山水实景演出由最初的"调味料"变成武夷山旅游的"主菜"。

从业近20年的资深导游翁培荣说,武夷第一夜,观赏《印象大红袍》已成为业界共识。这部剧就是浓缩的武夷山文化,能够增加对当地山水茶文化的认知,提高旅游的质量,跟拥有上万年历史的天游峰、九曲溪一样已成为必到点,深刻嵌入到武夷山旅游中去。

十年前,这里曾是一片荒地,晚上是漆黑一片。但如今,时长65分钟的《印象大红袍》带动了剧场周边的夜经济消费链,带动了旅游的消费升级,点亮了武夷山的夜经济。夜幕下,印象大红袍剧场附近区域已成为武夷山最热闹的地方。剧场周边拥有百余家民宿、几十家茶叶店以及数十家夜宵摊点。武夷山市也正积极布局夜经济,已涌现出大批夜间旅游产品,夜间消费便利度和活跃度。

(资料来源:龙敏.破解"好山好水好无聊",《印象大红袍》点亮武夷山夜经济[EB/OL].(2019-09-13).https://baijiahao.baidu.com/s?id=1644538360484187733&wfr=spider&for=pc)

此案例论述了旅游景区中设置相关娱乐服务设施的重要性,提升景区知名度,带动经济发展。

一、旅游景区娱乐服务概述

(一)景区娱乐的概念

景区娱乐服务是借助景区的各种设施设备向旅游者提供的各种表演及参与性活动,其

目的是让旅游者得到视觉和身心的愉悦,通常表现为非物质形态的体验。它往往包括景区结合自身特色举办的常规性或应急性供旅游者欣赏或参与的各种规模的游乐活动和项目。

(二) 景区娱乐与一般休闲娱乐的关系

景区娱乐的存在和发展主要以旅游目的地一般休闲娱乐业的存在和发展为基础,特别是在旅游目的地城市中,两者往往具有相同的物质载体。但是,景区娱乐与一般休闲娱乐之间存在着明显区别。

1. 参与主体不同。景区娱乐活动的参与主体是旅游者,并且是由旅游者在旅游活动过程中完成的,一般休闲娱乐活动的参与主体主要是当地居民。

2. 两种娱乐服务的品种、特色、档次有所不同。景区娱乐服务是针对旅游者的需求设计开发的,除了满足旅游者追求心理愉悦这一目的之外,还应满足旅游者求新、求奇、求知的心理需求。因此应该赋予景区娱乐产品或服务更多的地方特色、民族特色以及纪念价值、艺术价值,而一般休闲娱乐产品或服务则应更注重经济性,满足当地居民日常休闲娱乐的需要。

3. 地点不同。一般休闲娱乐活动主要是满足当地居民日常消费,因此主要设置在社区周边、商业活动中心等地。而景区娱乐的地点设置必须根据旅游者活动的特点,主要布局在城市商业繁华地段、旅游景点、名胜古迹、宾馆饭店附近及其他方便旅游者到达的地方。

(三) 景区娱乐服务的作用

景区娱乐服务对景区发展具有非常重要的意义,条件允许的旅游景区通过提供娱乐服务可以增强旅游者视觉及身心的愉悦,增强旅游者的体验感,提升景区的吸引力,从而增加客源,增加景区的旅游收入,并提升景区的美誉度和知名度。

虽然景区娱乐服务有如此重要的作用,但是并不是所有的旅游景区都提供娱乐服务,如美国的黄石公园禁止在某些核心区域开展任何形式的娱乐活动;我国的故宫、九寨沟、敦煌莫高窟及一些国家自然保护区都是禁止或限制各类娱乐活动的。

二、旅游景区娱乐服务的类型

(一) 按其产生时间和主题划分

根据娱乐活动产生的时间以及主题来看,包括传统娱乐活动和现代娱乐活动。元宵灯节、泼水节等传统的节庆娱乐活动具有上百年的历史,是民族历史文化的积淀。冰雪节、服装节等现代新兴的娱乐活动也层出不穷,在组织者精密的策划之下常办常新。

(二) 按照活动的规模和提供频率进行划分

1. 小型常规娱乐

小型常规娱乐是指旅游景区长期提供的娱乐设施及活动,使用员工较少,规模较小,旅游者每次得到的娱乐时间也不长,主要存在于游乐园和主题公园内。这类娱乐项目的特色性较弱,对中远距离旅游者的吸引力较小,旅游者以当地和周边居民为主。景区内小型娱乐项目可分为表演演示类、游戏游艺类、参与健身类三大类型和若干亚类(见表 4-1)。

表 4-1 旅游景区小型娱乐项目类型

大类	亚类	特征及案例
表演演示类	地方艺术类	川剧"变脸"、湖南"花鼓戏"
	古代艺术类	唐乐舞、祭天乐阵、楚国编钟乐器演奏、纳西古乐
	风俗民情类	绣楼招亲、对歌求偶、土家族"哭嫁"
	动物活动类	赛马、斗牛、斗鸡、斗蟋蟀
游戏游艺类	游戏类	景区欢迎舞蹈、土家族摆手舞、秧歌、竹竿舞
	游艺类	模拟枪战、单足赛跑、CS 野战拓展
参与健身类	人与机器	受控式:过山车、摩天轮、旋转木马;操纵式:滑翔、射击、赛车、热气球
	人机分离	亲和式:翻斗乐、打靶;对抗式:八卦冲霄楼
人与动物	健身型	钓虾、钓鱼、骑马
	体验型	观光果园、观光茶园、狩猎
人与自然	亲和型	滑水、滑草、游泳、温泉疗养、潜水
	征服型	攀岩、迷宫、滑雪等
人与人	健身型	高尔夫、网球、桑拿、保龄球
	娱乐型	手工艺品制作、烧烤

资料来源:黄丽.旅游景区服务与管理[M].桂林:广西师范大学出版社,2022

(1)表演演示类。主要是旅游景区根据当地的艺术特色、民俗风情、动植物资源等组织的各种活动。其目的是向旅游者展示当地的旅游特色,宣传景区的旅游文化,并让旅游者体会到原汁原味的民族风情。(图 4-5)

图 4-5 川剧变脸表演

(2)游戏游艺类。旅游景区为了营造其热闹氛围而定期举行的一些街头舞蹈、秧歌舞及其他一些民族舞蹈等活动。

(3)参与健身类

主要是依托景点景区相关设施开展的人与机器、人与动物、人与自然、人与人的一些健身娱乐活动。例如:位于武汉以南 80 千米外的咸宁市,咸宁温泉又名沸潭,水温达到 50℃。它的泉水出自岩窟,水激石岩,温泉沸沸涌涌,雾气蒸腾,被称为"温泉虹影"。这里共有泉眼 14 处,泉水呈淡黄色,含有硫酸盐、碳酸盐、钙、镁、钾、钠等十多种矿物质及其他微量元素,经常沐浴可防治皮肤病、风湿性关节炎、肠胃病、神经炎、溃疡病、感冒。该市于2019年9月举办了第十一届国际温泉文化旅游节，同时出台了温泉旅游服务规范和沐浴温泉水质量标准，填补了湖北及全国温泉旅游服务行业标准空白。

2. 大型主题娱乐

大型主题娱乐是旅游景区经过精心策划组织，动用大量员工和设备推出大型娱乐活动，是景区小型娱乐基础上的点睛之作。一般在推出前会进行较高频率的宣传，用心营造特定氛围，掀起旅游者入园新高潮。目前大型主题娱乐呈现出舞台型、巡游型和荟萃型3种类型的交互交叉趋势，并大量运用声、光、电等高科技手段，使活动更为丰富、更为热烈、更为精彩纷呈。

(1) 舞台型。舞台型是以一般采用先进的舞台灯光技术，用氢气球、秋千、声控设备等占据多维空间，并燃放焰火、礼炮配合舞台演出，在舞台表演中强调彩妆服，节目强调愉快节奏，包括杂技、小品歌舞哑剧、服饰表演等。集游戏、娱乐于一体，淡化艺术属性中的教育性、审美性和知识性，强调娱乐性，以新奇取悦观众。

◇ 行业广角镜

出实招，消费复苏动力足

夜幕降临，陕西西安市大唐不夜城步行街，仿唐乐舞、文化沙龙等活动精彩连连。文化和旅游加速融合，不仅刷新了消费者的体验，也提升了文旅市场的热度。

骊宫焕彩、寒冰倒挂、沐雪起舞，光影和火焰特效照亮夜空。骊山脚下，西安临潼华清宫景区积极创新，为适应冬季旅游，推出冰火《长恨歌》，满足游客需求，场场爆满，一票难求。冰火《长恨歌》的常态化打破了北方旅游演艺行业在冬季陷入的强制休眠期，变"冷资源"为"热经济"，转化西安冬季旅游的季节劣势为差异化体验的优势，壮大西安冬季旅游市场规模，刺激并带动陕西旅游业的恢复发展。

"演出场面非常宏大，气氛特别好。"来自四川的游客陈欣说。景区相关负责人介绍，"随着文旅复苏，跨省游多了起来，景区游客量有了很大增长。近日四川、河南、山西、湖北等邻近省份的游客较多。冰火《长恨歌》演出就是为了适应冬季旅游，满足游客需求。"

[资料来源：杜海涛,王珂,原韬雄,白光迪.出实招,消费复苏动力足[N].人民日报,2023-01-14(01)]

(2) 巡游型。巡游型是一种行进式队列舞蹈、服饰、彩车、人物表演，一般与节庆相结合，在广场或景区内街道上进行，一般选择民族民俗、传统神话、童话故事等主题，音响热烈，喧闹喜庆，服饰夸张怪诞，娱乐性强。

(3) 荟萃型。荟萃型是以一定的节庆为契机，围绕一定主题在旅游景区各处同时推出众多小型表演型或参与型活动，从而共同形成一个大型主题娱乐活动。如每年的7月至8月，深圳世界之窗都会推出国际啤酒节期间，同时推出冰雪狂欢、浪漫冰上表演、巴伐利亚风情热舞、激情摇滚、啤酒大赛、精彩互动游戏、可口美食等诸多活动，让景区旅游活动更加丰富立体、精彩纷呈。

◇ **行业广角镜**

点亮"仙境"张家界,开启文旅融合新范式

2022年11月19日晚,首届湖南旅游发展大会开幕式暨文化旅游推介会在张家界隆重上演。开幕式以"仙境张家界"为主题,将山水实景与文艺表演巧妙融合,用不同的视角和丰富的艺术手段,全方位呈现张家界的城市魅力,展现三湘大地的旖旎风光和湖湘儿女的热情好客。

开幕式在张家界的七星山、天门山、魅力湘西还设置三大分会场。在海拔1520米的七星山上,由全国各地情侣组成的"情侣游客团"上演《爱的飞行·1520》创意秀,1520谐音是"要我爱你";在天门山999级天梯上,模特身着千年的非遗服饰,行走在亿万年的天门奇洞下,令人叹为观止;魅力湘西文旅集市热闹非凡,既有板板龙灯、苗银等历史悠久、源远流长的非物质文化遗产,也有土家十大碗、莓茶等舌尖上的地道美食,展现"好吃、好玩、好有味"的张家界。

民族歌舞秀、民俗器乐秀、科技创意秀等艺术大秀将轮番登场,唯美雅致、清新灵动的视觉场景不断变换,极富沉浸感、科技感和交互感。在桑植民歌《马桑树儿搭灯台》中,可以感受到革命先烈浪漫的革命爱情故事;中央民族乐团演奏的《刘海砍樵》,在张家界美好的月色下,碰撞出全新的国潮火花。非遗与虚拟惊艳对话,实景舞蹈《山水仙踪》犹如"舞蹈精灵"闯入了绿野仙踪般的童话世界;野外露营、围炉煮茶、高空冒险等张家界潮玩方式浮现眼前,让人听完就想来一场说走就走的大美湖南之旅。

(资料来源:李记.点亮"仙境"张家界,开启文旅融合新范式[EB/OL].(2022-11-19).https://m.gmw.cn/baijia/2022-11/19/36171975.html)

三、旅游景区娱乐服务的设计与管理

(一)旅游景区娱乐服务设计

旅游理论不同于艺术理论,文化不同于娱乐。景区内部艺术的发展方向应当是从文化性向娱乐性发展。在景区进行娱乐项目时,应该综合研究社会、政治文化、环境、心理和娱乐对象等诸多因素。首先,确定娱乐项目的主题,进而设计娱乐项目的具体内容,制定详细的运作模式和商业计划,并对娱乐项目进行严格的管理和后期市场调查,以便能适时调整完善。景区娱乐项目设计可以从以下几个方面入手:

1. **挖掘娱乐项目文化底蕴**

娱乐服务的内容应该和景区的"文脉"相耦合。所谓文脉是指旅游景区及其所在地的自然地理基础、历史文化传统、社会心理积淀、经济发展水平的四维空间组合。深入挖掘文化内涵,积极开发参与性和娱乐性强的旅游项目,吸引旅游者在景区停留和消费,提高景区综合收入。有文化内涵才有灵魂,历史、文化都是旅游景点的宝贵财富,也是作为游览的"主心骨",富有文化内涵的娱乐项目更能吸引观众。娱乐项目无论采用什么开发模式,都无法忽视社会文化发展中的民众角色,他们是文化的载体,其开发的主题定位要以人民为本,只有娱乐项目首先满足了当地人民的需要,才可能使其在举办中得到持续发展,才可能散发真正吸引旅游者的魅力。

(1)深入挖掘娱乐项目所体现的旅游景区中的文化内涵,这种挖掘又要充分体现时代的潮流,既要扎根于中国优秀的历史文化传统,凝聚民族文化精华,又要反衬时代发展的主流和方向,具有浓郁的民族风格。

(2)立足本土开发和建设文化含量高的娱乐项目,整合历史文化内涵,着重反映我国民族文化的优秀传统,摒弃封建迷信以及低级趣味的东西,在设计上、风格上、形式上赋予新意,体现出丰富的文化内涵,获得旅游者青睐。

(3)创新历史文化传承,着眼于从历史文化中寻找旅游景点的灵感和独特魅力,用反衬时代精神和现代文明成果的景观、景色、景点风貌去激励旅游者、感染旅游者、熏陶旅游者,显示民族文化的当代性,让旅游者流连忘返,成为独有的风格和魅力的源泉。

2. 创新娱乐项目内容

旅游景区娱乐项目环境、内容及模式一旦被固定,旅游者就会逐渐对娱乐项目失去兴趣,因此,旅游景区在原有娱乐项目的基础上,应注重娱乐项目主题外延、内涵深化和活动更新。要将与主题相关的项目纳入到娱乐项目中,以丰富其内容和服务,促进景区旅游资源的综合开发利用,保持旅游景区娱乐项目的生命力。另外,旅游娱乐项目具有自身的生命周期,存在着更新换代的替代性问题,因此,时时刻刻要创新,只有创新,才能够始终保持其继续发展的动力,才能够使其始终具有强大的竞争力。有些游乐园因为其技术已经落伍,导致所提供的某些参与性设施或服务已不再具有吸引力。而有些游乐园引入电脑控制技术,给旅游者带来不同寻常的感受,从而重新焕发活力。

3. 设计娱乐项目"亮点"

景区娱乐服务的核心吸引力很大程度上来自于其设计的"亮点",有效的"亮点"能充分调动旅游者情绪,给旅游者留下深刻印象,增强娱乐项目的美誉度,从而扩大市场的影响力。

◇ 行业广角镜

景区嫁接剧本杀 解锁流量新密码

边赏美景边玩游戏,沉浸式体验不一般。"原来玩剧本杀就像演戏,鼋头渚景区的长春桥、太湖仙岛都变成剧中场景,玩家被完全带入剧情,诠释自己所扮演的人物。一边赏风景一边玩游戏,全程约3小时,真的非常有趣。"游客小吴对自己首次在景区玩剧本杀的经历大呼过瘾。眼下,越来越多的景区尝试植入"实景剧本杀",给游客带来沉浸式体验。这一创新之举能否为景区吸引流量?这一新型业态能否带动文旅场所"火出圈"?又将为文旅行业转型提供哪些借鉴?

剧本杀进入"3.0时代",景区有了新玩法。剧本杀"1.0时代",就是玩家们围坐在一起,在主持人带领下围绕剧本进行推理;"2.0时代"则是实景剧本杀时代,加入固定场所内的"搜证"等互动环节；如今的"3.0时代"，则是剧本杀与民宿、文博、戏剧等结合，让玩家"身临其境"，沉浸感更强。

化身探员"穿越"至一个虚拟朝代，在一段箫声中寻找一个人，通过与景区不同NPC（非玩家角色）互动，解开一个又一个谜题……将于下半年亮相的大型开放世界实景互动游戏《牛首修心》，结合牛首山不同景点，共设置6个主场景、6条解谜游戏剧情线。"以往游客来到景区，大多通过导游讲解等方式了解景点，但通过设置游戏，将带有解谜性质的故事嵌入景区，让游客化身玩家，有助于他们更深刻地体验景点内涵。"《牛首修心》项目创作方南京华加文化创意有限公司总策划张明轩表示，相较一般剧本杀处于封闭空间、有时间限制，在景区中定制实景互动游戏时间可由玩家控制，硬件上也得以升级，比如游戏中设置6个VR回溯点，让玩家借助科技手段丰富游玩体验。

"当前，景区同质化严重，现有产品体现不出创新特色，并且单个景区宣发资源及渠道有限，而'景区＋剧本杀'作为一个新模式，格外受喜欢新潮旅行方式的用户青睐。"携程景区线下活动负责人应斯祺介绍，去年开始，"旅游＋剧本杀"热度骤起，特别是今年6月以来，携程数据显示，带有"剧本杀"标签的景区订单量同比增长超10倍。"这一新玩法为景区增加新的营收模式，有助于增强景区市场竞争力和品牌知名度。"

"走马观花式的旅游一去不复返了。"旅游主播张真好表示，剧本杀类游戏进入景区代表旅游产业发生质的变化：以前游览景区以导游为中心，如今以游客为中心，游客实现从听到参与的转变，真正成为主人公，进入某段历史感受文化，沉浸式书写自己的"故事"。"这也对景区和整个旅游产业提出更高的发展要求，需要我们顺应时代变化和市场需求，打造更加注重体验感的优质产品。"

循此思路，"景区＋剧本杀"的合作模式也可探索更多可能。博物馆＋剧本杀、古镇＋剧本杀、酒店＋剧本杀等都可以成为开掘空间。类似的"景区＋剧本杀"模式，无疑是文旅行业前行路上的一次创新。景区＋高端音乐会、景区＋沉浸式主题展、景区＋国家级展览等多种新业态在国内外落地开花。文旅业界更应该思考的是：新业态如何引进、孵化直至"出圈"，"出圈"后又该如何有效运维、保持热度？

（资料来源：付奇，等.景区嫁接剧本杀 解锁流量新密码[N].新华日报，2022-7-1）

（二）旅游景区娱乐服务管理

1. 保证各种娱乐设施、设备的完好

设计娱乐项目应首先注意设计安全保障措施。机、光、电、化、辐射等方面的危险因素，都应有严密的防范措施。

2. 提供清洁、卫生的娱乐环境

景区娱乐场所在设计时就要充分考虑清洁卫生的要求，配置足够的环卫设施；服务人员应保持娱乐场所的清洁卫生，勤于打扫，为旅游者提供整洁、舒适的体验环境。

景区服务与管理

◇ 行业广角镜

橘子洲景区：以游客为中心 全面提升景区服务质量

9月初的橘子洲景区，天高气爽，柑橘飘香，人群熙攘。在橘子洲地铁口附近的厕所入口，"扫一扫，厕所早知道"二维码清晰醒目。湖南大学学生小李拿出手机扫了一下二维码，页面上很快显示出景区内厕所分布以及各个厕所蹲位使用情况等信息，她找到最近的、人数少的厕所，按照页面上的导航很快就到了那里。小李感叹，"这个小程序太赞了，很大程度上解决了高峰期如厕难的问题，值得推广"。

曾经，游客如厕难问题一直困扰着橘子洲景区的管理者。2009年，橘子洲景区免费对外开放后，只有13座厕所103个蹲位，厕所蹲位严重不足。2016年，橘子洲景区5A提质改造后，景区有厕所16座（第三卫生间11座）306个蹲位，厕所的数量及蹲位数大幅增加，但节假日，因大部分游客不知道哪个厕所有空位，部分厕所前仍有排队现象。为切实解决高峰时段游客如厕排队问题，2020年年底，橘子洲景区启动智慧厕所改造，对16座旅游厕所进行升级，开发智慧厕所小程序。2021年3月，智慧厕所小程序上线。游客可通过"扫一扫，厕所早知道"二维码，第一时间了解厕所使用信息。目前，橘子洲景区"智慧厕所"已成为景区服务的亮点，得到游客的普遍赞誉。

（资料来源：胡谦.橘子洲景区：以游客为中心全面提升景区服务质量[N].中国旅游报，2022-9-14）

3. 注重服务人员的素质培养

旅游者购买景区娱乐产品，是希望获得生理和心理的享受。景区娱乐场所的服务人员应具备良好的职业道德、较高的文化水平、娴熟的服务技能和良好的心理素质，为旅游者提供热情、周到、细心的服务，尽可能满足旅游者的各种需求，使旅游者带着愉快的心情进行娱乐体验。

4. 做好娱乐项目的配套服务工作

景区在排队处的通道设置需要巧妙设计，既要有利于规范旅游者的排队秩序和行为，又要使旅游者不发生拥挤和踩踏。在出入口和排队处要设置明显的引导标志，安排足够的工作人员进行引导，维护秩序。

◆ 实训与练习

一、思考题

1. 景区餐饮服务设施分别有什么类型？
2. 怎样才能做好景区餐饮的环境质量管理？
3. 景区住宿和普通的城市住宿有什么区别？
4. 怎样才能保证景区住宿服务的质量？
5. 旅游纪念品有哪些类型？
6. 景区的购物商店地点设置有哪些讲究？
7. 你知道景区娱乐还有哪些创新的方式吗？

二、实训题

过山车项目前,人潮拥挤。这是A景区最为知名的游乐项目,很受旅游者青睐。小李和小张是项目入口的服务人员。她们的职责是有序疏导旅游者进入,并帮助旅游者检查身上所带物品是否合适,劝说旅游者将随身携带物品放入储物柜。因为该项目属于空中旋转运动,旅游者身上携带多余的物品会造成遗失,如果坠落,还可能会伤及其他旅游者,造成不必要的事故。因此,在"旅游者须知"中一般均会提醒:"参与本项目请勿佩戴眼镜、帽子,请做好易坠落物品的安全保管。"可是小李和小张每天都会遇到不愿意配合此项工作的旅游者,这让她们非常头疼,甚至会发生不愉快的争执。旅游者M就是其中较典型的一位。

旅游者M在寄存手提包时,爽快地将最大的旅行包放入了储存柜,但在整理手中小包时,神色犹豫,左右观察了半天,还是把相机和手机拿了出来。小李是一名具有丰富经验的服务人员,见到这种情况,她揣摩到旅游者的心思:一定是对储物柜的安全不信任。于是,她走上去对这位旅游者说:"您好!请您把手机、相机也寄存在储物柜中。"

旅游者M见小李这样说,于是又以商量的口吻笑着说:"我想在上面拍些空中全景。我自己会注意的,没事!"

小李继续劝说道:"这是很危险的,万一相机掉下来,对您来说也是损失。我们景区也不希望发生这样的事。"

旅游者M有些急躁了:"我会注意的,这是我自己的东西,我还不知道该怎么保管吗?再说了,你们这些储物柜这么简陋,我还不相信呢。我这相机可是从日本买来的,如果丢了你能负得起责任吗?"

小李见状,也开始受旅游者情绪的感染了:"我们景区对旅游者是绝对负责任的!如果您对自己不负责任,一旦自带物品受损,责任究竟谁负?!"

眼看一场争执愈演愈烈……

请根据已有知识进行分析:自带物品受损,责任究竟由谁承担?

第五章 05

景区旅游产品开发与管理

项目导读

景区旅游产品是景区吸引力的源泉,是景区经营管理的核心,是景区经营成败的关键。景区产品的好坏在很大程度上影响着旅游目的地的吸引力大小;景区旅游产品是否具有特色与独特性,是景区激发旅游者旅游动机,吸引旅游者前往景区游览的核心要素。我国现有各种不同类型的旅游景区约 2 万个,景区间的竞争甚为激烈,如何开发独特的景区产品并加强景区管理,成为景区经营成败的重要方面。

学习要求

通过本项目的学习,了解景区产品的概念、类型、特点与结构;掌握景区产品体验项目设计的基本原则与设计步骤;了解遗产型景区产品的基本类型;掌握各类遗产型景区产品开发与管理原则和方法;了解开发型景区产品的主要类型,掌握开发型景区的开发与管理原则及方法。

思维导图

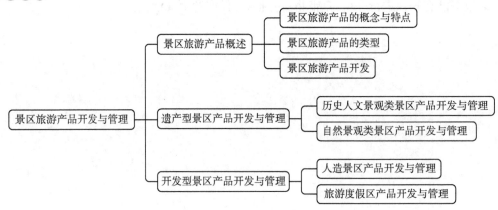

第一节 景区旅游产品概述

◇ 案例导入

三亚亚龙湾国际玫瑰谷

亚龙湾国际玫瑰谷位于三亚市亚龙湾国家旅游度假区内,总占地面积2755亩,景区以农田、水库、山林等原生态自然环境为主体,以"美丽·浪漫·爱"为主题,以"玫瑰之约,浪漫三亚"为主题定位,以玫瑰产业为核心,依托周边山水资源,打造一个集乡村田园风情、玫瑰种植、玫瑰衍生产品开发、玫瑰文化展示、休闲旅游度假于一体的旅游综合体。经过先后三期建设,亚龙湾国际玫瑰谷内已有花田喜事玫瑰婚典区(婚纱摄影基地)、一园多区的国际玫瑰精品园区(以玫瑰为主,向日葵、郁金香、马蹄莲、勿忘我等其他花海为辅)、玫瑰茶文化区(玫瑰茶坊)、食用玫瑰餐饮区(高端玫瑰套餐、玫瑰饼、玫瑰酱、玫瑰特色饮品、特色农家乐)、热气球嘉年华营地、房车营地、露营营地、玫瑰系列产品展示超市,2012第五届中国月季花展暨首届三亚国际玫瑰节展区(永久保留),以及玫瑰风情小镇等产品项目。亚龙湾国际玫瑰谷已成为三亚新的旅游景点和休闲农业旅游的新名片,助推海南走向"世界蜜月岛",增强了三亚休闲度假吸引力,提升了海南国际旅游岛新形象。

(资料来源:根据亚龙湾官网资料改编)

一、景区旅游产品的概念与特点

(一)景区旅游产品的概念

景区是一个地理区域概念,景区产品则属于经济概念。景区产品是一种服务业产品,是一种有形产品和无形产品的组合,比如主题乐园类景区产品是由有形成分的游乐项目和无形成分的项目刺激感和园区新颖独特氛围所组成,历史文化类景区产品则通过展示有形物品的样式、颜色、雕饰和无形的文化渲染和精神烘托构成。从狭义的角度来说,景区产品是一种单项产品,是旅游景区借助一定的旅游资源、景观、设施,向旅游者提供的满足其心理需求的有形旅游活动项目和无形服务的总和。从广义的角度来看,景区本身对于旅游者而言就是一个吸引源,景区产品是景区内多种单项旅游项目的组合,景区产品是景区提供给旅游者的一次经历和体验,不仅包括景区活动项目,还包括景区的服务设施、景区的服务和管理,因此,景区产品是一种整体产品。广义的景区产品包括核心产品——旅游景区吸引物、有形产品——旅游景区活动项目、扩展产品——旅游景区管理与服务三个部分(见图5-1)。

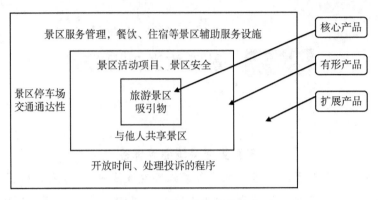

图 5-1 景区整体产品构成

1. 核心产品——旅游景区吸引物

吸引物是旅游业赖以生存之本,旅游吸引物促生了游览活动的产生,旅游吸引物是旅游业的核心,是人们前往旅游目的地旅行游览的动机源泉,是景区经营和招徕游客的招牌,也是旅游景区赖以生存的依附对象。欧洲旅游委员会(European Travel Commission)指出,旅游吸引物的存在价值是满足公众娱乐、兴趣和教育的需求。

景区吸引物是景区标志性的观赏、游览和娱乐物,是景区旅游产品中最突出、最具特色的自然景观或历史文化。从需求角度而言,游客正是为了观赏或体验景区某一独具特色的对象物,才开展前往目的地的旅行,如中国北京的长城与故宫、西安的秦兵马俑,埃及的金字塔,印度阿格拉的泰姬陵,都是以其独特的建筑景观和文化特质吸引来自世界各地的游客前往观光游览。从供给角度而言,景区吸引物不仅依靠旅游资源自身的独特性来吸引游客,更需要开发者将资源的独特性用一定的方式进行内涵的挖掘,将其独特性表现出来,通过景区旅游产品定位、形象塑造和宣传,把景区旅游资源中最吸引人的、最突出的特色,向特定的旅游消费群体展示出来。

以遗产型景区为代表的绝大多数景区吸引物的源泉是自然或人文旅游资源,而旅游资源具有变异性特点:一方面,旅游资源在产生时并非具有旅游的属性,后因某种原因发生了质的变化或迎合了旅游者的需要,使其成为具有吸引力的旅游资源;另一方面,某些旅游资源因人为破坏或游客偏好改变,其旅游吸引力逐渐消失,退出旅游资源的范畴。例如,蒙牛工业旅游景区,由传统的乳制品生产企业逐步构建起一个"可观(景观)、可玩(参与)、可学(知识)、可购(购物)、可闲(休闲)"的工业旅游生态体系,在 2019 年度的第三届中国工业旅游产业发展联合大会上,蒙牛荣获"网友最喜爱的十大工业旅游企业"称号,成为网友最喜爱的工业旅游企业典范之一;曾经美丽的滇池,由于人为破坏水体生态系统(引种水葫芦和违规排放污水),导致滇池水体被污染,失去旅游吸引物功能。旅游资源的变异性特点,使景区吸引物的构成不断变化,因此,景区旅游产品也就具有了生命周期,景区要想长久保持吸引力,就需要不断挖掘新的吸引力,适时地推陈出新,开发新的旅游产品。

核心产品是顾客购买的主要对象,满足顾客的核心利益和主要需求,购买者通过所购买的产品来满足个人追求的核心价值或基本效用。然而,从市场细分的角度来看,不同类型的顾客具有不同需求特点,不同类型的顾客所追求的产品核心价值也有所不同,某一特定产品无法满足所有类型顾客的核心利益需求,景区旅游产品也是如此。因此,景区核心产品便具有吸引力的定向性或特定性,吸引力的定向性决定了景区在挖掘核心产品时,需先进行客源市场分析,针对特定客源市场需求,确定核心产品主题定位,通过特定形象塑造和产品呈现方式,满足特定旅游者群体需求,比如青年和少年群体,更在意景区产品的参与性、娱乐性和异质性。

2. 有形产品——旅游景区活动项目

景区活动项目是突出景区旅游资源特色,展示景区旅游资源吸引力要素,围绕景区主题举办的常规性或周期性供游客观赏、参与体验的各种类型的游览性或娱乐性活动。景区活动项目是景区旅游吸引力的外在物化表现形式,正确的活动项目选择能使景区更具吸引力,使旅游者感受到景区的魅力,满足旅游者的需求。如橘子洲的焰火燃放活动,以橘子洲为载体,以湘江与岳麓山为幕布,以浏阳烟花文化为吸引源,打造一场场视觉盛宴,将山·水·洲·城的独特城市景观展示给游客,自 2010 年 8 月 28 日启动长沙橘子洲周末焰火燃放暨中国浏阳音乐焰火大赛开始,此后每周六晚的橘子洲焰火燃放活动为长沙城每年吸引来了数以百万计人次的国内外游客,曾一度出现"到长沙不去橘子洲看一场烟花不算到过长沙"的说法,橘子洲头的焰火曾成为长沙城的一张旅游名片。

3. 扩展产品——旅游景区管理与服务

扩展产品是顾客购买产品时所能得到的附加服务和利益的总和,顾客购买产品时,虽优先考虑核心产品与有形产品,但扩展产品的质量会影响顾客的消费体验与后续重复购买行为。在面对同类产品的竞争时,扩展产品的好坏直接影响消费者的重复购买意向与向他人推荐的意愿。

景区旅游产品是一种服务业产品,服务是景区产品中不可或缺的内容,旅游者消费的景区产品归根结底是一种服务体验。景区产品的服务性,决定了景区产品无法像工业、农业等行业的有形物质产品般复制,景区旅游产品质量的高低受到现场服务水平的影响,所以加强景区服务过程管理是至关重要的。景区服务管理包含了三个方面:一是对景区员工的管理;二是对景区服务设施的管理;三是对景区游客的管理。景区员工管理包括对员工工作能力和工作态度的管理。景区服务设施管理包括景区内餐饮、住宿、导识标识、景区内停车场、景区游览和休憩设施的管理。对于旅游者而言,旅游的价值不在于旅游景区内有多么高大上的设施,而在于游客身处其境时从视觉、嗅觉、听觉和味觉等方面的切实感受,景区服务设施管理体现在设施布局的合理性、安全性与卫生整洁性方面。景区游客管理包括游客数量调控和游客环境行为管理,通过游客管理确保游客的游览质量和安全,让游客的体验达到最优化,尽量避免游客活动对景区带来的不可逆性负面影响。比如 2017 年时,江西三清山巨蟒峰就因张某明等三名游客的不文明旅游行为,造成了不可逆性破坏。

(二)景区旅游产品的特点

1. 整体性

通常一个景区的产品是由多个单项景观和单项活动项目组成,景区产品既包括有形的物质产品也包含无形的服务产品,景区产品是景区核心吸引力、景区活动项目和景区服务管理的综合体。旅游者在选择购买特定景区的产品时,常常不会只考虑某一项活动项目或服务的价值,而会对景区的各个单项产品、活动项目及食住行等服务加以综合考虑。因此,从旅游消费者角度而言,景区旅游产品是一项综合性的整体产品,景区产品开发应围绕景区核心吸引力而进行相关活动项目、服务配套的开发,景区服务管理也是景区产品中不可或缺的重要组成部分。

2. 生产与消费的同步性

景区产品由有形产品与无形服务共同构成,从旅游消费者视角来看,景区产品的消费过程是一种自身体验形成的过程,在这个过程中,景区有形物质产品是游客体验感形成的基础,景区内提供服务的工作人员的服务态度和服务能力会影响游客的体验感,游客游览时的景区环境也会对游客的体验感产生相应影响。因此,景区产品与工业或农业产品不同,提供服务的工作人员和环境地点也成为影响产品质量的重要因素。景区产品的生产与消费的同步性,决定了加强景区服务管理和环境管理的重要性。

3. 不可储存性

景区产品作为一种服务产品,无法像工业或农业产品般储存起来,如果不适时售出,无法在将来实现其价值。作为一种不可储存的产品,游客在消费之后能带走的仅是一种经历、一种体验,而不能将购买的产品储存起来待日后消费。

4. 易波动性

景区产品的易波动性一方面由构成景区单项活动项目或产品的自然环境因素的季节性和气候条件不确定性造成,以自然景观为核心吸引源的景区产品,在缺乏相应自然条件时,则无法形成相应的产品,比如峨眉山金顶佛光、哈尔滨冰雕、南岳雾凇等。另一方面,景区旅游产品消费属于高层次的精神消费,人们一般在满足了生产、安全等低层次的消费之后,才会追求高层次的精神生活,所以区域政治环境的不稳定,经济、社会、文化环境的变化等因素,均会对景区产品的生产与消费带来影响,比如近三年受新冠病毒影响,人们的收入有所下降,旅游需求受限,出游频次降低,导致各地景区不能适时地生产与销售相应产品,景区处境艰难。

5. 共享性

景区产品通常是在公共区域内生产和消费的服务性产品,是一种一对多的产品形式。同一景区内,同时段的旅游者共同购买并共同消费景区产品,不存在严格意义上的排他性。同时段购买该产品的游客的消费行为间会产生相互影响,使用者间相互矛盾的期望和需求,会削弱游客游览时产品的品质;与之相反,使用者间相互契合的希望与需求,会增强景区产品的品质。比如游览水上乐园时,游客在水中的不文明行为,会对同时空游览游客消费景区产品产生负面影响;而在游览情人谷时,其他情侣的浪漫行为会对单个情侣游客消费旅游产品产生积极影响。所以,旅游景区做好环境容量控制和调节,加强游客行为管理,对提高景区旅游产品质量有积极作用。

二、景区旅游产品的类型

不同类型旅游者的需求有所不同,且随着经济和旅游业发展,旅游者需求日趋多样化,为满足不同类型旅游消费群体需要,旅游景区产品类型也日渐丰富。每一种景区旅游产品给旅游者带来的体验感不同,了解不同类型景区产品的特点,开发出能满足特定游客需求的产品,是景区经营管理的重要内容。景区旅游产品的类型众多,根据不同的划分依据可将景区旅游产品划分为不同的类型。

(一)根据景区产品核心吸引力要素分类

景区产品的核心吸引力要素通常有人文景观要素、自然景观要素、人造景观要素和科技要素,根据产品核心吸引源不同可将景区旅游产品分为人文与自然景观型、人造景观型和科技景观型三种类型。

1. 人文与自然景观型

人文与自然景观型产品的主要吸引源为具有当地特色的自然山水或人类历史形成的文化古迹和遗址等,在旅游业发展的早期阶段,旅游者前往旅游目的地旅行,通常是受到旅游目的地特色的人文或自然景观类产品的吸引。所以,在旅游景区开发的初期阶段,各地开发的人文与自然景观类景观产品较多。人文与自然景观型产品有浓厚的地方特色,绝大部分人文与自然景观无法离开特定的区域,在开发中受地域的局限也就十分明显。比如张家界的奇山异石、桂林的漓江风光,都是经过亿万年的自然作用形成,其他景区无法复制这类产品。

2. 人造景观型

人造景观型产品通常借鉴或仿造异地的人文或自然景观,一部分人造景观是将异地著名的人文或自然景观等比例缩小后移植到一定空间,另一部分人造景观则是将异地的历史或文化人物和故事加以人工塑造,然后呈现在游客面前。前者比如曾风靡我国的世界之窗,后者比如迪士尼乐园。人造景观型产品能突破时空限制,但人工雕饰痕迹明显,其吸引力无法与其模仿的著名人文与自然景观产品相比,同时因缺乏自身独特性,容易被同类型景区照抄照搬,这类产品产生的吸引力难以持续。比如20世纪90年代初在美国佛罗里达州的奥兰多市建造的锦绣中华园,园内汇集了中国长城、兵马俑、敦煌莫高窟等60多个中国著名文化古迹和自然景观,但因其缺乏独特性,对美国游客的吸引力有限,最终被迫停止营业。

3. 科技景观型

随着大众旅游时代的到来,人们出游的机会日益增多,旅游经历越来越丰富,观赏到的人文与自然旅游产品日益增多,传统的人文与自然景区旅游产品带给旅游者的新鲜感逐渐降低。将现代科技与传统景观相结合,能为旅游者营造出一个充满趣味和新鲜感的崭新文化空间,打造出全新的景区旅游产品,更好地满足游客求新、求奇的需要。比如湖南浏阳的天空剧场,以"焰遇浏阳河"为主题,将现代科技元素的无人机灯光秀、整体360度魔方舞台、激光灯光与传统的焰火燃放、节目表演等相结合,打造出一个融合"人、声、光、电、影、景、剧、焰"的全情境表演产品(见图5-2)。

图5-2 "焰遇浏阳河"大型沉浸式演艺产品

(二)根据景区产品的功能分类

按照景区旅游产品对旅游者知觉体验满足程度不同,可以将其分为陈列式、表演式和参与式三种类型(见表5-1)。

表5-1 不同功能景区产品分类与特征

景区产品类型	细分类别	产品功能	产品举例
陈列式	自然风景名胜	最基本的景区产品形式,满足游客的视觉需求	桂林漓江,张家界金鞭溪
	人文历史遗迹		北京故宫,长沙岳麓书院
表演式	古代文化类	通过对民俗风情、历史文化的动态展示,让游客对景区产品的感知由"静态"变成"动态",满足游客视觉、听觉等体验需求	唐乐舞、编钟乐器表演
	地方艺术类		花鼓戏表演
	民俗风情类		苗族歌舞表演,土家族哭嫁表演
	动物活动类		蒙古族赛马,西班牙斗牛
参与式	游戏类	游客能自主选择活动,游客通过亲身参与活动,满足视觉、听觉、嗅觉、味觉、运动觉等多种知觉体验需求	模拟枪战,灯会猜谜语
	游艺类		跳竹竿舞,转九曲
	人与人类		泰式按摩,球类比赛
	人与动物类		钓鱼,骑马
	人与自然类		滑草,温泉疗养
	人与机器类		过山车,低空飞行

1. 陈列式

陈列式景区产品通常以静态方式存在,主要满足游客的视觉体验,这类旅游产品多以自然风景名胜和历史人文古迹为产品的核心。陈列式景区产品是最基本的旅游产品类型,也是景区产品开发中初期的主要产品形式。

2. 表演式

表演式产品由静态呈现变成动态演艺,通过演员们对故事情节的表演,满足游客视觉、听觉等感官体验,这类旅游产品常以文化内涵为核心吸引源。表演式产品的出现是游客对景区产品的消费需求向纵深发展的结果。

3. 参与式

参与式景区产品以游戏娱乐和游客的亲身体验为主要内容,满足游客视觉、听觉、嗅觉、味觉、运动觉等多种知觉体验需求,游客能根据自身喜好自主选择产品,这类景区产品对旅游者吸引力相对更加持久。

(三)根据景区产品的性质分类

依据游客休闲的目的不同,可将景区产品分为观光型、度假型和专项型三类。

1. 观光型产品

观光型产品是借助自然风光、历史文化、民俗风情等,为游客提供的观赏、游览、体验型的景区产品。观光型产品是景区产品的初级形式,通常以名川大山、秀水奇石、洞穴瀑布等独特自然地理风光为核心吸引源,或者以历史文化、古迹遗址、风俗风情等人文活动遗留物为核心吸引源。观光型产品的参与性较低,游客在同一地停留时间不长,重游率不太高,消费水平相对有限。

2. 度假型产品

度假型产品是旅游者在一定时间内在特定度假区消费的景区产品。游客度假地停留的时间比消费观光产品时停留的时间长,在单位时间内的花销更大,游客对景区环境、景区设施设备的完整性和服务质量的要求更高。度假型旅游产品更注重游客在活动项目中的参与性,尤其注重产品中人与自然和人与机器互动的元素。目前的度假型产品主要有城郊型、高山雪原型、海滨海岛型、温泉疗养型、内陆湖泊山水型、山川田园型六大类。

3. 专项型产品

专项型产品以专门化、主题化、特种性为主要特征,专项产品的大规模开发是基于经济发展水平不断提高、旅游者对旅游产品的个性化需求逐步增强。随着经济的不断发展,旅游成为一种生活方式,人们对旅游过程中个性化、深度化的体验需求不断升级,在旅游市场中,追求"想玩就玩""旅游由我做主"的自主旅游方式逐渐被认可。自主旅游的目的以满足休闲、度假、求知、探险等不同层次的旅游需求为主,伴随旅游者个性化需求的深化,景区旅游产品也不断以创新为引领,向着主题化、特种化、品牌化方向发展。景区专项产品有体育运动休闲类(如溯溪、攀岩、探险、冲浪、高尔夫等)、特种类(如低空飞行、狩猎、驼队、驾车等)、节庆类(如福地过大年、元宵灯会、七夕主题灯光秀等),以及会议类、会展类、生态类等。

三、景区旅游产品开发

(一) 景区旅游产品生命周期

随着市场需求的变化,任何产品在市场上的销售量和获利能力都会发生一定改变,这种变化通常历经产品的初创、成长、成熟和衰退四个阶段,就像生命的历程一般,所以叫做产品生命周期。

1. 产品生命周期

1966年,美国哈佛大学教授雷蒙德·弗农(Raymond Vernon)在《产品周期中的国际投资与国际贸易》一文中首次提出了产品生命周期理论。弗农认为,产品和生物一样具有生命,并将产品从面世、引入市场、成长成熟、衰落退出市场的全过程,称之为产品生命周期。

(1) 引入期。是指新产品设计出来后刚投放市场阶段,该阶段,顾客对产品的了解很少,除了少数追新猎奇型顾客外,购买该产品的人很少。在此阶段,产品生产量小,销售量有限,投入的广告等成本费用较大,产品获利能力极小。

(2) 发展期。产品经历引入期后,如果能被顾客熟悉和接受,则进入发展期。发展期的产品销售量攀升,销售额增加,单位产品的生产成本下降,销售利润不断增长。

(3) 成熟期。随着购买产品人数的不断增加,市场需求趋于饱和,成品进入成熟期。此时,产品的销售体量达到巅峰,销售量的增长速度缓慢,直至停止增长,产品的销售利润逐渐降低。

(4) 衰退期。随着新产品和替代产品的出现,顾客消费习惯逐渐改变,产品进入衰退期。此时,产品的销售量和利润持续下降,产品慢慢退出市场,该类产品的生命宣告结束。

2. 景区旅游产品生命周期的特点与调控

大部分景区产品与普通产品一样,会经历由引入到衰退的生命历程,每个阶段会呈现出不一样的特点。但景区产品又不同于普通产品,在它的生命周期中也有自己个性化的特点。

(1) 景区旅游产品生命周期的特点

虽然大部分景区产品的生命周期与普通产品相同,但对于以教育、环保等公益目的而生产的景区产品来说,其收入来源并非主要来自游客的消费,所以它的成熟期也不是游客流量饱和或同类产品激烈竞争的表现。与普通产品的生命周期相比,景区旅游产品生命周期呈现出如下自身特点:

第一,有些景区产品可能永远不会消亡。例如一些公益性博物馆、世界遗产等,为了符合公众利益,免费对人们开放,景区依靠政府财政投入来维持日常运营,产品也不会因营利能力衰减而退出市场。

第二,景区产品可以通过更新改造或升级换代来延长生命周期。景区产品在进入衰退期后,景区经营者可通过调整产品的内容,使原有产品焕发新颜进入复苏期,而非直接退出市场。

第三,人造景观的生命周期越来越短。通常人造产品的核心吸引源缺乏独特性,产品形式容易被竞争对手模仿,导致竞争越来越激烈。随着可选择的同类型产品不断增多,旅游者会迅速降低对人造产品的认可度。因此,人造景点经营者需要缩短产品的改造时间,不断推陈出新。

(2)景区旅游产品生命周期调控

景区旅游产品调控主要指对进入衰退期产品的调控,景区产品可通过产品内容的部分调整和在原有产品中加入新的元素,满足旅游者追求"新、奇、异"的需要,从而使进入衰退期的产品焕发新的活力,使产品进入复苏期。景区旅游产品生命周期调整的途径在于创新,景区产品创新的方法有主题创新、结构创新和功能创新三个方面。

第一,主题创新。是指根据产品原有文化内涵,塑造一个能被目标群体接受的新主题。比如浏阳将传统烟花节与爱情相结合,打造世界表白之都的主题。

第二,结构创新。是指调整原有产品的单一性结构,将观光型产品与参与型产品相融合,在静态产品中加入动态要素,在人文自然景观产品中加入科技元素。比如位于爱丁堡市中心的动态地球博物馆,利用科技力量,着重于为参观者提供丰富多样的动态体验,让参观者身临其境地感受火山、地震、海洋、冰川、雨林等种种地貌和气候环境,了解令人敬畏的宇宙力量。

第三,功能创新。景区产品从功能的角度而言,可分为基础层的陈列式观光产品、提高层的表演式展示产品和纵深层的参与式娱乐产品。在景区产品的开发初期,多开发的是陈列式观光产品,产品缺乏参与性,游客多是走马观花式被动接受产品,对景区产品的主题体验不深刻,在景区停留的时间较短,重游率不高。景区产品的功能创新,就是要深入挖掘景区核心吸引力的文化内涵,以文化感染人,注重形式创新和文化氛围的烘托,开发出既有观赏性又有艺术性和参与性的沉浸式娱乐项目。

(二)景区旅游产品开发原则

1. 依托资源原则

景区旅游资源是景区产品开发的背景,是景区核心吸引力产生的源泉,景区产品开发中不能凭空捏造,应充分挖掘本地资源特色和文化内涵,打造产品的独特性。

2. 依托市场原则

大部分景区产品开发的最终目的是盈利,而产品盈利的前提是获得旅游者的认可并愿意购买该类产品。因此,景区在进行产品开发前,必须对客源市场中目标群体的喜好、消费能力、消费特点等进行调查和分析,根据目标市场游客偏好设计出吸引力较强的旅游产品。

3. 突出主题原则

产品开发与设计应围绕某一主题展开,围绕主题展现产品的文化特色,烘托出相应的文化氛围,以增强对目标消费群体的吸引力,形成产品规模,产生品牌效应。

4. 塑造品牌原则

品牌具有强大的号召力和导向功能,要想使景区产品在激烈的市场竞争中取胜,塑造品牌和加强品牌管理将必不可少。通过景区产品品牌塑造,增加旅游者对景区的信任度,激发更多潜在消费者前往景区消费产品。通过景区产品品牌管理,适当地开展周边产品经营,延伸景区产品产业链。

5. 创新性原则

景区产品创新既是对新产品的开发设计,也指对原有产品的更新与完善。随着经济的发展,人们的收入不断提高,旅游已发展到自主旅游阶段。自主旅游阶段的旅游者需求更加个性化、自主化和深度化,越来越多的旅游者希望旅游过程中有独一无二、印象深刻的体验内容。在自主旅游时代,人们因利益诉求、价值观念、生活选择不同,逐渐分化出不同圈层,形成了小范围或小圈子的个性化旅游需求,这种需求更深入、更独特,不同圈层的需求差异较大。这就要求旅游产品提供者必须根据目标市场中的需求特点进行市场细分,不断进行创新实践,升级产品内容和体系,提供满足旅游者需求的旅游产品。

(三) 景区旅游产品开发类型

随着经济发展水平的提升,旅游成为人们的一种生活方式,外出旅游不再随大流,更注重旅游产品的个性化,人们外出旅游的目的以满足休闲、度假、娱乐、求知、探险等不同层次的旅游需求为主,消费从"购买商品"向"购买体验"转变。随着人们旅游消费水平的升级和消费观念的转型以及旅行经验的日渐丰富,越来越多的旅游者愿意花费精力去体验旅游目的地更深层次的历史文化内涵和风土民情全貌,深入产品生产制作场景,体验生产制作过程。为满足旅游者对产品的需求,景区在产品开发中也需要突出深度体验、文旅融合、文化创意理念等要素。

1. 旅游体验产品开发

(1) 旅游体验的概念

美国学者 B. 约瑟夫·派恩和詹姆斯·H. 吉尔摩在《体验经济》一书中提出,体验是一个人达到情绪、体力、精神的某一特定水平时意识中产生的美好感觉,它具有互动性、不可替代性、深刻的烙印性等特点。每个消费者获得的体验结果都是独一无二的,体验过程不可复制、不可转让、稍纵即逝。从体验的本质来看,体验是"通过亲身实践来认识周围的事物"或"在实践中认识事物"。

随着消费者需求水平变化,体验的价值正在被人们认可,以"体验"为核心创造的新产品、新服务如雨后春笋般出现,并成为一种潮流,体验已成为驱动商业与经济发展的核心动力(图 5-3)。继《哈弗商业论坛》提出"体验式经济时代"已经来临之后,昭示经济发展进入一个新纪元:体验经济逐渐成为服务经济之后的又一个经济发展阶段。所谓体验经济,就是以服务为舞台、以商品为道具,通过感觉和记忆使消费者对某种事物或现象留下深刻印象或丰富感受的经济形态。科学技术的高速发展,使企业有能力提供众多的、别出心裁的体验,而处于激烈竞争中的企业不得不寻求新出路,追求产品的新卖点,企业从产品到商品再到服务,纷纷注入体验元素,这使得体验经济得以发展。

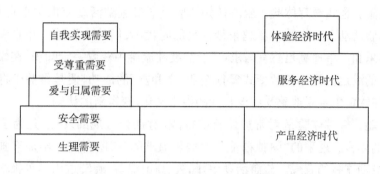

图5-3 需求层次与经济时代

伴随以追求个性、自身体验、自主选择为主要特征的自主旅游时代的到来,旅游企业也越来越关注旅游者的旅游体验,开发体验式旅游产品。关于旅游体验,谢彦君认为是"旅游个体通过与外部世界取得联系,从而改变其心理水平和调整其心理结构的过程,这个过程是旅游者心理和旅游对象相互作用的结果,是旅游者以追求旅游愉悦为目标的综合性体验"。郑向敏和王瑜认为,旅游体验是"旅游者在旅游景区游览过程中,以个性化的方式参与其中的事件,通过观赏、交往、模仿、消费等手段,在意识中产生美好感觉,从而感受到放松、变化、新奇、刺激等的心理快感"。

(2) 旅游体验的类型

谢彦君教授将旅游体验分为审美体验、补偿体验、逃避体验、认知体验和极端体验。

①审美体验。旅游审美体验有别于一般的审美体验,旅游活动本就是一种审美活动,旅游地通过对各种美学要素的集中表现和倾向性引导,让游客欣赏到自然美、文化美、民俗美、人文美。在旅游活动中,不同年龄、不同文化层次、不同兴趣的游客对美的体验层次和深度有所不同。因此,景区的旅游产品开发也存在层次的差异。浅层体验性产品只能满足旅游者视觉、嗅觉、味觉、触觉、运动觉、平衡觉等感官愉悦和舒畅;中层体验产品能让旅游者融入产品中,抒发自身情怀,获得一定知识;深层体验产品能让旅游者获得深刻的审美感悟,思考人生哲理,激发对生活的热情。比如,宁夏从2019年开始打造"星星的故乡"文旅主题项目,开发了以星空为主题的"沙漠星星酒店"和黄河、长城、草原等观星营地以及星空朗读大会、观星研学旅行等活动项目,即是一种深度体验产品。

②补偿体验。补偿性旅游体验是旅游者心理或生理处于结构失衡状态下而寻求化解的一种途径。比如当人们在日常生活与工作中处于高度紧张状态时,则会通过选择轻松的度假旅游方式来补偿这种失衡。补偿性旅游体验按照功能不同,又可以分为机能补偿体验、关系补偿体验和环境补偿体验。

③逃避体验。也叫超脱现实体验或遁世体验,这种体验产生于人们对现实生活的逃避,希望寻求一个理想的精神家园,暂时逃离眼前生活的苟且,享受诗与远方。在古代,文人士大夫们就曾开展过遁世旅游活动,比如魏晋时期的"竹林七贤",因对当时复杂的政治环境感

到无力与厌倦,于是选择与知己好友将情绪寄托于园林山水之中。当今,人们选择到陌生的环境中游山玩水,享受闲暇,暂时抛开日常烦恼,以达到释放压力、调节情绪的目的。

④认知体验。也叫教育体验。旅游认知体验是通过旅游活动获取关于自我、世界等方面的知识的体验活动。在物质生活越来越富足的时代,人们外出旅游时并非单纯地为了享受最浅显的娱乐和简单地满足感官需求,还会想要在旅游中获取一定知识、在娱乐中获得成长等精神层次的满足。比如长沙新式餐饮企业"文和友"的成功,便是得益于将文化融入餐饮中,让人们在饮食中直观地感受到老长沙的街市文化,获得新的认知。

⑤极端体验。极端体验是对常规体验的挑战,对社会常规的反叛,是为了追求解除束缚、复归原始的体验。尼采的"酒神精神"、西美尔追求的"冒险"体验、毕加索画作中的抽象表现等,都是极端体验的表现。旅游活动中,蹦极、高山滑雪、旋转过山车等极端体验产品受到了希望打破束缚的游客的热捧。极端体验在瞬间释放了束缚,获得了极度愉悦的快感。

(3) 旅游体验产品开发原则

①目标市场导向原则。景区产品要为了满足旅游者需求而开发,以目标市场的消费者需求为开发导向,最大限度地满足目标旅游群体的需求。

②参与性原则。旅游体验有感官愉悦体验、审美愉悦体验、求知愉悦体验、忘我愉悦体验等类型,这些体验均以旅游者参与活动为基础。景区旅游产品设计,首先应满足旅游者低层级的感官体验需求,设计能满足旅游者各个感官需求的综合性产品;其次,产品中应体现自然和人文等美学要素,使旅游者在活动中获得审美愉悦体验;再次,将娱乐与知识相结合,寓教于乐。总之,要使旅游者在旅游产品中获得超值体验,景区在产品设计中需要融合从初级到高级的体验元素,使旅游者在参与活动项目时产生心灵共鸣,获取身心全方位的愉悦。

③系统性原则。旅游者在旅游活动中的体验是一种整体体验,从外部因素来说,体验的整体性体现在游客对活动项目、物质产品、游览环境、工作人员的服务的感知等多个方面。从旅游者内部来看,体验的整体性体现在旅游体验包括了感官、审美、求知、忘我等多方面的体验。因此,景区在旅游体验产品开发时,首先要进行产品主题的提炼,然后围绕主题设计相应的物质环境和美学元素,使整个旅游景区成为一个统一协调的整体,将单个旅游活动项目用主脉络串联起来,让旅游者能在旅游活动中获取完整的旅游体验和较高的旅游愉悦感。

(4) 旅游体验产品开发步骤

①景区环境分析。景区环境分析包括对宏观环境进行政治、经济、社会、技术等分析(PEST 分析)和对微观环境进行优势、劣势、机会、威胁分析(SWOT 分析)。进行宏观环境分析能减少产品设计和经营的外部阻力,进行微观环境分析则有利于突出产品的优势,避免因区域市场饱和而带来的恶性竞争,提高景区产品的竞争力与吸引力。

②市场需求调查。成功的景区产品应能为旅游者带去他们想要的体验感,因此在产品开发之初,应对目标客源市场的消费者进行需求调查,了解旅游者想要什么、对什么感兴趣、什么样的产品最能打动旅游者。

③体验主题提炼。体验主题是整个景区的灵魂,可将景区零散的单个活动项目串联起来,赋予每个项目精神内涵,让项目间形成有意义的内在关系,最终为游客创造整体性旅游

体验,给游客留下难忘的旅游回忆。景区产品体验主题提炼时,第一要突出新颖性,避免与其他景区主题雷同,这样能更好地激发旅游者求新、求奇的旅游动机;第二要有一定的本土性,从本质上说,旅游是一种异地性活动,人们选择前往异地开展游览活动,在一定程度上是为了逃避惯常居住的生活环境、了解新的知识,具有本土性和地域特色的产品主题能更好地满足旅游者获取新知识的需要;第三要遵循可接受性原则,提炼的主题应是目标群体能接受的,是受众喜闻乐见的,比如"焰遇浏阳河"的主题更适合青年消费群体。

2. 文化旅游产品开发

(1) 文化旅游产品的概念

文化旅游产品是被旅游企业或相关组织开发出来的,以特定文化元素和文化主题作为核心吸引力,具有鲜明文化特色,供旅游者游览消费的产品。文化旅游产品具有鲜明的文化特征,它以文化作为产品的载体,通过建筑、文物等静态形式或文艺演出、文化娱乐等动态方式表达文化内涵。同时,文化旅游产品通过文化载体表达一定的精神要义或价值观念,文化旅游产品起着一定的文化传承作用。优秀的文化旅游产品既能满足旅游者感官上的审美愉悦体验,也能传递一定的文化精神。文化旅游产品是体验经济时代最具代表性的体验产品,文化旅游产品最大的特点是同时满足旅游者在感官与精神层次的需要。

(2) 文化旅游产品的基本类型

文化旅游产品的表现手法不一,表现形态也呈现出多样性。

①文化主题景区:在一定区域内依托某一种特定文化主题开发的文化旅游产品。文化主题景区可以是以某一种宗教文化主题呈现的道观、寺庙,是某一时代的古文化遗址,也可以是以某一文化主题开发的主题公园,例如西安秦始皇帝陵博物院、杭州宋城。

②历史文化街区:人类文明史上先人们日常生活场所的建筑遗存,通常是历史文化名城的有机组成部分,例如长沙的太平老街、武汉的户部巷。

③创意文化园(街):在特定地理区域围绕某一文化主题人为开发出来的有一定产业规模的特色文化产品。创意文化园区是集生产、交易、休闲、居住为一体的多功能园区,它推崇创新及创造,强调文化艺术对经济的推动作用。近年来,创意文化园区越来越受到游客的喜爱,例如纽约的苏荷艺术区、南京的1912街区。

④节庆文化类文化旅游产品:通过节日或固定庆祝活动形式,向人们展示某种特定文化或人文精神的旅游产品形式,包括特定的文化仪式、文艺活动、异域情调的习俗等,例如潍坊国际风筝节、曲阜国际孔子文化节。

⑤演出类文化旅游产品:以当地特色文化为依托,以演艺作品为表现形式的旅游产品。近些年,随着人们旅游体验需求的不断提升,旅游演出类产品成为各景区重要的产品类型,例如桂林的《印象·刘三姐》、张家界的《遇见大庸》沉浸式演绎秀。

⑥文化故事类产品:将人文故事与自然景观以及自然界的动植物相结合,赋予天地日月、江河湖海、花草树木、鸟兽鱼虫等情感、意趣和精神品格,例如华山的"劈山救母石"、张家界天子山的"采药老人"。

(3) 文化旅游产品的开发原则

①突出个性化文化主题。在某一区域内,通常存在不同民族、不同时代、不同宗教、不同层次的文化,不同类型的文化又有不同的外在物质表现形式。在景区旅游产品的开发中,要选择特定区域内最具个性的文化进行表达,并将能够正确表达个性文化主题的物质产品进行加工、宣传、推广。文化主题特色越鲜明、越独特,对于旅游者的吸引力将越大。

②符合目标市场需求。旅游产品开发最终目的是要旅游者接受该产品并愿意为此买单,在文化旅游产品开发中不能仅注重个性化,这种个性化应是目标市场愿意接受的个性化文化。例如,曾在民俗文化村流行的"坐花轿"类产品,因缺少婚俗文化氛围,消费者的接受度不高,最终没落。

③彰显主流文化价值。文化旅游产品具有一定精神寄托意义和教育意义,比如宗教文化产品能够为旅游者提供精神家园的意义,革命圣地肩负着爱国主义教育意义。因此,在景区文化旅游产品开发时,应避免选择文化糟粕类展现主题。

④突显产品的深度体验性。文化产品的魅力在于能让人们产生精神上的共鸣,而精神共鸣的产生需要深度体验产品作为桥梁。体验性产品既有浅层次的感官愉悦类,也有深层次的忘我愉悦类,旅游文化产品如果想要触及旅游者的灵魂,让旅游者产生内心共鸣,就需要加强产品中的参与元素,让旅游者在活动项目的深度参与中获得精神的愉悦感。比如南岳衡山有着寿岳之称,"寿"文化底蕴深厚,但现有的万寿广场、万寿鼎等"寿"文化产品尚处在能满足旅游者感官愉悦的初级阶段,还缺乏游客深度参与的体验性产品,所以南岳的"寿"文化品牌对旅游者的影响力有限。

(4) 文化旅游产品的开发步骤

①挖掘文化旅游资源内涵。挖掘文化旅游资源内涵是文化旅游产品设计的前提,旅游景区在挖掘整理当地文化资源的基础上,梳理资源文化脉络,提炼出最能表达当地文化特色且有一定价值的文化主题,围绕核心文化主题重塑文化产品和品牌形象。

②打造多种表达形式的文化旅游产品。文化旅游产品的打造,既包括对遗失于现实生活但存在于典籍中的具有开发价值的非物质文化资源进行整理与呈现,也包括对已经开发利用的文化产品进行创新性开发。景区在文化旅游产品打造时应从观览、参与体验、知识教化等多个角度进行设计,突出产品异时、异地的文化风格和独特的文化主题。在文化产品的展现形式上,对于物态文化,侧重于借助可视动态文化载体进行"全方位"展示;对于文化精神,侧重于互动价值的充分利用;对于情感文化,侧重于营造氛围,强调游客的心境体验。

③加强文化旅游产品的情感营销。旅游产品的情感营销是从旅游者的情感需要出发,唤起和激发消费者的情感需要,诱导旅游者心灵上的共鸣。例如黑龙江旅游局在冰雪旅游产品推广中,虚构了一个有关冰雪的人生故事,将五个重要的人生节点——儿童、少年、青年、壮年、老年中发生的重要事件,结合黑龙江的冬日风光,还原成五个与冰雪相结合的人生场景,简单的故事,简单的布景,传递的却是黑龙江冬天的温馨,"时间走得飞快,一辈子显得太短""黑龙江不仅有冰天雪地,还有太多的回忆"迅速引发受众的情感共鸣。

3. 旅游融合产品开发

（1）旅游融合的概念

旅游融合主要指在政府引导、企业主导、金融支持、市场运作、社会参与的背景下，将农业资源、工业资源、文化资源、商业资源、教育资源、医疗资源等与旅游业结合，实现旅游业与其他行业的创新融合发展，开发出更多精细化、差异化的研学游、文体游、乡村游、海洋游、康养游等新业态产品，延伸产业链，创造产业新价值。例如，腾讯巧用互联网思维，借势故宫强大的流量，并整合"穿越"及"说唱"等新兴内容，推出"贱萌的复古"风格的《穿越故宫来看你》H5，视频上线第一天访问量就突破了300万，实现了现象级推广效果。

（2）旅游融合产品的类型

①教文旅融合产品。主要指研学旅行产品，目前市场上的研学产品主要有游学类研学和营地类研学。游学类研学旅行以参观、学习和交流为目的，以"游"为核心，注重旅途的体验，营地类研学旅行包括各类人文艺术、科技文化以及军事体育等主题式营地教育产品。随着人们生活品质的提升，教育方式不断多元化，研学旅行有机衔接了理论学习与课外实践、课堂教学与旅行体验，将学习融入旅行体验中，将知识融入游戏活动中，越来越受到学校、家长、学生的认可。据携程官方发布的"2021暑假旅游大数据报告"显示，休闲亲子游、研学旅行成为暑假定制游的主力。

②农文旅融合产品。农文旅融合产品是指以区域农业优势和乡村特色文化为依托，开发的集农业生产、农事体验于一体，融合农业文明、园艺展示、人文价值、生活趣味等文化元素，实现科学素养教育、旅游休闲娱乐等目的的产品形式。通过"农业＋文化＋旅游""农业＋康养＋旅游"等模式的农文旅融合产品开发，形成了独具特色的乡村旅游体验新业态，促进农业与第三产业的深度融合。

③商文旅融合产品。商文旅是指融合购物、服务、休闲、健身、文化、社交等功能于一体的产品形式，这种新业态是商业业态的新拓展，丰富了人们的休闲方式，满足了人们的多样化消费需求。

④医（康）养旅融合产品。医（康）养旅是指在气候适宜、生态环境优良、自然资源丰富的区域开发的健康休闲、疗养度假型旅游产品。医（康）养旅游是人们在物质条件已经满足的条件下，衍生出的精神层面的深度体验与享受，是通过养颜健康、营养膳食、修心养性、关爱环境等各种形式，使人在身体、心智和精神上都能达到和谐的优良状态的旅游活动。现有医（康）养旅游融合产品主要有文化养生、旅居养生、运动养生、饮食养生、医疗养生、生理美容养生、休闲养生、生态养生等8种类型。

（3）旅游融合产品开发方法

①教文旅融合产品开发。影响教文旅产品质量的关键因素：一是研学课程，二是研学服务。因此，在产品开发时，首先要开发合适的研学课程，课程是能否实现研学目的的关键，景区应深挖当地自然与文化资源特色，针对目标市场需求，开发出集趣味性、教育性于一体的研学产品；其次要培养称职的研学导师，景区可采取内部培养导师和与所在地科研院校合作组建研学导师的方式，建设研学导师队伍，确保为研学者提供优质的研学服务。

②农文旅融合产品开发。农村景致、农业文化遍地皆是,农文旅融合产品要想对游客产生吸引力,在开发时,第一要融入职业体验,让游客有机会在农事活动中体验耕种者、厨师等角色,让旅游者在亲身参与农业活动与农业耕作中收获知识;第二要设计一定的民俗文化及风俗民情活动项目,让旅游者在轻松愉悦的娱乐中得到精神的放松。

③商文旅融合产品开发。商文旅融合产品开发要以区域特色商业为要素,在商业中植入文化与休闲内容。商文旅产品开发时,第一步要凝练文化内涵,讲好产品故事;第二步要加强主题宣传策划,明确适当的主题。

④医(康)养旅融合产品开发。应围绕"健康中国"战略,利用地方自然环境与疗养资源优势,开发出"养生、养心、养性、养颜、养老"等功能产品。康养旅游产品开发时,首先要筛选优势的康养资源。康养旅游产品对环境的依赖度相对较高,拥有优势资源是康养旅游产品开发成功的关键。其次要打造符合市场需要的特色康养旅游产品。随着物质水平的提高,人们的康养需求日渐旺盛,当前康养产品遍地皆是,人们在家门口便能实现康养的目的,不一定要选择外出旅游的方式,除非某地的康养旅游产品特色鲜明,能起到更好的疗效。

◇ 案例分析

不一样的炭河古城

炭河古城位于湖南省长沙市宁乡市黄材镇,因炭河里遗址而修建的中国首个周文化主题公园,也是中国最大的周文化主题公园。景区内有演艺炭河、科技炭河、文化炭河和游乐炭河四个玩赏主题区。

第一,演艺炭河。该部分由炭河千古情、西周王宫区、编钟乐舞、兵事殿、妲己魅惑、彩楼抛绣球、褒姒沐浴等主题组成。园区倾力打造的大型歌舞《炭河千古情》,以西周王朝灿烂的历史文化为背景,以国之重器"四羊方尊"的传奇故事为主线,再现了三千年前的一场爱恨情仇。《炭河千古情》分为《在河之洲》《炭河绝恋》《妲己艳舞》《牧野之战》《爱在宁乡》等幕,演出运用先进的声、光、电等科技手段和舞台机械,数百位演员在水、陆、空三维立体空间倾情演绎,唱响了一曲感天动地的炭河千古传奇。西周王宫区依据《考工记》记载形制营造,主体建筑包括主宫殿、祖庙、社稷坛、贵族府邸、兵事殿、青羊池等,还原了一座三千年前简朴庄严的宫殿。编钟乐舞因其典雅雍容、充满中正平和之气,又称"雅乐",是西周最具代表性的表演形式,在铿锵悠远的西周雅乐中,观众能欣赏到青铜王国的文化盛宴和礼乐文明的黄钟大吕。兵事殿展示了周代各式各样的兵器武备,在这里观众不仅能了解到西周时期的战法与战器,还可在虚拟漫游技术下体验硝烟弥漫的牧野之战、周公东征、烽火戏诸侯等著名战役的战争场景,驰骋商周,指点江山。妲己魅惑能让观众感受到纣王荒淫无度,因被苏妲己所迷惑最终导致商王朝走向终结的覆亡之路。彩楼抛绣球是炭河古城经典的民俗活动之一,表演以一种轻松幽默、诙谐互动的形式,再现古代婚礼的魅力。褒姒沐浴展现了周幽王爱妃褒姒美人出水、芙蓉映波,如洛神下凡。

第二,科技炭河。科技炭河包括西周风情电影馆、姜太公呼风唤雨法术馆、太子阴魂听音室、妲己幽灵鬼屋和后宫体验馆。西周风情电影馆通过高科技手段把西周风情重新复活,在近200平方米的幕布上动态画卷徐徐展开,近千名形态各异的人,通过动态环境的组合,将繁忙的街贸、喧闹的市井、祥和的宅院以及昼夜的交替表现得惟妙惟肖,展现了当年西周的都市情景。姜太公呼风唤雨法术馆以公元前1046年周武王伐商联军与商纣王大军在牧野大战为背景,重现当年姜太公祈风求雨的震撼情景,给人以身临其境之感。太子阴魂听音室展示的是周文王长子伯邑考被纣王和妲己所害,含冤而死,尔后伯邑考阴魂不散,纣王与妲己终日被冤魂哭声折磨得心神不宁的故事场景。妲己幽灵鬼屋展示纣王兵败后自焚而死,作恶多端的妲己则在寝宫内上吊自尽,妲己死后,心有不甘,鬼魂四处游荡,打开鬼屋沉沉的木门,透着远古幽深的气息,惊悚之意阵阵袭来。后宫体验馆内有美女沐浴的偷窥墙、会自动奏乐的琴房、倒不下来的书架、稀奇古怪的魔幻镜等,让人大开眼界的同时,体验光怪陆离的后宫生活。

第三,文化炭河。文化炭河包括西周皇帝长廊、祭祀广场、社火广场三个部分。周朝分为"西周"(前1046年—前771年)与"东周"(前770年—前256年)两个时期,西周由周武王姬发创建,定都镐京;公元前770年,平王东迁,定都洛邑,此段时期称为东周,整个周朝传30代37王,共计约791年(另有说法为868年),是中国历史上时间最长、君王最多的朝代。西周皇帝长廊主要展示了西周时期著名的历史人物,如周文王、周武王、姜尚、周公、周穆王等,此处能一览西周名人,感受风云际会。祭祀广场是景区举办重要节庆活动以及各种盛典的主要场所,祭祀是周礼中最为隆重的典制,祭祀对象分为三类:天神、地祇、人鬼。华夏民族通过祭祀活动,寄托着国泰民安、风调雨顺的美好祈愿,也彰显着尊祖敬宗、缅怀先辈的道德情怀。社火广场是景区举办各类型民俗主题活动的主场地,社火作为最古老的风俗,来源于古人对土地与火的崇拜,是远古时期巫术和图腾崇拜的产物,意在祈求风调雨顺、五谷丰登、国泰民安、万事如意。

第四,游乐炭河。游乐炭河由戏水游乐区和土菜馆组成。戏水游乐区设有水上秋千、浮桥、独木桥、吊环桥、绳桥等多达十数种水上游乐设备,让游客尽享泼水、戏水、亲水的欢乐时光。土菜馆网罗了湖南各地的湖湘美食以及长沙名菜,让游客以食会友,快意人生。

(资料来源:根据炭河古城官网资料整理)

问题讨论:

炭河古城景区采取了哪些创新产品开发形式?

第二节 遗产型景区产品开发与管理

◇ **案例导入**

海南非遗——融入现代生活 焕发旅游魅力

依托海南传统技艺黎锦、苗绣,传统戏剧琼剧、公仔戏,传统美术椰雕、木雕等丰富的非遗资源,近年来,海南非遗以研学、旅游、直播、文创等全新姿态融入现代生活,展示非遗和当代生活相融的魅力,不仅成为海南旅游的一大亮点,也让非遗传承"见人见物见生活"。

非遗旅游有味道

"感觉海南琼剧特别有意思,虽然听不懂,但旁边的字幕帮上了大忙,太精彩了!"来自湖南的张丽无意间"邂逅"到海南琼剧,便被其独特的舞美、唱腔吸引。她说,外出旅游,除了山海景致等不同,探寻当地那些具有"烟火气"的生活,可以说是旅途中最大的收获。如今,非遗不仅在逐渐"年轻化",还在逐步"日常化"。许多细心的市民和游客发现,在海南酒店和景区,身穿黎苗民族服饰的工作人员越来越多,成为一道靓丽的风景线。而竹竿舞早已被列入日常互动节目当中。而乡村旅游,也逐渐增加独具特色的沉浸式非遗体验。前不久,在做好疫情防控前提下,海南琼中云湖乡村旅游区举办了"久久不见久久见——2021年海南(琼中)乡村民歌音乐会",让人们领略到了海南民歌的魅力。崖州民歌、儋州调声、黎族民歌、临高渔歌等国家级非物质文化遗产大放异彩。与一般音乐会不同,当晚乡村音乐会的歌者来自海南民间,他们放下锄头拿起了话筒,收起渔网就连上了互联网,用别具一格的方式为大家奉献了一场海南民歌的视听展演。从景区到酒店,从都市到乡村,极具地方特色的非遗项目为旅游者带来"独家记忆"。同时,越来越多综艺节目到海南取景时也不约而同将镜头转向了海南非遗。通过综艺"种草",人们发现原来除了阳光海浪,带着浓厚历史印记的海南非遗旅游还可以这么好玩!

非遗项目进景区

"一个动作代表一个图腾,真的这么神奇吗?"在海南槟榔谷黎苗文化旅游区内,孩子们正跟随黎族演员学习叮咚舞,了解黎族崇拜的大力神、龟、牛蛙等吉祥物的寓意。在这里,黎族纺染织绣技艺、钻木取火、黎族打柴舞、黎族原始制陶技艺等10项国家级非物质文化遗产项目得以集中展示,成为海南非遗研学的一扇重要窗口。海南槟榔谷黎苗文化旅游发展有限公司副总经理陈国东表示,景区近年来将非遗研学作为重点项目开发,以民族文化旅游资源优势为核心,不断拓展基地"产、学、研"配套设施,打造全链接沉浸式体验,让游客近距离感受海南非遗的魅力。陈国东介绍,槟榔谷还将联合周边的市县,进一步完善和扩展非遗研学线路。陵水椰田古寨黎苗文化旅游区将海南少数民族原始生存文化、歌舞文化、婚礼习俗等搬上景区"古寨剧场"的舞台,这场名为《高哒莱》("高哒莱"源于黎族语言中"好久不见"的意思)的舞台剧是了解海南生活文化、人文风俗最直观、震撼的沉浸式体验。该剧目自推出以来好评如潮。景区负责人表示,《高哒莱》由海南省民族歌舞团和椰田古寨黎苗文化旅游区联袂出品,是景区的一次成功探索。演出将黎锦、八音竹木乐器、打柴舞等海南非物质文化遗产融入其中,集聚黎苗歌舞艺术精华,让观众在领略海南独有的黎苗民俗风情的同时,了解海南非物质文化遗产。

(资料来源:节选自2021年08月06日中华人民共和国文化和旅游部官网发布的文章《海南非遗:融入现代生活 焕发旅游魅力》)

一、历史人文景观类景区产品开发与管理

在地理学中,景观一般指地球表面各种地理现象的综合体,可以分为自然景观和文化景

观两大类。历史人文景观是人类在地表上活动的产物,是人类活动所造成的景观,反映文化体系的特征和一个地区的地理特征。历史人文景观是旅游景区中非常重要的组成部分,其涵盖范围广、内容丰富,主要的历史人文景观有历史文化遗址、红色文化遗址、人类聚落村、博物馆等。

(一) 历史文化遗产景区旅游产品开发与管理

1. 历史文化遗产概述

历史文化遗产是一种重要的文化资源,具有历史、科学、社会、艺术、文化等多方面价值,特色鲜明,表现形式多样。

(1) 历史文化遗产的特征

历史文化遗产是经过多年历史沉淀,在一定空间地域上形成的物质或精神文明,通常表现出以下特征:

①功能性。不管是残破的还是完好的文化景观对人类社会都曾具有一定功能价值。例如:城市雕塑具有美学享受功能;烽火台可以传递信息;寺庙是宗教活动的场所。

②空间性。任何文化遗址景观都占据一定的空间,不同文化景观占据的空间大小不一,甚至相差很大,同类文化景观彼此也可能相差很大。此外,每个文化景观所处的空间位置是相对固定的,由于空间的固定性,不同地区历史文化景观表现出相对稳定的文化差异,比如西北的窑洞与南方的吊脚楼。

③时代性。每个历史文化遗址景观都是特定时代的产物,必然带有创造或生产它的那个时代的特点,比如北京的居庸关,历史上是长城沿线的重要关隘,是军事功能的文化景观。

④物质性。物质文化景观是在大自然提供的物质基础上创造出来的那些看得见、摸得着的文化凝聚物,与人类的生产、生活是密切相关的,如农田、道路、城市、乡村、建筑、园林等,其主要的特征是可视性。比如在云南西双版纳林海中的傣家村落,竹楼是当地典型的建筑形式,竹楼的材料和结构既反映了当地的自然环境,也记录了建筑技术水平。

⑤非物质性。精神文化景观是在客观物质环境的作用下由人的文化行为所创造的虽看不见、却可以感知的文化创造物,如语言、法律、道德、宗教、价值观、某些艺术等。比如乐器编钟反映了古代人们对音乐的审美情趣。

(2) 历史文化遗产的类型

联合国教科文组织《保护世界文化和自然遗产公约》规定,历史文化遗产包括有形和无形的遗产,无形的遗产包括口头遗产类、表演艺术类、社会实践类、传统知识类、文化空间类、宗教节庆类、传统手工艺技能类等七类。有形的文化遗产主要有以下三种:

①文物类。从历史、艺术或科学角度看,具有突出、普遍价值的建筑物、雕刻和绘画,具有考古意义的成分或结构,如铭文、洞穴、遗迹遗存及各类文物的综合体。

②建筑群。从历史、艺术或科学角度看,因其建筑的形式、同一性及其在景观中的地位,具有突出、普遍价值的单独或相互联系的建筑群。

③遗址类。从历史、美学、人种学或人类学角度看,具有突出、普遍价值的人造工程或人

与自然的共同杰作以及考古遗址地带。遗址是古代人类的建筑废墟以及古代人类对自然环境改造利用后遗留下来的痕迹,如民居、村落、都城、宫殿、官署、寺庙、作坊等。由于自然和人为的因素,这些遗迹大多湮没埋藏于地下,少数在地面上残存一些高台殿基或残垣断壁,有的则沦为废墟。历史文化遗址又可分为六种类型:皇家建筑遗址,如故宫;古代建筑或工程遗址,如都江堰;古代园林遗址,如苏州园林;宗教教堂庙宇洞穴遗址,如云冈石窟;考古遗址,如三星堆遗址;工业遗址,如长沙铜官窑遗址。

2. 景区旅游产品开发与管理

(1) 坚持保护性开发

历史文化遗产型景区与一般意义上的景区最大区别在于旅游吸引物属于遗产型资源,是历史上遗留下来的宝贵财富,这决定了景区的独特性、不可再生性、不可替代性。因此,文化遗产型景区是以保护为前提的开发。同时,开发是为了更好的保护,通过旅游产品开发,为游客提供游览价值,实现经济效益,从而获得更多的保护费用。

(2) 注重体现遗产中的特色文化气息

特色文化是吸引游客前往游玩的关键因素,文化遗产景区在开发中要深刻挖掘文脉,确保景区的特色,同时,还要有序挖掘历史遗存,围绕文脉开发建设最具代表性的活动项目。

(3) 加强文化遗产型旅游产品的娱乐性表达

目前,文化遗产型景区多以观光和文化表演型产品为主,这种产品形式能让游客进入初级游乐状态,但不能让游客达到忘我的娱乐层次。利用高科技手段或历史情境再现等方式,营造遗产所处历史时空氛围,让游客能深度参与活动项目之中,使游客在动态娱乐中感受文化,增强游客对文化产品的体验质量。

(4) 加强文化遗产保护的宣传工作

历史文化遗产是历史上人类活动遗留的物质产物,是一定区域内文化旅游发展的基础,文化遗产一旦被破坏,就可能会失去其文化和游览价值。因此,当地文化主管部门应加强对保护文化遗址重要性的宣传,使当地居民意识到文化遗址的文化、经济价值,树立保护意识,自觉加入文化遗产保护行动之中。

(5) 加强政府主管部门的监督管理

完善文化遗产保护的地方法律法规,在"有法可依"的基础上推进文化遗产保护工作;同时,编制历史文化遗产规划,在文化遗产景区开发中,做到有规划可依,杜绝乱建乱拆现象,坚持科学开发,实现合理开发。

(6) 加强游客行为管理

文化遗产被开发之后,游客的游览行为有可能会对遗产产生一定破坏性,比如某时段内超负荷量接待游客会对文化遗产造成负面影响,另外游客在景区内乱刻乱画、攀爬、踩踏等不文明游览行为也会对文化遗产产生破坏。因此,文化遗产景区应加强游客流量管理和游客不文明行为管理,避免因旅游开发给文化遗产造成不可逆性破坏。

(二) 红色旅游景区产品开发与管理

1. 红色旅游景区概述

(1) 红色旅游的概念

红色景区是具有现代中国特色的历史人文景观。"红色"的概念来源于苏联的"红军"。红色旅游则是我国近年来提出的专有名词,红色旅游是当代对红色精神文化、教育和经济的创新。

国家发改委制定的《2004—2010年全国红色旅游发展规划纲要》中将红色旅游界定为:以中国共产党领导人民在革命和战争时期建树丰功伟绩所形成的纪念地、标志物为载体,以其所承载的革命历史、革命事迹和革命精神为内涵,组织接待旅游者开展缅怀学习、参观游览的主体性旅游活动。《2011—2015年全国红色旅游发展规划纲要》将1840年以来中国大地上发生的以爱国主义和革命传统精神为主题、有代表性的重大事件和重要人物的历史文化遗存纳入红色旅游发展范围。红色旅游既能服务于物质文明建设,通过旅游开发产生经济效益,也能服务于精神文明建设,其历史精神内涵是思想政治教育的有效载体。

红色旅游是我国特有的主题性旅游活动,严格来说,国外并没有"红色旅游"一说,国外与红色旅游相类似的叫黑色旅游,国家标准《旅游业基础术语》(GB/T 16766—2017)中将黑色旅游界定为"到访一些特殊纪念地的旅游,这些纪念地以前发生过悲剧事件或历史上著名的死亡事件,且这些事件至今仍然影响着我们的社会生活"。

(2) 红色旅游产品的类型

①革命传统和爱国主义教育型产品。体现国家精神和国家历史进程,以激发爱国主义情感功能为主,如中共一大会址、延安革命纪念馆、抗日纪念馆。

②历史事件产品。将反映国家历史上重大事件的遗址地建设而成的旅游产品,比如古田会议会址、淮海战役纪念馆。

③历史人物类产品。将为国家和民族的解放事业做出过突出贡献、能代表国家精神、具有划时代意义的名人的故居、墓园等建成的纪念类产品,如宋庆龄故居、毛泽东故居。

④主题教育类产品。以爱国主义教育为主的主题产品,比如中国国家博物馆、中国科技馆。

⑤历史怀旧产品。重大历史事件发生地等,比如滑铁卢的发生地。

⑥主题教育类产品。以爱国主义教育为主的产品,比如中国国家博物馆。

2. 景区旅游产品开发与管理

(1) 提升红色文化旅游产品品位

整合红色旅游资源,深入挖掘红色资源中的文化内涵,集中塑造景区红色文化符号,强化红色旅游产品卖点,通过红色情感认同吸引游客。

(2) 提高红色文化旅游产品的参与性

目前的红色文化产品多为观光型产品,游客以参观图片或物件、听讲解员讲解等体验方式为主,活动项目缺乏情境性,游览完景区后,游客通常不能产生情感共鸣。利用数字技术,开发表演、场景重塑等类型的红色文化产品,加强游客在红色旅游中的参与性,提升游客的体验感,实现爱国主义文化移情教育。

(3) 加强景区红色文化旅游产品宣传力度

加强红色文化旅游产品宣传,可依托先进的互联网技术,拍摄主题视频进行红色景区旅游产品宣传。同时,开展线上"5G+VR"等红色文化直播互动方式,让红色文化产品由"静"到"动"地被人们所接受。

(4) 加强景区红色环境管理

不和谐的标识牌、不合时宜的红色文化呈现物等会对红色环境的严肃性和完整性造成破坏,加强红色文化环境营造,从红色文化表现内容与表现形式上加强主流价值观和历史观管理,确保产品红色主题严肃性。

(5) 充分发挥政府在红色景区管理中的主导作用

红色景区除了有旅游方面的经济价值,更有精神方面的教育价值。但红色景区常处于偏远地区,要充分发挥红色景区的经济和教育价值需要政府在经济上给予支持,引导红色景区健康有序发展。

二、自然景观类景区产品开发与管理

(一) 森林公园景区旅游产品开发与管理

1. 森林公园景区概述

不同的气候、复杂的地面和不同的水热组合条件,孕育出了山岳森林型、海滨森林型、沙漠森林型、冰川森林型、溶洞森林型、火山迹地森林型、森林湖泊型、森林草原型、热带雨林型等景象万千、风格各异的陆地生态系统森林景观和丰富的动植物资源。随着人类社会的不断发展、城市的膨胀和用地的紧张,森林覆盖面正在大量减少,森林公园的出现在一定程度上起到了保护森林的作用。对于森林公园的概念,学术界并未形成统一认识,目前比较公认的森林公园定义是1999年《中国森林公园风景资源质量等级评定》中做出的界定:森林公园是具有一定规模和质量的森林风景资源和环境条件,可以开展森林旅游,并按照法定程序申报批准的森林区域。这个概念明确了森林公园应具备的四个基本条件:第一,具有一定面积和界限的区域范围;第二,有相对稳定的森林生态系统,有良好的森林环境;第三,该区域有一定数量和质量的自然景观,具有一定旅游开发价值;第四,必须经由法定程序申报和批准。

森林公园起源于中世纪的欧洲,当时的森林公园是皇室拥有的大面积的原始林地和狩猎区,林地内的各种植物都受到保护,除森林公园内单独辟出的狩猎区外其他地方不允许狩猎,林地内有少量居民定居。1872年,美国建立黄石国家公园,这是世界上第一个国家公园。为防止林地的继续减少,20世纪以来很多国家陆续建立森林公园,并为森林公园专门立法，以各种政策和经济手段保护森林。我国第一个国家森林公园是1982年建立的湖南省张家界国家森林公园，之后我国逐渐形成了以国家森林公园为骨干的国家、省级、市（县级）相结合的全国森林公园发展框架。森林公园的建立与发展，有效保护了我国多样化的森林景观，促进了国家生态环境建设，同时为丰富社会文化生活和满足人们休闲度假、观光旅游、回归自然等精神娱乐需求提供了理想场所。截至2019年，我国共有森林公园数量达3594处，其中国家级森林公园897处（见图5-4）。国家级森林公园是我国自然保护地体系中的重要组成部分，是普及自然知识、传播生态文明理念的重要阵地，也是森林生态旅游的重要载体。据初步测算，2019年国家级森林公园接待游客量超过10亿人次，旅游收入超1000亿元，其中近1/3的森林公园免费向公众开放，服务游客近3亿人次（见图5-5和图5-6）。

图5-4　2010—2019年中国森林公园数量

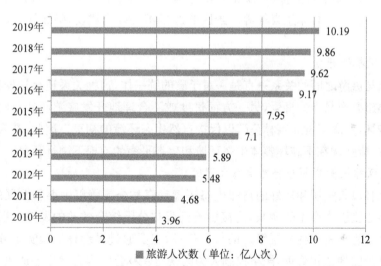

图5-5　2010—2019年中国森林公园旅游人次数

图 5-6　2010—2019 年中国森林公园旅游收入

2.景区旅游产品开发与管理

(1)结合资源优势与生态环境特色开发适合的旅游产品

森林公园是十分受人们喜爱的一种休闲旅游景区,观光、骑马、野营、垂钓、溯溪等是人们在森林公园中从事的主要娱乐休闲活动。森林公园根据自身的资源特色,可选择性开发观光游览、休闲度假、游憩娱乐、康养保健、探险狩猎或科普教育等类型的旅游产品,为旅游者提供类型丰富的森林旅游产品。在森林公园景区旅游产品开发中,还要注意与感官愉悦体验、审美愉悦体验、求知愉悦体验、忘我愉悦体验等类型产品相结合,强化游客的体验感,提高游客的重游意愿。

(2)完善景区内的旅游设施

森林公园中的旅游设施通常包括以下类型:森林步行通道,森林行车道路,森林小屋,宿营地,观光、垂钓、狩猎、划船等场所及相关设施,游客服务中心与纪念品商店,景区内导识标志与导览图,公共卫生间,休憩桌椅等。景区要加强相关设施建设,确保旅游设施完善且分布合理。

(3)坚持保护性开发

森林公园与旅游之间的关系一直是一对矛盾的统一体,这种关系还会长期存在,一方面人们对森林类旅游产品十分喜爱,另一方面过度或不合理地开发旅游产品会使森林公园的生态环境被破坏,背离了设立森林公园以保护自然生态环境的初衷。因此,在森林公园的旅游产品开发中,应强调在不破坏整体生态环境和生态平衡的前提下进行开发。

(4)加强森林风景资源与自然生态环境管理

丰富的森林风景资源和良好的自然生态环境是森林公园赖以生存和发展的基础,是森林旅游产品核心吸引力产生的源泉,直接影响到森林公园综合效益的发挥。森林风景资源和自然生态环境管理是森林公园管理的首要任务,主要通过对森林公园实施分区管理来实现。强化森林公园规范化管理,严格控制人为因素对森林公园内自然生态原真性、完整性的干扰。

(5)加强行政与旅游服务管理

行政与旅游服务管理是森林公园能否获得进一步发展的决定性因素,必须依靠健全的制度来实现。加强森林公园的行政管理,应在旅游开发之前对索道、滑雪场、宗教建筑、水库等可能造成森林资源大量破坏的项目组织有关部门和专家进行必要性、可行性和合法性论证,不符合开发条件的项目一律杜绝开发。其次,加强森林公园的日常管理,建立森林公园尤其是国家级森林公园的淘汰退出机制,将不能发挥主体功能甚至造成资源严重破坏性损害的国家级森林公园淘汰出体系。

(6) 加强公园内居民生产生活管理

加强对森林公园内和周边居民生产生活的管理,采取积极措施引导居民合理地为旅游者提供有关的旅游服务,帮助居民提高生产生活水平,引导当地居民树立保护森林公园资源和维护森林公园环境的意识。

(7) 加强旅游者行为管理

人们在森林公园内开展的观光游览、休闲度假、康养美容、野营健身、探险、科考等旅游活动都是以自然环境为依托,以森林资源为基础的。人们在森林公园内开展活动时,乱刻乱画、随意丢弃垃圾等不良行为会对环境造成负面影响,破坏森林资源的原真性与完整性,从而使森林公园景区失去生态功能。所以景区应采取相应措施,加强对游客环境行为的管理。

(二) 地质公园景区旅游产品开发与管理

1. 地质公园景区概述

地质遗迹是地质时期由于内外力的地质作用形成的具有典型特征的地质现象或地质景观,是地球46亿年演化过程中留下的不可再生的自然遗产。地质遗迹及其所构成的地质环境是自然生态环境极其重要的组成部分,对人类社会和文明的发展有着深刻影响,正确认识和保护性利用地质遗迹是人类社会可持续发展的重要组成部分。

地质公园是以具有特殊地质科学意义,稀有的自然属性、较高的美学观赏价值,具有一定规模和分布范围的地质遗迹景观为主体,并融合其他自然景观和人文景观而构成的一种特殊的自然区域,是以保护地质遗迹、开展科学旅游、普及地球科学知识、促进地方经济文化和自然环境可持续发展为宗旨而建立的一种公园形态。1999年4月,联合国教科文组织常务委员会在巴黎召开的第156次会议上提出了创建世界地质公园计划,计划每年建立20个,一共在全球建立500个世界地质公园,并建立全球地质遗迹保护网络,将重要的地质环境作为各个地区可持续发展战略中不可分割的一部分予以保护。世界上许多国家对联合国教科文组织的世界地质公园计划表示了极大关注,我国也对此计划做出了积极响应。2000年,中国国土资源部制定了《全国地质遗迹保护规划(2001—2010)》和《国家地质公园总体规划工作指南》;2001年,国土资源部成立了国家地质遗迹保护(地质公园)领导小组和国家地质遗迹(地质公园)评审委员会,并参照世界地质公园的标准,制定了国家地质公园评选办法等系列文件。此后,我国逐渐形成了世界级、国家级、省级、市(县)级地质公园保护体系。截至2020年,中国已有41处地质公园进入联合国教科文组织世界地质公园网络名录,正式命名国家地质公园219处,授予国家地质公园资格56处,批准建立省级地质公园300余处。

2. 景区旅游产品开发与管理

(1) 整合地质资源，开发多类型的体验式产品

地质公园是供游客游览的旅游目的地，应该要有完整的旅游产品体系来满足游客的需求，地质公园在旅游产品开发中，既要体现科普教育功能，也要打造相应的文化旅游产品。在地质公园的旅游产品体系中，科学性是基础，产品的娱乐性和文化性是地质公园实现旅游价值的生命。传统的地质类旅游产品多是静态产品，缺乏娱乐趣味性和深度体验性，对游客的吸引力不大，为满足当代游客需求，需要将地质知识动态化，将现代科学技术运用到地质产品开发中，使游客实现时空的"穿越"，利用故事演绎等方式，让游客置身于相应的地质时代，直观感受到各地质时期的形成。

(2) 编制开发计划，完善地质公园建设规划

地质公园景区开发不合理主要原因是景区缺乏开发规划，开发速度过快，景区的部分区域后勤建设和保护跟不上节奏，从而对地质环境产生破坏。这种不合理开发首先体现在建筑设施不合理，部分景区为了满足旅游接待需要，在景区内违规建设住宿、餐饮等接待设施，对地质生态环境造成破坏；其次表现在对地质剖面等地质遗迹的不合理利用，如将指示牌等直接刻在地质剖面上，对地质遗迹产生了不可逆性损毁；再次表现在景区维护跟不上步伐，不能及时清除游客留下的生活垃圾，对生态环境造成了负面影响。而造成这些不合理开发的原因主要是因缺乏开发计划，随意开发建设。因此，为了保障地质公园景区可持续发展，公园管理方应在开发之前编制科学合理的开发计划，及时调整和完善建设规划，使公园的开发合理、有序进行。

(3) 完善科普系统，提高地质公园科普功能

科普功能是地质公园的主要功能之一，但很多地质公园并未很好地发挥科普价值，常见的问题有科普方式单一、科普内容单调、科普解说不够生动。地质公园内常见的科普方式比较传统，如纸质宣传页、导游讲解、解说标识牌等陈旧的科普方式不太能满足游客的需求。同时，科普解说内容中以专业术语为主，缺乏生动性，游客不一定能看懂专业性解说内容，更谈不上感兴趣。此外，解说性语言偏书面语化，不够生动形象。完善地质公园科普系统，首先要完善公园内科普讲解设施，其次要用浅显直白的语言让游客了解地质知识，再次要用动态、形象的方式来表现科普知识。

(4) 健全和落实管理制度，加强地质公园开发管理

地质公园内资源复杂多样，各类资源相互依存，共同形成了地质景观。地质景观形成需要历经数亿年甚至数十亿年，一旦破坏便不可修复，因此，加强地质形态和景观的保护是地质公园景区开发的前提。在地质公园景区开发中，必须健全和有效落实地质保护制度，充分发挥地质公园管理方和地质专家在景区开发建设和管理中的作用，加强产品开发的科学性和合理性论证，协调好经济利益与环境效益的关系，处理好地质保护与旅游开发间关系，进行规范化、科学化开发和管理。

(5) 保护生态环境，加强对地质灾害的管理

地质灾害的发生对地质遗迹具有巨大威胁，将破坏地质完整性，对地质类旅游产品的吸引力造成严重破坏。对地质公园发展产生较严重影响的地质灾害主要有两类：一类是滑坡、泥石流等，这类灾害对地质公园产生的影响相对较轻，但会对景区旅游活动开展产生短期影响，甚至会威胁游客安全；另一类是地震、火山爆发等，这类灾害对地质公园发展将产生极其重大乃至不可逆的影响，严重影响旅游活动的进行。因此，地质公园景区应加强景区内生态环境保护，采取有效措施减少滑坡和泥石流的产生；对于不可控的地震、火山爆发等地质灾害，地质公园景区要密切与相关部门的联系，加强该类灾害的预报工作，尽量降低这类灾害发生时的人员伤亡。

（三）湿地公园景区旅游产品开发与管理

1. 湿地公园景区概述

湿地被称为"地球之肾"，与森林、海洋并称为全球三大生态系统类型，是水陆相互作用形成的独特生态系统，具有季节性或常年积水特征，湿地区域内通常生长或栖息着喜湿动植物，湿地是自然界富有生物多样性的生态景观。湿地因是水域和陆地交错存在的生态环境而成为鱼类和水禽等生物的栖息、活动及繁衍的重要场所，是保护生物多样性的重要组成部分。湿地为人类生活提供了巨大的方便，世界鱼类总产量的 2/3 和世界上半数人口食用的大米都产自湿地。不仅如此，湿地还有调节洪水、稳定地区微观气候、净化水质的作用。中国是全球湿地类型最齐全的国家之一，涵盖《湿地公约》定义的所有湿地类型，包括近海与海岸湿地、河流湿地、湖泊湿地、沼泽湿地和人工湿地等（见图 5-7）。中国湿地面积大、分布广，总面积 5360.26 万公顷，其中近海与海岸湿地面积 579.59 万公顷，河流湿地面积 1055.21 万公顷，湖泊湿地面积 859.38 万公顷，沼泽湿地面积 2173.29 万公顷，人工湿地面积 674.59 万公顷。从寒带到热带，从沿海到内陆，从平原到高山，都有湿地分布。但我国湿地率为 5.58%，低于世界 8.60% 的平均水平，为世界人均湿地面积的 1/5。另外，作为重要水稻生产国家，中国有水稻面积 3005.7 万公顷，这些人工湿地并未计入中国湿地面积。

然而，由于围湖造田、截流筑坝、引水灌田等原因，湿地在不断减少。另外，由于集约养殖水产品、向河口海口排污等原因，全球湿地的质量也在发生着变化。这些变化直接影响了在此栖息及移动的生物种群的生存。发展建设湿地公园是落实国家湿地分级分类保护管理策略的一项具体措施，也是当前形势下维护和扩大湿地保护面积直接而行之有效的途径之一。湿地公园（Wetland Park）是指以水为主体，以湿地良好生态环境和多样化湿地景观资源为基础，以湿地的科普宣教、湿地功能利用、弘扬湿地文化等为主题，并建有一定规模的旅游休闲设施，可供人们旅游观光、休闲娱乐的生态型主题公园。湿地公园是具有湿地保护与利用、科普教育、湿地研究、生态观光、休闲娱乐等多种功能的社会公益性生态公园。湿地公园是国家湿地保护体系的重要组成部分，与湿地自然保护区、湿地野生动植物保护栖息地以及湿地多用途管理区等共同构成了湿地保护管理体系。

1971 年 2 月，在伊朗的拉姆萨尔召开了"湿地及水禽保护国际会议"，会上通过了《关于特别作为水禽栖息地的国际重要湿地公约》，简称《湿地公约》（也称《拉姆萨尔公约》）。中国于 1992 年加入该公约成为公约第 67 个缔约方。截至 2022 年，中国湿地面积约 5635 万公

图 5-7 中国湿地类型

顷,其中有 13 个国际湿地城市,41 处被列为拉姆萨尔公约保护区(见表 5-2)。为加强湿地保护,充分发挥湿地的休闲功能,我国政府还颁发了一系列湿地保护管理文件,颁布了湿地保护相关法律制度。2004 年国务院办公厅印发了《关于加强湿地保护管理的通知》,2016 年印发《湿地保护修复制度方案》,2022 年 6 月 1 日,《中华人民共和国湿地保护法》开始施行。

表 5-2 中国加入《湿地公约》的保护区

拉姆萨尔编号	湿地名称	所在省(区、市)	拉姆萨尔编号	湿地名称	所在省(区、市)
548	向海自然保护区	吉林	1434	碧塔海自然保护区	云南
549	扎龙自然保护区	黑龙江	1435	大山包自然保护区	云南
550	鄱阳湖国家自然保护区	江西	1436	鄂陵湖	青海
551	东洞庭湖	湖南	1437	拉什海高原湿地	云南
552	青海湖鸟岛	青海	1438	麦地卡湿地	西藏
553	东寨港自然保护区	海南	1439	玛旁雍错和拉昂错湿地	西藏
750	米浦及后海湾内湾	香港	1440	纳帕海湿地	云南
1144	崇明岛东滩自然保护区	上海	1441	双台河口湿地	辽宁
1145	大丰麋鹿保护区	江苏	1442	扎陵湖湿地	青海

(续表)

拉姆萨尔编号	湿地名称	所在省（区、市）	拉姆萨尔编号	湿地名称	所在省（区、市）
1146	达赉湖国家级自然保护区	内蒙古	1726	漳江口红树林国家级自然保护区	福建
1147	大连斑海豹国家级自然保护区	辽宁	1727	海丰湿地	广东
1148	鄂尔多斯自然保护区	内蒙古	1728	北仑河口国家自然保护区	广西
1149	洪河国家级自然保护区	黑龙江	1729	洪湖自然保护区	湖北
1150	惠东港口海龟保护区	广东	1730	长江口中华鲟湿地自然保护区	上海
1151	南洞庭湖湿地和水鸟保护区	湖南	1731	诺尔盖湿地自然保护区	四川
1152	三江国家级自然保护区	黑龙江	1867	杭州西溪湿地	浙江
1153	山口红树林国家级自然保护区	广西	1975	尕海湿地保护区	甘肃
1154	西洞庭湖国家级自然保护区	湖南	1976	南瓮河国家级自然保护区	黑龙江
1155	兴凯湖国家级自然保护区	黑龙江	1977	七星河国家自然保护区	黑龙江
1156	盐城自然保护区	江苏	1978	珍宝岛湿地国家级自然保护区	黑龙江
1157	湛江红树林国家级自然保护区	广东			

2. 景区旅游产品开发与管理

湿地公园产品开发不同于其他类型景区旅游产品开发，湿地生态公园多为公益性公园，景区多侧重于管理，城市湿地生态公园会在保证湿地生态多样性和发展性的前提下，适度开发其游览功能。

（1）科学配置景观类型

城市湿地公园建设强调的是湿地生态系统特性和基本功能的保护、展示，突出湿地特有的科普教育功能和自然文化属性，在景观设计及植物配置时要注意以下几点：

①保持湿地的完整性。依托原有的生态环境和自然群落，是湿地景观规划设计的重要基础。对原有湿地环境的土壤、地形、地势、水体、植物、动物等构成要素进行调查，在准确掌握原有湿地情况的基础上，科学配置动植物，在设计中保持原有自然生态系统的完整性（见图5-8）。

②保持生物多样性。在植物配置方面，一是考虑植物种类的多样性，二是尽量采用本地植物，三是在现有植被的基础上适度增加植物品种。在现有植被的基础上，适度增加植物品种，完善植物群落，加强多种类植物的搭配，不仅在视觉效果上相互衬托，形成丰富而又错落有致的景观，而且与水体污染物的处理功能也能够互相补充，有利于实现生态系统的完全或半完全（配以必要的人工管理）的自我循环。

③科学配置植物种类。植物的配置设计，要从湿地本质考虑，以水生植物作为植物配置的重要元素，注重湿地植物群落生态功能的完整性和景观效果的完美体现。从生态功能考

虑,选用茎叶发达的植物以阻挡水流、沉降泥沙,采用根系发达的植物以利于吸收水系污染物。从景观效果上考虑,有灌木与草本植物之分,要尽量模拟自然湿地中各种植物的组成及分布状态,将挺水植物(如芦苇)、浮水植物(如睡莲)和沉水植物(如金鱼草)进行合理搭配,形成自然的多层次水生植物景观。从植物特性上考虑,以乡土植物为主、外来植物为辅,保护生物多样性。

④因地选择植物品种。乔灌木及地被植物可选用银杏、香樟、水杉、樱花、落羽杉、池杉、楸树、黄连木、乌桕、苦楝、石楠、枫杨、榕树、垂柳、沙地柏、迎春、石竹等;水生植物可选用荷花、菖蒲、香蒲、泽泻、水鸢尾、芦苇、金鱼草、水竹、水蓼、水葱、金鱼藻;草坪草可选用冷季型的早熟禾、黑麦、剪股颖,暖季型的狗牙根、地毯草、马蹄金等。此外,设计中还应设置一些动物食源植物和鸟嗜植物,为鸟类提供食物来源。在湿地公园内的水体一侧尽量不安排高大乔木,为鸟类提供充足的活动空间。

图 5-8 湿地公园景观配置

(2) 适度开发景区游览功能

除了考虑人们的休憩游览需求,湿地景观设计时还要综合考虑各个因素之间的整体和谐。通过调查周围居民对景观的影响、期望等情况,在设计步道、游览亭、休闲座椅等旅游设施时,统筹各个因素,包括设计的形式、内部结构之间的和谐,以及游览设施与环境功能之间的和谐。确保满足人的需求的同时,保持自然生态不受破坏,使人与自然融洽共存。

(3) 树立正确的湿地规划理念

从规划管理角度,可将湿地公园分为"湿地公园"和"城市湿地公园"两种类型。依据湿地公园批准设立部门不同,可分为国家湿地公园和省级湿地公园两个级别,国家级湿地公园由中国国家林业和草原局批准设立。城市湿地公园则是纳入城市绿地系统规划的,以生态保护、科普教育、自然野趣和休闲游览为主要内容的公园。城市湿地公园规划应以湿地的自然复兴、恢复湿地的领土特征为指导思想,以形成开敞的自然空间,接纳大量的动植物种类、形成新的群落生境为主要目的,同时为游人提供生机盎然、多样性的游憩空间。因此,规划应加强整个湿地水域及其周边用地的综合治理,其重点内容在于恢复湿地的自然生态系统并促进湿地的生态系统发育,提高其生物多样性水平,实现湿地景观的自然化。规划的核心任务在于提高湿地环境中土壤与水体的质量,协调水与植物的关系。

(4) 加强湿地公园分区管理

湿地生态系统比较脆弱,一旦破坏,短时间内很难恢复,为兼顾湿地保护和人们对湿地休闲产品的需要,应对湿地进行分区管理。可将湿地分为湿地保育区、恢复重建区、宣教展示区、合理利用区和管理服务区等若干区域,严格实行分区管理。湿地保育区除开展保护、监测等必需的保护管理活动外,不得进行任何与湿地生态系统保护和管理无关的其他活动;恢复区仅能开展培育和恢复湿地的相关活动;宣教展示区可开展以生态展示、科普教育为主的活动;合理利用区可开展不损害湿地生态系统功能的生态旅游等活动;管理服务区可开展管理、接待和服务等活动。

◇ 案例分析

统筹做好古旧村落保护与利用

如何保护和利用好古旧村落等历史文化资源,实现其历史价值和生态价值,是各地发展中面临的课题。不久前,中央全面深化改革委员会第十九次会议审议通过了《关于在城乡建设中加强历史文化保护传承的若干意见》,强调"加强制度顶层设计,统筹保护、利用、传承",为在保护中利用古旧村落提供了指引。

古旧村落蕴含独特的自然文化遗产和物质文化遗产价值,具备丰富的非物质文化遗产价值,被称为"活着的文物、有生命的历史"。据统计,目前有近 7000 个古旧村落被列入我国传统村落名录。不少地方在实践中鼓励和支持历史建筑、历史文化街区、名镇、名村和传统村落等合理利用和有序开放,走出了一条精细化保护和利用古旧村落的路子。中共中央办公厅、国务院办公厅印发的《关于建立健全生态产品价值实现机制的意见》提出,"鼓励盘活废弃矿山、工业遗址、古旧村落等存量资源",在保护好古旧村落的基础上,把历史文化资源利用好、传承好,考验着各地的治理水平。

随着我国经济社会发展,古旧村落蕴含的独特价值日益凸显,与此同时,古旧村落保护还存在着一定的不足。比如一些地方忽视古旧村落的原生态系统保护,热衷于在原址上"拆旧建新""弃旧建新";一些传统村落基础设施建设不够完善,民俗文化面临改变或消失的风险。在部分已经开发的古旧村落中,也存在品牌意识缺乏、业态单一、"千村一面"等现象。

更好激活古旧村落的内在价值,需要在推进乡村振兴的背景下,统筹好保护、利用和传承的关系,构建美丽和谐的古旧村落生态系统。

推动古旧村落"活"起来,需要协调好古旧村落周边自然环境与人文环境的关系,确保在承受能力范围内合理利用。在修缮和维护好生态原貌的基础上,依托古旧村落自身的地域文化、传统技艺、民风民俗等文化资源,适度开发文创、旅游等,能够确保古旧村落的生态价值和经济文化价值共同实现。比如江西一些古旧村落注重生态保护,采取保护性开发的策略,同时依托当地"晒秋"等民风民俗、手工技艺等地域文化,打造文旅产业,实现了生态、文化和经济发展的良性循环。

盘活古旧村落,需要依据不同地区古旧村落的具体情况因地制宜,灵活确定发展思路。根据所在地域,我国古村落可分为江南水乡古村落、北方古村落、西南古村落和皖南古村落等。不同地域的实践表明,针对"空心化"较为突出的古旧村落,可由政府主导开发或合理引入社会资本;针对旅游资源较为丰富、常住人口较多的村落,可根据情况采用农民、社区或企业开发的模式等。在这一过程中,不论采取哪种方式,都必须建立在统一规划和注重生态环境保护的基础之上,实现古旧村落长期可持续发展。

每个古旧村落都有自己的独特之处,在盘活古旧村落的过程中,应努力找到每个村落的独特定位。为村落和自然环境注入民风民俗、传统手工技艺等文化内涵,为每个村庄找到差异化发展路径,才能使古旧村落"活"起来、"美"起来,让历史文化在保护中更好传承,让乡村景色更美丽、文化更兴盛。

(资料来源:贺艳.统筹做好古旧村落保护与利用[EB/OL].(2021-06-09).https://guancha.gmw.cn/2021-06/09/content_34911042.htm)

问题讨论:
如何处理好遗产型景区产品开发中开发与保护的关系?

第三节 开发型景区产品开发与管理

◆ **案例导入**

湖北京山茶花源风景区被迫低价转让

湖北京山茶花源风景区,总投资预计5亿元,占地2000余亩,其中茶花园的面积达1100余亩,植有5万株大树茶花,是全国单位面积最大、品种最多的山茶花观赏园。规划建设四星级酒店、别墅会所、儿童乐园、体育健身区、汽车营地、杨梅采摘园、度假小屋、民俗风情购物街等功能区。景区经营一段时间后,因客流量有限,无法及时收回投资,致使资金链断裂、拖欠银行贷款和投资公司的钱,被迫低价出售。

(资料来源:根据百度文库案例资料整理)

如何打造好开发型景区,并产生持续盈利,成为开发型景区产品开发与管理的重点。

一、人造景区产品开发与管理

由于自然和历史人文资源分布不均衡,人口密集区的景区旅游产品不能满足人们的休闲娱乐需求,因此人造景区便涌现出来。由于休闲旅游市场需求不断扩大,人造景区在数量上越来越多、类型上越来越丰富。近年来,主题乐园、游乐园、微缩景区、蜡像馆、动物园、水族馆等多种类型的人造景区越来越受到大众欢迎。

(一) 主题公园旅游产品开发与管理

1. 主题公园概述

(1) 主题公园的概念

主题公园是根据某个特定的主题,采用现代科学技术和多层次活动设置方式,集诸多娱乐活动、休闲要素和服务接待设施于一体的现代旅游场所。主题公园是一种以游乐为目标的模拟景观的呈现,它的最大特点就是赋予游乐形式以某种主题,围绕既定主题来营造游乐的内容与形式。园内所有的建筑色彩、造型、植被、游乐项目等都为主题服务,共同构成游客容易辨认的特制游园线索。

(2) 主题公园的类型

①按规模大小、项目特征、服务半径划分。欧洲主题公园协会副总裁克里斯·约西认为,按规模、项目特征、服务半径不同,可将主题公园分为大型主题公园、地区性主题公园、主题游乐园、小规模主题公园和景点四种类型(见表5-3)。

表5-3 主题公园类型之一

分类依据	类型	项目特征	游客市场	投资额度
按规模、项目特征、服务半径划分	大型主题公园	主题鲜明或由多个部分构成,有舒适的旅游住所,主要提供参与性娱乐项目	游客市场为全国和国际市场,年接待游客量在500万人次以上	投资达10亿美元
	地区性主题公园	有一定主题的路线和表演,在项目设置上以观赏性的静态景观为主	游客市场主要为省内市场和邻省市场,年游客接待量为150万~350万人次	投资2亿美元左右
	主题游乐园	主题比较单一,以提供机械类的参与性游乐项目为主	游客市场主要为所在城市市场,年接待游客量为100万~200万人次	投资1亿美元左右
	小规模主题公园和景点	单一主题的静态人造景观	游客市场主要为所在城市市场,年接待游客量为20万~100万人次	投资300万~8000万美元

②按照主题性质划分。可将主题公园分为文化历史型、名胜微缩型、民俗风情型、科技娱乐型、影视娱乐型、自然生态型、综合旅游主题型等七种类型(见表5-4)。

表5-4 主题公园类型之二

分类依据	类型	主题特征	举例
按主题性质划分	文化历史型	以模仿重现某个特定历史时代场景或文学名著场景为主题	杭州宋城
	名胜微缩型	将异国、异地的著名建筑、景观按照一定比例缩小建设	深圳锦绣中华
	民俗风情型	利用野外博物馆形式模拟民俗风情和生活场景,加入演员进行反映民俗民风的表演,让游客参与到表演场景中	昆明云南民族村
	科技娱乐型	利用声、光、电、气等现代科学技术,表现未来、科幻、太空、海洋等主题	深圳欢乐谷
	影视娱乐型	模拟著名影视作品中的场景	美国环球影城
	自然生态型	以自然界的生态环境、野生动物、野生植物、海洋生物等为主题,以展示独特的观赏和游览特性	厦门南顺鳄鱼园
	综合旅游主题型	是主题公园发展成熟期的产品形式,整合若干发展比较成熟的不同主题公园,以一个整体品牌形象展现	广州长隆

2. 景区旅游产品开发与管理

主题公园是为了满足旅游者多样化休闲娱乐需求而建造的一种具有创意性活动方式的现代旅游场所,是根据特定的主题创意,主要以文化复制、文化移植、文化陈列以及高新技术等手段,以虚拟环境塑造和园林环境为载体,来迎合消费者的好奇心,以主题情节贯穿整个游乐项目的休闲娱乐活动空间。国内外主题公园经营经验表明,主题公园成功的关键在于主题选择、园址选择、文化创意、产品营销、主题周边产品开发等方面。

(1) 选择合适的园址

主题公园应选择在经济比较发达、流动性人口较多的城市,保障主题公园具有良好的客源市场。一个大型的主题公园的一级客源市场至少需要200万人口,否则达不到门槛客源,将会给主题公园的生存造成威胁。

(2) 确定准确的主题

好的主题能迅速吸引游客,有利于投资者快速收回投资。目前,主题公园正朝着寓教于乐方向发展,主题主要有教育展览、珍稀动植物观赏、原野丛林冒险、外国文化展示、历史陈列、河流历险、水上乐园、动物表演、花卉展览等。主题选择时应注意契合目标市场文化背景,迎合大众旅游需求。

(3) 创新主题产品

主题公园的核心产品是旅游者的休闲娱乐经历与体验,满足旅游者的休闲娱乐情趣是主题产品设计的主旨。园区在进行项目设计时要体现新、奇、特、绝的特点,如为保持园区产品的新,需要定期更换娱乐设施,增加新的项目,以提高游客的重游意愿。

(4) 采取恰当的营销方式

园区在营销方式选择时,应贴合消费市场特点,充分利用主题活动营销、节庆活动营销、新媒体营销等方式,激发游客的旅游动机。

(5) 延伸主题文化产业链条

主题公园的盈利点除了门票收入,还可以有娱乐、餐饮、住宿等项目,品牌影响力大的主题公园甚至可以通过设计销售品牌周边纪念品来二次盈利。主题公园的未来盈利模式可能将突破旅游范畴,将主题公园及其周边打造成集娱乐、餐饮、居住、商业等于一体的旅游综合体。

(二)动物园旅游产品开发与管理

1. 动物园概述

动物园是搜集饲养各种动物,把一些野生或外来动物放于围栏之内,进行科学研究和迁地保护,供公众观赏并进行科学普及和宣传保护教育的场所。动物园有两个基本特点,一是饲养管理着野生动物(非家禽、家畜、宠物等家养动物),二是向公众开放。世界上很多大城市都有动物园,动物园一部分是以营利为目的,主要用来吸引游客前往观光游览,也有一部分为非营利性动物园,以动物保护、教育和生物学研究为目的开设。

2. 景区旅游产品开发与管理

(1) 加强动物的保护

早期的动物园为了满足观赏者的需求,往往将动物关在狭小的空间内,让动物完全暴露在众人的目光下,动物活动空间小,几乎没有私密的生活空间。这种做法导致动物园的动物死亡率高,因此颇受争议,于是人们逐渐重视动物园对动物的保护功能。在世界动物园和水族馆协会制定的《世界动物园和水族馆保护策略(2005)》中,将现代动物园的功能归纳为综合保护和保护教育。动物园中动物的保护,首先要给动物创造良好的生活环境,为动物提供创造接近野生的群居生活条件,同一时段内减少展示品种,增加同一品种的动物展示数量;其次,探索野生动物的人工饲养和繁殖方法,尽可能地繁殖濒危动物,达到保护动物的目的。

(2) 加强资金管理

动物园的资金筹措方式通常有两种,部分动物园是投资方筹措资金,自负盈亏;大部分动物园属公立性质,资金一部分来源于政府投资,一部分来源于经营性收入。动物园的日常维持费用分两部分,一部分用于动物的喂养和购置,另一部分用于游客接待管理。动物饲养和引进耗资大,但动物园的经营性收入来源会受到季节性因素影响,收入不稳定。因此,动物园要加强资金管理,一方面通过举办活动来吸引游客,增加经营性收入,另一方面可通过宣传，争取环保人士的捐款。

(3) 加强员工行为管理

动物园的员工是动物的直接管理者，管理者的行为直接关系到动物饲养的好坏。园方应加强员工行为管理，要求员工按动物生活规律来饲养和照顾动物，避免动物遭到殴打、虐待，以减少动物的非正常死亡。

(4) 加强游客行为管理

游客的游览行为会对动物的生活环境产生一定影响，比如大声喧哗、拍照、胡乱投喂动物等行为会影响动物的饮食规律和作息，园方应在醒目位置张贴提示牌提醒游客，尽量减少游客行为对动物的伤害。此外，动物园尤其是野生动物园，要加强游客的危险游览行为管理，避免动物伤人事件发生。

(三) 水族馆旅游产品开发与管理

1. 水族馆概述

水族馆是收集、饲养和展览水生动物的机构，可专养海洋生物或淡水生物，也可兼养，既有供观赏或普及科学知识的公共水族馆，也有供科研及教学专用的水族馆。海底世界、极地海洋世界均属于水族馆。"水族馆"这一名称也时常用于一些水族类商店。世界上第一个供展览用的水族馆于1853年在英国摄政公园(Regent's Park)对公众开放。我国最早的水族馆于1932年在青岛建立。从规模上看，上海海洋水族馆是我国规模较大的水族馆，被授予"科普教育基地"，全馆有28个大型展区，展示了世界上极具特色的淡水和海洋生物。

2. 水族馆的经营管理模式

(1) 自助型水族馆

这种水族馆多见于自助餐厅，人们只需要支出一定的费用，就可以在手册、指示牌或工作人员的指引下进行饲养员的日常工作，让消费者能近距离接触水下生物。

(2) 公众化水族馆

将水族馆的部分区域开放给公众，提供寄养、领养、助养服务，从而降低经营成本，增加收益。

(3) 展销式水族馆

水族馆业主向水族供应商提供场地及各种配套服务，然后对外统一经营，收取一定场租、维持费和收入提成。

(4) 缸内娱乐化

开发大型缸内的各种水下娱乐活动，如驾驶小型潜水器在海底飞行、戴头盔的海底漫步、与鲨鱼共舞的潜泳等，还有隧道内的与鱼共餐及鱼缸内的游戏、戏剧表演等。

(5) 市场共享的连锁经营

区域内水族店通过资源共享，达到成本最低化的经营模式。如山海关、秦皇岛、北京、上海等地的水族馆连锁经营模式。

二、旅游度假区产品开发与管理

（一）旅游度假区概述

1. 旅游度假区的概念

随着经济社会的发展，人们的旅游观念发生了重大改变，越来越多的人厌倦了走马观花式的观光旅游，转而选择休闲、放松和娱乐为主的休闲度假旅游。休闲度假成为人们常见的旅游休闲方式，休闲旅游度假区也应运而生。

国家市场监督管理总局、国家标准化管理委员会发布的国家标准《旅游度假区等级划分》（GB/T 26358—2022）中将旅游度假区界定为：以提供住宿、餐饮、购物、休闲、娱乐等度假旅游服务为主要功能，有明确空间边界和独立管理运营机构的集聚区。由此可知，旅游度假区是休闲旅游资源集中、具有一定规模、功能相对完善的休闲旅游服务的综合性区域。旅游度假区是依托良好的旅游资源环境和单位面积投入产出而建立的一种旅游开发形式，是最小单元的旅游目的地，它集中满足旅游者食、住、行、游、购、娱等方面的需求。

2. 旅游度假区的类型

（1）按照等级划分

根据国家标准《旅游度假区等级划分》，可将我国的旅游度假区划分为国家级和省级旅游度假区。

（2）按照依托的度假资源来划分

可将旅游度假区分为海洋度假区、湖滨度假区、温泉度假区、滑雪度假区、山地度假区、森林度假区等。虽然这些同属于休闲度假类景区，但各自的环境特点、地域分布和经营管理方式迥异。

3. 度假村的环境组成要素

西方学术界将度假环境称之为"泡"（Bubble），度假"泡"的主要组成要素有：① 气候、景观、场地、地方历史文化；② 进入性、安全、居民好客度；③ 各类主题度假酒店；④ 运动项目、创意活动；⑤ 配套设施；⑥ 浓郁的度假氛围营造。

（二）景区旅游产品开发与管理

1. 海洋旅游度假区

（1）海洋度假旅游

海洋度假旅游是以海洋环境为主要吸引源的旅游形式，凡是受海洋环境或与海洋有关的活动吸引，离开常住地的旅行都是海洋度假旅游。从度假地角度来看，海洋旅游包括了海滨旅游和海上旅游、海底旅游、海岛旅游等类型。从度假吸引源角度来说，海洋度假旅游可分为：以海洋动植物群落和自然生态环境为主的观光度假游，以海岸码头、港口、历史文化遗址和人造娱乐设施为主的社会文化度假游,以海洋运动赛事及其他特殊节庆为主的海洋节庆度假游。

（2）海洋度假区旅游活动类型

海洋度假旅游的项目内容丰富,既有观光性的项目,也有参与性活动项目。

①海滨旅游。以海水、阳光、沙滩为主要吸引物,如海水浴、日光浴、沙滩运动。

②海岛旅游。以海岛为场所,以寻求僻静、私密的度假空间为主要目的。

③海底观光。借助观光平底船、观光艇或水肺潜水,观赏海底的生态系统和人文遗迹。

④潜水旅游。借助潜水器械,在较深的水域潜泳。

⑤深海钓鱼游。指在深水海域垂钓。

⑥邮轮旅游。指以定期航行的海洋邮轮为休闲娱乐场所,利用邮轮上的设施与服务场所所做的度假旅游。

2. 山地湖泊及滑雪度假区

山地湖泊度假区除了自然地貌特点以山地、高原、湖泊、草甸等为主要特色外,其他方面的开发与管理与森林公园或海洋度假区非常类似。山地湖泊度假区的主要休闲活动以运动类登山、徒步、山地自行车、垂钓、泛舟、滑雪、高尔夫等项目为主。山地旅游度假区的开发优先要解决可进入性问题,对于大多数山地旅游来说,修建索道与缆车是相对经济、对环境的破坏性较少的上下山交通方式。

3. 温泉旅游度假区

在世界流行的以水为主的休闲度假三大主题（温泉、海水、滑雪）中,温泉旅游不仅是最大的内陆休闲主题度假方式,也是最古老的旅游方式。早在罗马帝国时期,温泉的疗养作用已受到人们的重视。中世纪时,去英国巴斯温泉的人从未间断。18世纪后,温泉胜地成为商贾云集的地方。温泉是具有稀缺性和一定垄断性的度假旅游资源,尤其是区位条件好、泉水理化指标优良又有一定文化内涵的温泉,最具有开发价值。温泉自古就是人们用来作为水疗和养生的天然资源,不同的泉水中含有不同的矿物质,对各种病症的疗效也不同,因温泉具有的疗化作用,温泉旅游具有较高的重游率。

目前,我国有两部温泉旅游的行业等级划分标准,即《温泉企业服务质量等级划分与评定》(LB/T 016—2011)和《温泉旅游泉质等级划分》(LB/T 070—2017)。前者对温泉景区和温泉酒店等企业从资源禀赋、设施设备、服务和管理水平等几个方面进行等级划分,与旅游饭店等级划分类似,按照质量从高到低依次划分为五星级到一星级。后者只对泉质进行评价,依据水温和泉水中的化学成分划分为两大类三个等级,水温≥25℃的称温泉,＜25℃的称冷泉,根据水中成分,从低到高依次将温泉分为温泉（或冷泉）、优质温泉（或优质冷泉）、优质珍稀温泉（或优质珍稀冷泉）三个等级。

实训与练习

一、思考题

1. 什么是景区整体产品？由哪些部分构成？
2. 景区产品有哪些类型？
3. 什么是旅游体验产品？旅游体验产品有哪些类型？
4. 什么是红色旅游？红色旅游产品有哪些类型？
5. 森林公园景区应从哪些方面加强开发与管理？
6. 如何开发湿地公园景区旅游产品？
7. 主题公园的类型有哪些？如何进行主题公园开发？
8. 度假村的环境组成要素有哪些？

二、实训题

复制袁家村，耗资 5 亿元，陕西咸阳东皇小镇为何破败不堪

陕西作为我国历史最为悠久的地区之一，境内至今都保留着大量的古代遗迹，因此每年都能吸引大批游客到此观光。随着游客的逐步增多，当地也打造了许多人文景点供游客参观，坐落于礼泉县新时社区的东皇村内的东皇小镇便是代表之一。东皇小镇是一座占地 20 余亩的仿古小镇，内部坐拥大量明清风格的建筑，无论是造型还是风格，都与真正的古镇如出一辙。东皇小镇始建于 2014 年，2015 年 5 月 1 日开始营业，至今已经过去 8 年时间，目前的东皇小镇已经破败不堪、门庭冷罗、人烟稀少、大门紧锁，处于无人管理和运营的状态，小镇内部建筑都已人去楼空，商铺已全部废弃。

盲目跟风建设，简单复制建造

提起乡村旅游和特色小镇，"袁家村"曾经被誉为是陕西关中平原第一"特色小镇"，拥有成熟的商业模式，每年接待游客数百万人。东皇村与袁家村同属于礼泉县境内，距西安市 57 千米，距咸阳市 28 千米。东皇村原本是一个地道的小农村，村民主要生计为耕地种田，延续着代代相传的农村生活，眼见着同县邻居袁家村靠着乡村旅游实现了收入大增长，随后跟风建设了东皇小镇。东皇小镇模仿"袁家村"模式，以历史上百里闻名的篡集老街的历史景象为原型新建了一系列仿古建筑。按照规划，东皇小镇将建有四条民俗仿古街——文化创意娱乐街、丝绸之路特色商品街、陕西特色小吃街、传统手工作坊街。而且，小镇还将建设商住两用的特色院子，分别是关中院子和岭南院子两种风格。此外，小镇还发展现代农业文化创意、健身娱乐、养老度假等多种项目。

昙花一现终没落，东皇小镇现状堪忧

2015 年 5 月 1 日东皇小镇正式开业，开业前夕，东皇小镇通过省市县各级媒体对外进行宣传造势。在强大营销攻势下，东皇小镇迎来了不少游客，也吸引来了许多的商家入驻，最繁盛时期光是商铺的数量就多达 300 余个。然而，东皇小镇地处偏远，往来之间交通十分不便，景区内除了商铺之外别无他物，这也让东皇小镇成为一个名副其实的商业小镇，这样的旅游景区在各地比比皆是，大家何必经常跑那么远的路来东皇小镇吃东西呢？目前的东皇小镇，内部杂草丛生、垃圾遍地，游客接待中心也只剩空洞洞的窗框。最先招商营业的民俗街上的商铺已全部废弃,大多店铺招牌都已不在,只有几个铺子门板上依稀可以辨认出当时商品的售价。随着东皇小镇的没落,投资者曾经美好的愿景也随之破灭,各类矛盾集中爆发。东皇小镇筹建之初,部分村民贷款投资,小镇歇业之后,不光投资款打了水漂,还得向银行偿还贷款。而小镇用地是以租用形式获得,开发商只支付了三年的租金,后来,随着东皇小镇的关闭,开发商跑路,村民再也未能收到租金。即便是当时投资东皇小镇商铺的业主,也未能收回本金,投资款索要无门。

(资料来源:根据搜狐网资料整理)

问题讨论:

东皇小镇属于哪种类型的景区?这类景区在旅游产品开发和管理时应注意哪些方面?

第六章 06

旅游景区营销管理

项目导读

"十四五"旅游业发展规划中指出：支持建设一批旅游营销创新基地，孵化一批具有较高传播力和影响力的旅游品牌。推动旅游宣传推广与城市经济发展、节庆品牌塑造、商务环境改善等互动发展和一体发展。因此本章将对旅游景区营销管理的概念、景区营销组合策略、节庆营销做出重点讨论。

学习要求

通过本项目的学习，理论上掌握旅游景区营销目标市场的确定方法，熟悉景区营销组合的内容和策划原则及方法；实践应用方面培养并具备一定的市场开拓能力、控制协调能力、团队领导力。

思维导图

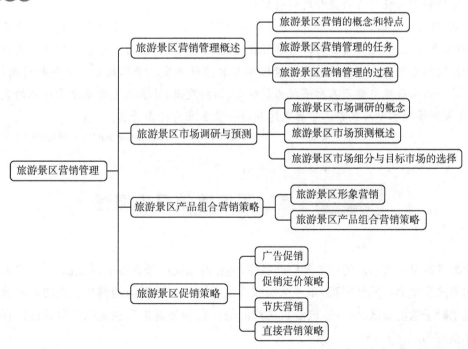

景区服务与管理

◆ 案例导入

张家界天门山——创新营销铸就传奇

十多年来,天门山一直坚持系统谋划、大手笔投入、突出创意、广泛覆盖的品牌营销策略,不遗余力地提升天门山的影响力和市场认知度。同时,也以提高张家界作为目的地的市场吸引力和促进张家界总体客流增长为基本宗旨。

从2012年到2018年,张家界天门山先后承办了七届翼装飞行世界锦标赛。其中,2012年的首届翼装飞行世锦赛被美国《时代周刊》评为"2012年度全球25项最棒的发明创新"之一,这也是唯一一项在中国境内产生的"发明创新"。《时代周刊》还评价,这次比赛是一个前所未有的创新,不仅创造了翼装飞行运动的竞赛方式和规则,也是人类运动史上第一次在空中进行的飞行比赛,足以载入世界体育史册。

除了极限赛事活动,天门山景区还利用自身奇险的自然景观资源,与红牛、雷克萨斯、奔驰、路虎等多个世界知名品牌合作,进行汽车挑战活动及广告片拍摄。2017年下半年,世界知名品牌越野车——英国路虎在天门山天门洞999级天梯进行史无前例的"汽车挑战天梯"纪录片拍摄,并于2018年初进行全球投放播出,天门山绝美风光以不一样的方式又一次亮相世界。

自开业以来,天门山公司在形象宣传方面已累计投入资金超过2亿元。天门山因先进的营销理念、准确的形象定位、优秀的形象策划包装能力、不断创新出奇的活动,成为全国旅游景区中市场营销工作的佼佼者,成为外地很多景区研究和模仿的标杆。2018年,分析天门山营销实践的学术论文被"中国管理案例共享中心"收录,更充分体现了天门山事件营销的典型性和代表性。成功的形象宣传不仅使得天门山客流不断增长,也对张家界旅游形象的整体宣传和市场吸引力的提升起到明显作用。

秉承"铸传奇之山,树行业标杆,福万众美愿"的企业愿景,为进一步推进旅游产业集群化、旅游业态多元化,天门山公司计划自现在到2025年期间,全力推进景区周边双峡村地域内云梦谷国际度假区和一些特色休闲度假项目的建设开发。争取用5~10年的时间,将天门山由单一的山岳观光型产品打造成为集观光、休闲度假、游乐及文化体验于一体的复合型景区,也成为管理水平和服务水平真正达到超一流水准的优秀景区。

(资料来源:陆波,2019-06-11.https://zjj.rednet.cn/content/2019/06/10/5582069.html)

第一节 旅游景区营销管理概述

旅游景区是旅游活动的核心和空间载体,是旅游系统中最重要的组成部分,也是激励旅游者出游的最主要目的和因素,是一个国家人文资源和自然资源的精华。旅游业和旅游服务都是依附于旅游景区存在的,旅游景区产品的开发和品牌推广也是以旅游景区的存在为前提和基础的。

一、旅游景区营销的概念和特点

旅游景区营销是指旅游景区综合运用各种有效的市场经营手段,把景区的产品和服务销售给旅游消费者,以使目标旅客的需求得到满足的经济活动和动态管理过程。

在旅游业中,旅游景区作为游览的经营部门,其经营管理与其他部门存在很大差异,因而旅游景区营销带有自身的独特性,其表现为以下几个方面:

(一) 综合性

旅游景区的空间范围往往较大,产品和服务的内容繁多,具体表现在导游服务、食宿服务、购物服务,以及其他服务(娱乐休闲服务、停车服务、安全服务、景区交通服务等)方面。

(二) 外向性

旅游景区完全靠客源生存,在旅游景点数目不断增加、经营旅游景区难度日益加大的情况下,营销工作相当重要。旅游景区的经营者在竞争加剧的环境中,必须随时关注外部市场竞争状况的发展,始终瞄准市场,熟悉并了解旅游者的喜好,在旅游景区营销的方式、手段、观念乃至组织形式上必须灵活、科学。旅游景区营销管理者应具备全面的知识。

(三) 超前性

经营者要充分了解市场需求的动向,及时更新旅游景区的服务项目,紧跟市场,快速调整经营方向。旅游者需求层次的不断提高,要求旅游景区提供更高质量的产品与服务,所以营销部门只有具备超前意识,才能有效满足旅游者观赏品位上升的需求。

二、旅游景区营销管理的任务

旅游景区所面临的客源市场的需求状况不一,可能存在没有需求或需求很小、很大需求或超量需求几种情况,营销管理就是针对这些不同的需求提出不同的任务。营销管理实质上就是需求管理,营销管理的任务是以帮助企业达到自己目标的方式来影响需求的水平、时机和构成。科特勒将市场需求归结为八种不同状态,每种需求状态下有不同的营销管理任务(见表6-1)。

表6-1 不同需求状态下的营销管理任务

需求状态	营销管理任务	专门名词
负需求	开导需求	扭转性营销
无需求	创造需求	刺激性营销
潜在需求	开发需求	开发性营销
下降需求	再创造需求	再营销

(续表)

需求状态	营销管理任务	专门名词
不规则需求	平衡需求	同步营销
充分需求	维持需求	维持性营销
超饱和需求	降低需求	低营销
不健康需求	破坏需求	反营销

(一)开导需求

旅游者可能对旅游景区提供的服务项目或活动丝毫不感兴趣甚至回避,针对这种负需求,旅游景区的营销工作就是开导需求。营销者的任务是分析旅游者对旅游景区不感兴趣的原因,考虑能否通过旅游景区重新设计、降低门票价格和加强推销等营销方案来改变旅游者的信念和态度。

(二)创造需求

当市场处于无需求状态时,旅游景区营销的主要工作是进行刺激性营销,以创造需求。产生无需求的原因很多,很可能是旅游景区游玩内容陈旧或与其他景区内容雷同,交通不便或是辅助设施缺乏等。分析这些原因,制定适当的营销策略,设法使旅游者产生需求。

(三)开发需求

市场潜在的旅游者虽然具有心理上的需求,但没有真正购买,这种情况便是潜在需求。旅游者对门票价格适中、交通便利、经营项目灵活多样、内容富有特色、新鲜又奇特的旅游景区有强烈的潜在需求。营销人员应努力开发潜在旅游者的需求,并激发潜在旅游者的游览兴趣,以满足潜在旅游者的需要。

(四)再创造需求

当旅游者对旅游景区不像过去那样抱有强烈的兴趣时,若不及时采取一定措施,需求便会持续下降,这种需求状态便是下降性需求。需求下降的原因可能是旅游景区产品内容处于生命周期的衰退阶段、旅游者需求发生变化、经营同类旅游区的竞争者增多等。面对下降需求状态,营销人员应采取再营销策略来扭转趋势。例如,我国很多人造旅游景区内容雷同,这类景点的需求下降,主要是由于重复建设致使竞争加剧,针对这种情况,可以通过降价、开拓新市场、旅游景区内容更新等措施应对竞争对手,从而创造良好的需求水平。

(五)平衡需求

旅游者对旅游景区的需求会随时间、季节的不同而发生变化,这种时间性和季节性造成了旅游市场的不规则需求,不规则需求会引致一系列经营管理及经济、社会问题,不利于旅游企业开展正常经营活动。对此,营销人员的工作是平衡需求,即通过灵活定价、淡季促销等措施来平衡需求,使旅游景区的供求达到相对平衡的状态,避免造成经济损失。

(六) 维持需求

当旅游景区经营者对其业务感到满意时,即达到了充分需求,这时旅游景区的客流量与旅游景区的供给能力持平,经营处于最佳状态,这种需求状态又称饱和性需求。营销人员应采取维持性营销来维持这一最佳需求状态。

(七) 降低需求

市场需求处于超过供给能力的状态,则处于超饱和需求状态。在这种状态下,旅游景区如果超量接待游客,一方面人满为患会带来旅游景区的环境污染、空气污染和噪声污染,另外一方面也会使旅游资源遭受一定程度的破坏,结果是游览者游兴大减,旅游者的需求因此往往不能获得很好的满足,从而影响旅游景区未来的经营。在这种状况下,旅游景区经营者应采取低营销策略,可以通过提高价格、减少广告宣传投入、削减销售渠道等措施来减少顾客的需求。

(八) 破坏需求

有些旅游产品的市场需求,从消费者、供应者的立场来看,对社会有不良影响,这种需求称为有害需求或不健康需求。对于这种需求,景区经营者必须采取反营销措施来降低甚至消除这种需求。

三、旅游景区营销管理的过程

旅游景区营销的管理过程就是景区营销计划的制订、执行和控制的过程。这个过程包括旅游景区市场机会分析、目标市场的选择、营销组合的确定和营销活动的管理四个步骤。

(一) 旅游景区市场机会分析

旅游景区市场机会分析就是发现、评价和选择有吸引力的市场营销机会,特别是分析机会是否和景区自身的战略计划相吻合,景区是否具备利用这种机会的资源条件。旅游景区市场机会可以通过收集市场情报、发现市场变化获得,还可以通过开拓市场和产品的深度开发获得。

社会的客观环境和游客的需求是在不断变化的,旅游景区必须不断地寻找营销机会,这是景区营销管理过程的首要步骤。

(二) 旅游景区目标市场的选择

旅游景区获得了有利的市场机会后,要把市场根据不同的需求、不同的性质和具有不同行为特征的顾客群进行细分,然后决定选择一个或几个细分市场。这个过程就是目标市场的选择。

(三) 旅游景区营销组合的确定

旅游景区目标选择好之后，要根据自身的战略发展需要确定详细的营销组合策略。所谓营销组合，就是从满足目标市场需要出发，对自己可控制的各种市场营销因素（主要是产品、价格、分销和促销等）进行最佳的组合，使它们综合发挥作用，完成和实现景区的发展目标。

(四) 旅游景区营销活动的管理

旅游景区营销活动的管理是旅游景区营销管理过程的最后一个步骤。旅游景区营销活动的管理系统包括：市场信息系统、市场计划系统、市场营销组织系统、市场营销控制系统。

第二节 旅游景区市场调研与预测

一、旅游景区市场调研的概念

营销调研是指企业对产品或服务的市场需求、客户偏好、竞争情况、价格体系、促销手段等进行详细的调研研究，以便获取有关信息，为企业决策提供依据。这种研究可以由独立的机构从事，也可以由企业或代表从事，以解决市场营销问题。菲利普·科特勒将其定义为：企业系统设计、收集、分析和提出数据资料以及提出跟公司所面临的特定的营销状况有关的调查结果。

营销调研不是片面地调查某方面的信息，而是从总体出发系统收集和分析信息；营销调研是一种管理工具或手段，最终目的是有助于制定科学、合理的营销决策。

旅游景区营销调研是指某个景区整体情况收集和分析有用信息，以提高营销人员的决策水平。它涉及与当前和潜在旅游者有关的信息，其中包括：他们是谁，即景区营销活动所针对的目标市场；他们购买的原因，即消费者的旅游动机；他们来自什么地方，即客源的构成是怎么样的；什么时候来，即游客会选择什么样的季节；购买什么，即旅游者购买偏好是什么；他们如何购买，即旅游者会采用什么样的旅游方式。以上统一称为"5W1H"，除此之外，旅游景区营销调研还要处理有关营销组合变量：产品、价格、分销渠道、促销手段以及政策、权力和公共关系等。

二、旅游景区市场预测概述

(一) 旅游景区市场预测的含义

旅游景区市场预测是在市场调研的基础上分析研究各种数据、资料和信息，运用科学方法预报和推测未来一定时期内供求关系变化的前景,从而为景区的营销决策提供科学依据的过程。它是景区管理决策的组成部分。

(二)旅游景区市场预测的内容

1. 景区销售状况预测。一般包括销售额预测、销售目标预测、销售预算预测等。
2. 景区客源市场预测。包括旅游接待量预测、旅游者需求结构预测和市场潜力预测等。

此外,还有行业销售额和市场占有率预测;产品价格弹性和产品价格预测;景区营业收入、营业成本、营业利润的预测以及产品经济生命周期及新产品投放市场的适应性预测等。

通过这些预测,景区可以清楚地知道:未来一段时间内景区所面对的市场购买力情况如何、景区产品对市场的吸引力如何、是否需要推出新的旅游项目、什么时候比较适合推出新的旅游项目、景区将来的市场占有率怎样、在未来的某个时期或某段时期可能达到的销售额是多少、有可能实现多大的经济收益等。

三、旅游景区市场细分与目标市场的选择

(一)旅游景区市场细分概述

1. 旅游景区市场细分的含义

旅游景区市场细分是旅游景区从游客的需求差异出发,根据游客消费行为的差异性,将复杂多样的市场划分为若干部分,将其中基本需求相同或类似的消费群体划归为一个子市场,这个市场就称为细分市场。目的是使同一子市场内的差异尽量缩小,而不同的子市场之间的差异尽量突出。旅游景区市场细分是旅游景区营销管理的重要依据,通过市场细分便于景区市场定位和市场策略的制定。

2. 旅游景区市场细分的原则

旅游景区市场细分没有固定的模式,主要是根据自己的区位特点和实际需要等情况,采取恰当的方法就可以。旅游景区市场细分的原则如下:

(1)划分旅游景区的标准是可衡量的,也就是能具体测量的。

(2)旅游景区的产品能够进入细分市场,具体要求是有通畅可达的销售渠道以及具有吸引力和开发实力。

(3)细分的市场要有可开发的经济价值。

(4)市场细分应该在一定时期保持相对稳定。

此外,旅游景区市场细分的标准为组合运用有关变量,具体要选择对游客需求影响大、有代表性的因素作为景区市场的细分标准。归纳起来有:地理变量、人口变量、心理变量、行为变量四大类。每一类又有更细分的变量。

(二)旅游景区目标市场的选择

要选择目标市场,就必须从旅游景区的区位、资源、成本、销售潜力、服务能力、竞争六个

方面对市场进行细分，找出景区的优势、劣势、机会和威胁，进行综合考虑，选出能体现自身优势、弥补自身劣势、机会最大、威胁最小的市场。

1. 旅游景区的区位。也就是景区所在的地理位置，首先是距离客源地的距离，景区距离客源地近，一般来说吸引力大；距离客源地远，吸引力就会相对减少；其次是景区与中心城市的距离，中心城市是旅游景区开发的依托中心，因此旅游景区的发展同所在的中心城市距离密切相关，距离中心城市近则发展较快，距离中心城市远，则会受到一定的限制；最后就是受到交通可达性的影响，交通可达性越顺畅，旅游者越愿意进入。

2. 旅游景区的旅游资源。一般来说旅游资源的质量越高，旅游者越愿意进入，而旅游资源质量包含资源特色、功能和资源品位等几个方面，其中最突出的是资源特色。资源特色主要体现在以下三个方面：第一，美学特征的概括和抽象，如我们常说的泰山天下雄、华山之险峻；第二，单一性要突出，其实也就是唯一性，即只有这个景区有，如张家界国家森林公园、独特的张家界地貌；第三是要素组合合理，即旅游景区资源的搭配情况——除了自然旅游资源还不够，还得有人文旅游资源来辅助。

3. 成本。天然的旅游景观要变成旅游企业可利用的旅游景区，开发投入的资金是很大的，景区往往要投入大量资金兴建各种基础设施，美化、改造、修建各种小景点以满足目标市场的需求。因此开发成本也直接影响目标市场的选择。

4. 销售潜力。旅游景区细分市场当前的销售能力，就是未来销售潜力的基础。根据当前的游客数量和人均消费量可以计算出营业收入，再减去营业成本，就是当前的营业利润，营业利润是否还有上涨空间也是销售潜力的体现。此外景区市场规模也会影响销售潜力，如市场本身太小，而成本较高，选择这样的目标市场就没有意义了。

5. 服务能力。服务能力是指景区自身是否有足够的财力和管理能力去开发、生产、销售旅游景区的产品，并为这个市场提供满意的服务。

6. 竞争状况。该细分市场的竞争状况决定着景区的前途，由于景区转产十分困难，所以必须事先充分研究市场上竞争者的数量和能力，制定出恰当的竞争策略。

第三节　旅游景区产品组合营销策略

◇ 案例导入

南岳衡山景区的重新定位

南岳衡山自古就有"五岳独秀"的美誉。但是这一形象在国内众多的山岳型风景区内既不突出也不独特，与东岳泰山相比，文化上没有比较优势；与黄山等江南名山相比，自然风光也没有竞争力，因而在旅游市场上影响力不强。面对现实，南岳人遍查历史，调查市场，做出了品牌重新定位，打出了"天下独寿"的品牌，并于2000年10月6日建成了中华寿坛和高9.9米、重56吨的中华万寿大鼎，举办国际寿文化节，使南岳真正成为高举"寿文化"大旗的

"中华主寿之山"。

(资料来源:根据网络资料整理)

一、旅游景区形象营销

(一) 旅游景区形象设计概述

1. 旅游景区形象的基本含义

旅游景区形象,一般认为是旅游者、潜在旅游者对旅游景区的总体认识、评价,是旅游景区在旅游者、潜在旅游者头脑中的总体印象。从旅游景区形象感受来看,一类是旅游景区在潜在旅游者头脑中的印象,是人们对未游览过的旅游景区的印象;另一类是旅游景区在旅游者头脑中的形象,是人们对已游览过的旅游景区的印象。

2. 旅游景区形象的类型

从不同角度、不同层面,旅游景区可分为以下几种类型:

(1) 总体形象和特殊形象。前者是指社会公众对旅游景区、景点总的看法和形象;后者则是指针对某些特定市场所设计形成的印象,又称局部形象。树立特殊形象是建立总体形象的重要入口,是构成总体形象的基础。如山海关长城旅游景区,可以说就是以老龙头(长城的起点)、天下第一关(长城的关口)、角山长城等的形象宣传为基点构成的。

(2) 实际形象和期望形象。前者是指公众普遍认可的旅游形象,它是旅游景区进行形象塑造的基础和起点;后者是指旅游景区期望在公众心目中树立的形象,是旅游景区的理想形象,是旅游形象塑造的奋斗目标和努力的方向。

(3) 功能性形象和象征性形象。前者是指由景区价格、服务内容与服务效果等方面所反映的旅游景区的实际功效形象,景区单项产品一般侧重于功能性形象的显示;后者是指旅游景区经营者塑造的旅游景区的人格化形象,景区整体一般侧重于象征性形象的显示。

(4) 有形形象和无形形象。前者是指通过感觉器官直接感受到的旅游景区形象,如优美的自然风光、富有历史沧桑感的古迹、旅游景区的景观项目、旅游服务人员的行为等;后者则是建立在有形形象的基础上,通过旅游者的记忆、思维等心理活动在头脑中升华而得到的形象,体现的是旅游景区经营的内在精神。

3. 旅游景区形象设计的构成要素

旅游景区形象设计涉及面很广,影响因素也很多,每一个因素都有可能影响景区形象。从景区形象设计角度分析这些因素,可将其分为两类:一是硬件因素,是旅游景区景点形象树立的基础,是旅游景区形象的物质支撑。硬件因素主要由旅游资源、旅游环境、旅游基础设施和旅游服务设施等构成,其中,旅游景区的旅游资源是关键,旅游资源的品位和可进入性直接影响旅游景区形象。二是软件因素,主要是由景区人员素质、景区规范制度、景区安全、景区品牌、景区管理等构成。其中旅游景区从业人员的素质是根本,旅游景区产品属于服务产品,实质是从业人员借助一定的设施或条件向旅游者提供的各种服务,而服务产品质量的高低取决于景区景点从业人员的素质。硬件因素与软件因素相互依存、缺一不可,在进行旅游景区形象设计时,两者都是旅游景区形象设计的重要内容。

(二) 旅游景区形象定位

1. 旅游景区形象定位的含义

旅游景区形象定位是旅游景区形象设计的前提与核心。形象定位就是要使旅游景区深入到潜在旅游者的心中,占据其心灵位置,使旅游景区在游客心中形成生动、鲜明而强烈的感知形象。旅游景区形象定位一般从两个方面考虑:一是景区现在所处和希望提升到的位置;二是景区在公众中对现在和未来希望树立的形象。

2. 旅游景区形象定位的方法

旅游景区形象定位必须以旅游景区特色为基础,以客源市场为导向,塑造出富有个性、独特鲜明的形象。旅游景区形象定位方法可采用领先优势定位、比附定位、空隙定位。

(1) 领先优势定位法。采用这种方法的景区一般是旅游资源或产品独特、知名度高、客流量大的旅游景区,它在游客的形象阶梯中占据最高位置。比如泰山定位于五岳之首、桂林定位于山水甲天下等。

(2) 比附定位法(借势定位)。运用这种方法的景区通常具有很好的自然或人文景观环境,但与处于领先优势地位的第一品牌有一定差距。这种定位比较容易造势,能有效地提高知名度。如珠江流域北江水系的主要支流湟川上的仙女峡、楞伽峡、羊跳峡形象定位表述为"湟川三峡",其目的无非是利用绝对稳固的长江三峡旅游景区形象使自身形象比较容易被国内外游客认知。

(3) 空隙定位(补缺定位)。这种方法是旅游景区形象定位用得最多的方法,具体来讲就是选择旅游市场的空缺,树立自己的特色优势,做到人无我有。实施空隙定位的核心是根据旅游市场的竞争状况和自然条件,分析旅游者心中已有的形象阶梯的类别,树立一个与众不同、从未有过的主题形象。

除了上述三种,旅游景区形象定位方法还有逆向定位和重新定位等方法。

3. 旅游景区形象定位的口号设计

旅游景区形象定位的最终表述往往以一句口号加以概括。口号是旅游者易于接受和容易传播旅游景区形象的最有效方式。设计旅游景区口号的基本原则如下:

(1) 特色性原则。口号的内容源自地域文化,特点鲜明。

(2) 行业特征原则。口号的表达要针对顾客,体现行业特点。

(3) 时代特征原则。口号的语言描述要紧扣时代,凸显时代特色。

(4) 广告效果原则。口号的形式要借鉴广告语,易于记忆。

(5) 发展理念原则。口号的提出要反映旅游景区的发展思想。

例如:

华侨城主题公园群的总体口号:中国心、世界情、华侨城。

华侨城内部口号：寸草心、手足情、华侨城。

华侨城企业文化口号：同根同心，求实求精。

各主题公园的口号分别为：

锦绣中华：一步迈进历史，一天游遍中国。

中国民俗文化村：二十七个村寨，五十六族风情

世界之窗：世界与您同欢乐，您给我一天，我给您一个世界。

欢乐谷：奇妙欢乐之旅

二、旅游景区产品组合营销策略

（一）旅游景区产品组合的概念

旅游景区产品组合是指景区经营的全部产品的结构或结合方式，它包括有形产品与有形产品的组合、有形产品与无形产品的组合以及无形产品与无形产品的组合。产品组合的方式包括景区产品组合的宽度、深度和相容度。

（二）旅游景区产品组合方式

景区产品组合不是静态的组合，景区的内外部条件在不断变化，景区产品组合也应随之进行调整，增减一部分景区产品项目，使得景区产品组合经常达到合理化、最佳化状态。景区产品组合的广度、深度和关联性都决定了景区产品组合的状况。其内容包括景区产品组合的延伸、填充和缩减。

1. 景区产品组合的延伸

景区产品组合延伸是针对景区产品的档次而言的，一般是指景区在经营高档产品、中档产品、低档产品、高中档产品、中低档产品等方面的选择，是景区产品档次组合的变化，主要分为向上延伸、向下延伸和双向延伸。

向上延伸是在现有基础上，同时向高端旅游产品的生产方向发展，以满足更多高端旅游市场的需求，它有如下优点：可以获得更厚的利润，可以作为正面竞争的手段；可以提高景区的形象、完善景区产品组合，满足不同层次消费者的需要。采取向上延伸策略的条件有以下几种：景区旅游资源的垄断性较强，原有的声誉比较高，景区有向上延伸的足够能力，实际存在对较高档次产品的需求，能应付竞争对手的反击。

向下延伸是在现有基础上，向满足大众市场的旅游产品的生产方向发展，以满足更多中低端旅游市场的需求。它可以反击竞争对手的进攻，弥补高档景区产品减销的空缺，可以预防竞争对策趁虚而入。但它可能给人产品质量下滑的印象，也可能刺激竞争对手反击，在景区经营领域，尤其是具有一定资源垄断性的景区一般都不会采取这种方式。

双向延伸是两种产品组合方式的结合。它主要是为了取得同类景区产品的市场地位，扩大经营，增强景区的竞争力。但应注意，只有在原有景区产品已经取得市场优势，而且有

足够资源和能力时,才可以进行双向延伸,否则还是单向延伸较为稳妥。

2. 景区产品组合的填充

景区产品组合的延伸是景区产品经营范围的伸长,因此是一种战略性的决策。景区产品填充是针对景区产品项目而言的,是在原有的经营范围内,即在原来产品档次不变的情况下增加景区产品项目的数量,是一种战术性决策。

这一决策的目标是多方面的,通过扩大经营、增加利润,满足消费差异化的需求,利用过剩的生产能力等。进行决策时要注意,必须根据实际存在的差异化需求来增加景区项目,以动态的观点来认识景区产品组合填充,必须能吸引足够多的消费者。

3. 景区产品组合的缩减

产品组合的缩减与延伸和填充是相互对应的,都是在景区原有经营范围不变的情况下,根据景区市场变化的实际情况,适当减少一部分景区产品项目:一种是减少不同档次的产品;另一种是减少同一档次产品的数量。在以下情况下,景区应适当减少景区产品项目:一是已进入衰退期的、亏损的景区产品项目;二是无力兼顾现有产品项目时,放弃无发展前途的景区产品项目;三是当市场出现疲软时,删减一部分次要景区的产品项目。

第四节 旅游景区促销策略

◇ 案例导入

深圳华侨城网络广告营销

东部华侨城坐落于中国深圳大梅沙,占地近9平方千米,由华侨城集团斥资35亿元精心打造,是国内首个集休闲度假、观光旅游、户外运动、科普教育、生态探险等主题于一体的大型综合性国家生态旅游示范区,主要包括大峡谷生态公园、茶溪谷休闲公园、云海谷体育公园、大华兴寺、主题酒店群落、天麓大宅等六大板块,体现了人与自然的和谐共处。华侨城以"规划科学合理,功能配套齐全,城区环境优美,风尚高尚文明,管理规范先进"为规划,以"让都市人回归自然"为宗旨,定位于建设成为集生态旅游、娱乐休闲、郊野度假、户外运动等多个主题于一体的综合性都市型山地主题休闲度假区。唐宋中国自2011年进行东部华侨城的网络数字品牌管理运营以及整合推广,2年取得近2倍点击率的增长,访问深度也获得36%以上的回头访问。

2012年官方网站的访问量更是突破了近800万,网站从世界排名10多万名,到了4万多名,获得非常大的进步。2013年在整合营销的基础上为电子商务工作的开展做准备。

(资料来源:根据网络资料整理)

一、广告促销

旅游景区广告是指通过购买宣传媒介的空间或时间,向特定的公众或旅游消费市场传播旅游景区信息的营销工具。根据所选择的媒介,旅游景区广告分为大众传媒广告、印刷品广告、户外广告、电子广告四种形式(见表6-2)。

表6-2 旅游景区广告形式

广告形式	表现类型
大众传媒广告	报纸杂志广告、电视广告、广播广告等
印刷品广告	旅游画册、招贴画、旅游手册、宣传册、明信片等
户外广告	户外牌、广告画、交通工具广告、空中广告等
电子广告	录像带、DVD光盘、电影等

景区广告一方面可以帮助旅游景区树立长期形象,另一方面也能在短期内促进销售。由于使用媒介的不同,不同广告形式之间的预算差别也可能非常大,由于旅游产品与其他产品有不同的特点,在进行广告宣传时,旅游景区自身单独做广告的同时,往往依托当地的环境与其他旅游景区或饭店企业联合做广告,或由旅游管理部门承担部分营销工作,以吸引境外旅游者。

不同类型的旅游景区往往采用不同的广告形式,客源型旅游景区多在地方大众媒体花费较大的代价,集中力量进行广告宣传,电视台、电台及当地报纸是重要的宣传渠道,同时还使用印刷品广告,在人群密集地带如商业中心、车站等向旅游者广为散发。资金实力雄厚的新景点还会采用户外广告形式,营造气氛,满足旅游者需求。对于大型的以观光游览为主题的传统旅游景区,在联合对外促销时,采用印刷品广告和电子广告的宣传形式宣传旅游景区。另外,旅游景区处于不同的生命周期阶段,选择广告目标也有不同的技巧。广告按其目标可分为通知型、说服型和提醒型。通知型广告主要用于景区的市场开拓阶段;说服型广告适合旅游景区的市场宣传,任何生命周期阶段都可以采用;成熟期采用提醒型广告,会有意想不到的效果。

二、促销定价策略

门票价格的指定应考虑与促销活动的相互协调。促销定价策略有差别定价和特定时间定价。在旅游景区促销时,通常指定多层次有差别的价格,以此刺激旅游者数量的上升。许多旅游景区(博物馆、科技展览馆、风景名胜区)通常暂时或长期对学生收取较低的门票费用。在特定的季节或节假日、纪念日,利用特别时间定价来吸引更多的旅游者,从而达到促销预期效果。

三、节庆营销

旅游节庆活动能迅速为旅游景区带来丰厚的效益,如旅游人数的增多、知名度的提高等等。但任何一个具有竞争力的旅游景区,不仅要追求短期的效益,更要有长远的打算,做好旅游节庆活动的延续性。有的景区的节庆活动是每年一届,而且每年的内容都有创新,这样就在游客的心里形成认知与忠诚度。即使别的景区跟风模仿,也不会动摇其霸主地位。另外,旅游节庆活动需要利用各种媒介进行宣传造势,可以运用新闻发布会、现场采访报道、跟踪报道、人物专访等方式把节庆活动的主题、宗旨、意义等让公众知晓,提高社会公众对旅游节庆的关注程度,全面提升旅游节庆的影响力与参与度。

四、直接营销策略

直接营销是一种不使用中介平台,浓缩促销活动的行为。近年来,随着社会、经济和科技的进步和发展,直接营销被大众接受并趋于多样化,包括门市销售、邮购、电台和电视台直播、电子销售等形式。这些促销形式的共同特点就是直接刺激游客加深对旅游景区的游览欲望,直接营销的主要方式有线下组织购买和线上销售两种。

(一)线下组织购买

线下组织购买是旅游景区推销人员直接向相关组织寻求购买来增加旅游者数量,使用这种方法的推销人员结合门票的价格优惠措施或其他活动,与目标顾客或组织建立良好的关系,对存在特定客源市场的旅游景区来说,采用组织推销的直接营销方式往往能获得数量可观的顾客,而且客源稳定。

(二)线上销售

线上销售仍属于一种新式的促销方式,包括视频信息系统和网上信息系统。目前,在我国部分旅游景区已采用这两类信息系统。用于旅游景区的视频信息系统为旅游者提供旅游信息咨询服务,是一种计算机信息库的单向装置,旅游者可以通过视频查询到自己感兴趣的旅游信息。该类装置多摆放在繁华的商业区、旅游信息咨询中心、大型旅行社门市、高星级酒店或旅游景区周围旅游者密集的地方。视频信息装置能够提供给旅游者包括声音、图像、指示图和文字说明等体现旅游内容的综合信息,将宣传应用于服务之中,促销效果显著。网上信息系统作为信息宣传手段的出现,是在视频信息系统之后的事情。旅游景区将地区的旅游节目制作成声情并茂、丰富多彩、形式灵活的网页,供网上访客查询,是高效、低成本、无障碍促进宣传的最佳手段。旅游景区的网站可以享受到身临其境的动静结合的绝佳感受,正是因为网上信息系统的独特宣传促销效果,这种销售方式已成为各类旅游企业比较青睐的重要营销手段之一。

随着信息技术的不断发展,目前更流行的是抖音、企业公众号或微信小程序的营销方式,这种线上营销方式为旅游者推送了更高效、有趣、便利的信息,也给旅游景区营销者提供了更为广阔的潜在市场。

实训与练习

一、思考题

1. 旅游景区营销的概念和特点是什么?
2. 旅游景区市场预测的内容有哪些?
3. 旅游景区如何选择目标市场?
4. 旅游景区形象定位的方法有哪些?
5. 旅游景区产品组合营销策略有哪些?

二、实训题

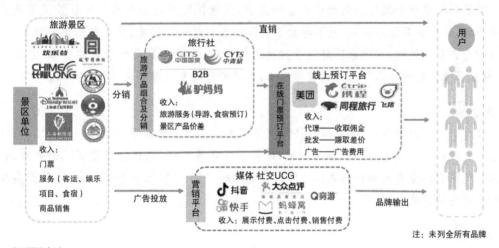

问题讨论:

根据上图,分析旅游景区如何实现营销管理。

第七章

旅游景区环境管理

项目导读

　　景区环境质量直接关系到景区的生存发展,是景区发展的生命线。一旦景区环境质量遭受破坏,将造成客源的锐减,从而导致景区面临生存危机。因此,景区想取得长效发展,就要保护好自身的环境,掌握景区环境管理的基本理论,了解景区环境管理的内容、方法和手段,树立可持续发展和循环经济的管理理念,处理好旅游发展与环境保护的关系。

学习要求

　　通过本项目的学习,了解旅游景区环境管理的意义和旅游活动对景区环境的影响;理解游客不文明行为产生的原因和游客心理;掌握景区环境的概念、景区容量管理的方法、旅游景区环境保护的主要措施和游客不文明行为的管理方法、景区卫生管理的方法,从而实施旅游景区可持续发展战略。

思维导图

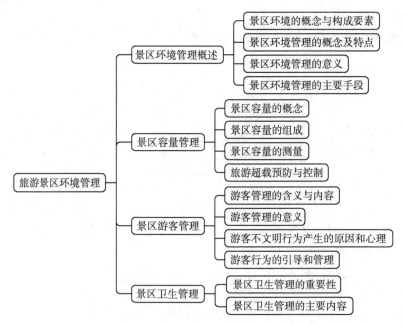

第一节 景区环境管理概述

◆ **案例导入**

栈桥风景美如画,食物残渣脏乱差

近日,有网友通过青岛日报社观海新闻舆论监督部热线反映,青岛栈桥景区部分游客喂食海鸥造成食物残渣掉落,影响栈桥环境。根据网友提供的线索,观海新闻记者来到栈桥实地探访。随着春天的气息越来越浓,不少市民游客选择去海边踏青出游,栈桥景区人气爆棚,喂食海鸥的游客挤满长桥。记者观察到,部分游客喂食海鸥造成食物残渣掉落,饼干屑、面包块、水果皮等垃圾在护栏的两侧形成了厚厚一层,十分影响美观,给环卫工人增加了不少的清扫压力。在栈桥两侧的沙滩上,五花八门的塑料瓶、塑料袋、纸巾、牛奶盒、零食袋等垃圾显得极其扎眼,让这个地标性景点变得"伤痕累累"。一位踏青的游客告诉记者:"栈桥作为青岛代表性的景点之一需要保持更高水准的生态环境。希望有关部门可以加强清扫力度和频率。同时,呼吁游客理性喂食海鸥,注意环境保护。"

(资料来源:青岛时报社/观海新闻,2021-02-23)

一、景区环境的概念与构成要素

环境是人类生存的空间及其中可以直接或间接影响人类生活和发展的各种自然因素。通常按环境的属性,将环境分为自然环境和人文环境。自然环境和人文环境是人类生存、繁衍和发展的摇篮。根据科学发展的要求,保护和改善环境,建设环境友好型社会,是人类维护自身生存与发展的需要。

1. 景区环境的概念

景区环境有广义和狭义之分。广义的景区环境是指景区得以存在和经营的一切物质基础和外部条件,包括自然、社会、经济、文化等方面;狭义的景区环境仅指景区自然环境。基于旅游业高质量发展的要求与旅游可持续发展的要求,本章所指景区环境为广义的景区环境,即所有影响旅游景区吸引物的质量及其旅游业发展状况的各类因素。

2. 景区环境系统的构成要素

(1) 旅游吸引物。旅游吸引物是景区环境的中心项,也是景区环境系统中的重要因素,是旅游景区发展旅游业的基础。旅游吸引物遭破坏的主要原因除了自然灾害、气候等自然因素外,还有景区的超负荷接待、低层次开发和过度建设以及游客的不文明行为等。当旅游吸引物受到的损害超过临界点后,就会反作用于景区环境系统中的其他要素。

景区服务与管理

◇ **知识链接**

世界上正在逐渐消失的景点之一——冰川国家公园

　　冰川国家公园位于美国蒙大拿州北部,与加拿大的英属哥伦比亚省和亚伯达省接壤。这里不仅有种类丰富的动植物,还有棱角分明、晶莹剔透的冰川,给人一种置身童话世界的感觉。不过让人遗憾的是,由于温室效应的缘故,公园里的冰川正大幅度地融化,昔日的大冰川变成今日的小冰川,过去的小冰川干脆就消失了。曾经有大约150个冰川,现在却只剩下了25个。科学家预言:冰川国家公园所有的冰川将在2030年左右全部融化。

(资料来源:搜狐网 https://www.sohu.com/a/48847890_255301,2015-12-16)

　　(2)游客。游客是景区环境系统中最活跃的要素之一,是被服务的对象。游客进入景区后,会与环境系统中的各种要素发生关系,如当地居民、经营者等。当游客数量超过景区旅游环境容量时,会对旅游吸引物产生破坏作用。主要表现在游客为了达到旅游目的而在景区内的行为,如观景、拍照、饮食、住宿和娱乐等。游客行为管理是景区环境管理的最主要工作之一。

◇ **知识链接**

鸭嘴岩变碎石

　　在美国俄勒冈州的州立公园拥有诸多美妙的自然风光,在这其中,原本有一个称得上"网红景点"的奇怪岩石,因为长相奇特,就像一只鸭嘴一样,因此得名鸭嘴岩。许多游客攀爬在岩石上,摆出各种姿势拍照。正因如此,州立公园的工作人员为其安装上了一些围栏来阻碍游客们的靠近,以防止鸭嘴岩毁坏。但这么做没有带来效果,因为鸭嘴岩后来变成了一堆乱糟糟的碎石。

(资料来源:根据网络资料整理)

　　(3)旅游经营者。旅游经营者是旅游景区主要的旅游服务提供者,有时也是旅游资源的开发者或参与者。旅游资源的开发程度、开发方式及经营理念都会对景区环境产生影响。旅游经营作为一种经济活动,动机是利益最大化,但利益最大化会与景区环境存在一定的矛盾,过度经营会损害旅游环境。

◇ **知识链接**

三亚西岛某旅业有限公司未批先建案

　　2019年1月15日,原三亚市天涯区环境保护局在西岛景区调查发现,三亚西岛某旅业有限公司的三亚西岛海洋文化旅游区在建项目在未办理环境影响评价审批手续的情况下,于2018年7月擅自开工建设,总建筑面积约60 859平方米,占用珊瑚礁自然保护区面积约696平方米,项目投资总额42 579万元。2019年1月21日,根据《建设项目环境影响评价分类管理名录》旅游开发的"其它"类别,该项目应编制环评报告表,原三亚市天涯区环境保护局依法对其"未批先建"违法行为进行立案查处。参照《海南省生态环境行政处罚裁量基准适用规则(试行)》第五条第七款规定,三亚西岛某旅业有限公司在环境敏感区实施违法行为,应当从重处罚;根据《中华人民共和国环境影响评价法》第三十一条的规定,三亚市天涯区生态环境局对该公司未批先建的违法行为处468.369万元罚款。

(资料来源:节选中国日报网资料 https://baijiahao.baidu.com/s?id=1659116271103334599&wfr=spider&for=pc,2020-2-21)

(4)当地居民。当地居民是景区的原住民,在景区中有多重角色,他们可能本身就是旅游吸引物,如丽江的摩梭族。他们还可能是经营者,同时又是被管理者和旅游发展的获益者。他们的生活、生产方式,以及与其他要素之间的关系都直接影响着景区的环境。

(5)当地政府。在我国,当地政府与景区管理机构往往是统一体,甚至是上下级关系,一般而言,政府掌握国有资产和自然资源的所有权,以及对自然资源开发利用的经营和管理权、土地所有权等。另外,政府还拥有行政干预权,政府制定的旅游及环境相关政策与法规可能对旅游业可持续发展及环境的保护产生长远的影响,同时也可以影响开发者和当地居民的环境行为。国家法律、法规的约束是规范政府行为的最根本保证。

◇ **知识链接**

从政府方面进行生态旅游环保——以福建武夷山自然保护区为例

武夷山遗产地处中国福建省西北部,总面积999.75平方千米,全区划分为西部生物多样性、中部九曲溪生态、东部自然与文化景观以及城村闽越王城遗址等四个保护区。武夷山生态旅游在其发展过程中主要依据政府的支持,其环保经验主要有以下几点:

第一,正确处理开发与保护的关系是进行环境保护的前提。武夷山在生态旅游的建设过程中,很好地处理了开发与保护之间的关系,认真贯彻了"开发与保护并重、开发服从保护"的方针。政府从旅游收入中拿出大量资金用于资源的保护,二期的保护建设就投入了3.4亿元,用于旅游基础设施的改善和旅游环境的监控。这从经济上给了武夷山环保工作强大的资金支持。

第二,通过制度、法规建设保护武夷山生态环境。武夷山的保护历史可以一直追溯到唐朝,在九曲溪四曲的金谷岩上镌刻着一幅崇安县府禁渔令的岩刻:"……凡三十里内不许放药毒鱼及鸬鹚、网罟入境……"这方勒石法令被国内外专家们视之为经典的古代环保法令。随着旅游业的发展,省、市各级管理者一方面严格按照国家出台的有关保护法规执行,另一方面,也制定切合实际的地方性法规,如《福建省武夷山世界文化和自然遗产保护条例》《福建省武夷山国家级自然保护区管理办法》《武夷山风景名胜区管理规定》等,法律、法规的制定有效地保护了武夷山的生态资源。

第三,培养旅游从业人员和游客环保意识。武夷山近年一直加强生态旅游宣传,在导游人员年审培训中增加生态道德教育,提高他们的整体环保意识,通过导游词以及自身的行动,让游客积极响应和投身于生态环境的保护之中,从而达到保护生态环境的目的。在游客环保意识培养方面,一是在旅游景点的明显位置,设立生态保护的宣传提示牌,例如在许多景区入口处可以看到"除了摄影什么都不带走,除了足迹什么都不留下""保护世界自然文化遗产是我们共同的责任""禁止吸烟"等提示牌。另一方面以强制性条约和法规规范游客的行为,引起游客的高度重视。对于违反相关规定的,则严格处理,给予相应的经济处罚。

(资料来源:建筑网 https://www.cbi360.net/hyjd/20200706/206375.html,2020-07-06)

(6)自然突变。自然界发生的突发事件,如泥石流、地震、洪水等,会改变景区的景观特征,破坏景区环境。

二、景区环境管理的概念及特点

1. 景区环境管理的概念

旅游景区环境管理是指运用法律、经济、行政、规划、科技、教育等手段,对一切可能损害旅游景区环境的行为和活动施加影响,协调景区发展同环境保护之间的关系,处理景区与相关的各部门、社会集团、企事业单位及个人涉及环境问题的相互关系,使旅游发展既满足游客的需求,又保护旅游资源,防治环境污染,实现经济效益、社会效益和环境效益的有机统一。

2. 景区环境管理的特点

景区环境管理主体是景区经营组织。管理的对象主要是景区各利益相关者,包括旅游者、旅游企业、当地社区等。管理的内容是调整景区各利益相关者的思想观念和行为。管理的目的是解决由于旅游活动所造成的环境污染和生态破坏问题,保证景区的环境安全。因此,景区环境管理具有综合性、区域性和紧迫性等特征。

(1)综合性

旅游景区环境不仅涉及自然生态环境,如大气、水体、土壤、生物等本身就是自然旅游资源,而且涉及人文社会环境,在人文社会旅游环境中,既有人文旅游资源,如文物古迹、民俗风情、文化艺术等,又有旅游社会环境,如旅游目的地和旅游依托地是否安全卫生、方便舒适等。因此,景区环境管理的领域涉及政治、经济、社会、自然、科技等方面,管理的范围涉及旅游、交通、文化、文物、环保、工商、卫生、公安、工业、农业、商业、林业、水利等部门。此外,环境污染和破坏的防治工作是一项包含社会、经济、文化、生态等多方面的系统工程,任何单一的办法或措施都不可能奏效,必须采取法律的、经济的、行政的、规划的、科技的、教育的配套办法,并将其有机组合起来进行综合防治,才有可能取得成功。因此,景区环境管理就具有高度的综合性。

(2)区域性

景区是依赖于一定的地域空间而存在的,因此,景区环境状况受到旅游依托地的地理位置、气候条件、人口密度、交通条件、经济发展、工业布局、社会文明程度、旅游资源开发程度及环境容量等多方面的影响和制约,对于不同地区,旅游环境管理采取的手段和实施的内容也就不同。因此,旅游环境管理具有明显的区域性。

(3) 紧迫性

由于旅游业的迅猛发展,特别是大众旅游时代的来临,旅游已逐渐成为国人日常生活中的重要组成部分,并已成为一种生活方式。游客的体验总要身处一定的旅游环境中,人们的旅游行为和活动又反作用于旅游环境,对旅游环境产生一定的影响。旅游环境的好坏,首先与每一个游客的行为和活动有关。然而,当前我国旅游者的环保意识有待进一步提高,特别是对旅游环境污染的认识存在偏差,这一点正严重威胁着我国旅游景区环境质量。所以,旅游环境管理具有相当的紧迫性。

三、景区环境管理的意义

景区环境管理作为景区经营管理的微观管理活动,直接关系到旅游者旅游体验的质量、景区利润的获取、景区的和谐发展以及景区所在区域旅游业的可持续发展。

1. 景区环境管理直接关系到旅游者旅游体验的质量

旅游景区是人们在紧张忙碌的生活之余,为了放松身心、陶冶情操、开阔视野、增长见识等目的而从事观光游览与娱乐休闲的地方。一般来说,景区环境的以下三个方面会影响到游客的旅游体验:一是优良的自然环境,包括清新的空气、干净的道路、洁净的水体等;二是舒适的人文环境,包括独特的文化氛围、安全的场所、景区内畅通的交通等;三是温馨的服务环境,包括员工着装得体、语言流畅、工作热情等。

2. 景区环境管理关系到景区利润的获取

景区需要寻找环境管理的成本与利润之间的平衡点。景区环境的保护需要景区支付一定的成本,如景区绿化工程、景区卫生管理、景区员工培训、景区人文环境的创造等都需要景区进行相应的资金投入;景区环境管理也会带来景区利润的增加,如今,环境管理是每个景区的必修课,环境的好坏直接决定着景区吸引力的大小。只有良好的景区环境才能吸引游客,才能促使游客重游行为的产生。总之,良好的景区环境管理带来稳定的游客流,从而提高景区的经营业绩。

3. 景区环境管理关系到景区的可持续发展

景区环境的破坏有些是很难或者无法修复的,比如,景区大气或者水体的污染很难治理,治理需要投入很大的成本;博物馆等一些人文景区游客过多,人的呼吸气体或者噪音造成的人文景物色泽的退化、人文景观外层物体的脱落等,这些是无法修复的。因此,如果景区不注重环境的管理,只图眼前利益,将会影响到景区的长远发展。

四、景区环境管理的主要手段

1. 行政手段

行政手段是各级政府及旅游主管部门根据国家和地方政府制定的政策和法规,以命令、指示、规定等形式作用于直接管理对象的一种手段,具有权威性、强制性和规范性。如行政通告、政府专项整治与综合整治等。

◇ **知识链接**

国家标准《旅游景区质量等级的划分与评定》节选

在国家标准《旅游景区质量等级的划分与评定》中,对不同等级的旅游景区资源和环境的保护应达到的标准进行了规定,其中 AAAAA 级旅游景区对资源和环境的保护标准如下:

a) 空气质量达 GB 3095—2012 的一级标准。

b) 噪声质量达到 GB 3096—2008 的一类标准。

c) 地面水环境质量达到 GB 3838 的规定。

d) 污水排放达到 GB 8978 的规定。

e) 自然景观和文物古迹保护手段科学,措施先进,能有效预防自然和人为破坏,保持自然景观和文物古迹的真实性和完整性。

f) 科学管理游客容量。

g) 建筑布局合理,建筑物体量、高度、色彩、造型与景观相协调。出入口主体建筑格调突出,并烘托景观及环境。周边建筑物与景观格调协调,或具有一定的缓冲区域。

h) 环境氛围优良。绿化覆盖率高,植物与景观配置得当,景观与环境美化措施多样,效果好。

i) 区内各项设施设备符合国家关于环境保护的要求,不造成环境污染和其他公害,不破坏旅游资源和游览气氛。

A 级旅游景区对资源和环境的保护标准如下:

a) 空气质量达到 GB 3095 - 2012 的一级标准。

b) 噪声质量达到 GB 3096 - 2008 的一类标准。

c) 地面水环境质量达到 GB 3838 的规定。

d) 污水排放达到 GB 8978 的规定。

e) 自然景观和文物古迹保护手段科学,措施得力,能有效预防自然和人为破坏,基本保持自然景观和文物古迹的真实性和完整性。

f) 科学管理游客容量。

g) 建筑布局较合理,建筑物造型与景观基本协调。出入口主体建筑与景观环境基本协调。周边建筑物与景观格调较协调,或具有一定的缓冲区或隔离带。

h) 环境氛围较好。绿化覆盖率较高,景观与环境美化效果较好。

i) 区内各项设施设备符合国家关于环境保护的要求,不造成环境污染和其他公害,不破坏旅游资源和游览气氛。

2. 法律手段

法律手段是一种强制性的管理手段。目前我国与旅游景区环境相关的法律法规主要有：①环境保护基本法；②环境保护单行法，包括水污染防治法、大气污染防治法、环境噪声污染防治法、土地管理法、森林法、野生动物保护法、水土保持法等；③环境保护行政法规和部门规章，如风景名胜区管理条例、文物保护法等。

3. 经济手段

主要是指以经济杠杆来调节景区相关利益者行为，以提升环境质量的管理方法。经济手段具有较强的激励效应，时滞性小，效果明显，如征收环境资源税、征收环保专项费、对旅游者进行经济奖励和处罚等。

◇ 知识链接

税收助力黄河流域生态保护高质量发展

近年来，国家税务总局陕西省税务局深入贯彻落实党中央、国务院生态文明建设决策部署，坚持以生态优先、绿色发展为导向，逐步建立并持续完善"独立税种调节＋税制要素引导＋税收政策辅助"的绿色税制体系，助力黄河流域生态保护和高质量发展。

几年来，合阳中资国业牡丹产业发展有限公司累计投资5亿余元，建设了现代化加工基地68亩，研发推出牡丹油、牡丹花茶、牡丹化妆品等系列产品，初步形成一、二、三产融合发展的全产业链项目，目前，已经成为合阳推动产业升级、带动乡村振兴、促进群众增收的特色产业和乡村旅游的一张亮丽名片。"公司能顺利发展，离不开税务部门的鼎力支持，截至今年7月份我们已经享受增值税期末留抵税额退税3次，共计141.39万元。"合阳中资国业牡丹产业发展有限公司负责人林庆斌说，这些退税金额不仅缓解了当前资金紧张的境况，而且为该公司节约了一定的资金成本。

据渭南市税务局相关负责人介绍，环境保护税从2018年1月1日开始实施，是生态环境治理、推进生态文明建设的一大利器。2019年渭南税务征收环保税3386万元，2020年2841万元，2021年2235万元，逐年递减的环保税也是绿色税收正向激励作用的充分体现。在正向激励下，企业节能减排的积极性不断增强，越来越多的企业向绿色、生态、健康、循环利用转型。

（资料来源：金台资讯 https://baijiahao.baidu.com/s？id＝1741304860533452952&wfr＝spider&for＝pc,2022－08－16）

4. 教育手段

通过现代化的新闻媒介和其他形式，向公众传播有关旅游资源管理和环境保护的法律知识和科技知识，促使人们正确认识环境，养成文明旅游习惯。

5. 科技手段

主要指景区在环境管理时运用科学的方法、技术和思维。如因地制宜地采取整合治理和区域治理技术；组织推广卓有成效的景区环境保护经验和科学研究成果等。

◆ **知识链接**

ISO 14000 环境管理系列标准

ISO 14000 环境管理系列标准是国际标准化组织（ISO）继 ISO 9000 标准之后推出的又一个管理标准。该标准是由 ISO/TC 207 的环境管理技术委员会制定，有 14001 到 14100 共 100 个号，统称为 ISO 14000 系列标准。

该系列标准融合了世界上许多发达国家在环境管理方面的经验，是一种完整的、操作性很强的体系标准，包括为制定、实施、实现、评审和保持环境方针所需的组织结构、策划活动、职责、惯例、程序过程和资源。其中 ISO 14001 是环境管理体系标准的主干标准，它是企业建立和实施环境管理体系并通过认证的依据 ISO 14000 环境管理体系制定的国际标准，目的是规范企业和社会团体等所有组织的环境行为，以达到节省资源、减少环境污染、改善环境质量、促进经济持续、健康发展的目的。ISO 14000 系列标准的用户是全球商业、工业、政府、非营利性组织和其他用户，其目的是用来约束组织的环境行为，达到持续改善的目的，与 ISO 9000 系列标准一样，对消除非关税贸易壁垒即"绿色壁垒"、促进世界贸易具有重大作用。

（资料来源：百度百科）

第二节　景区容量管理

一、景区容量的概念

景区容量的概念来自一个人所共知的现实：地球上的资源都是有限的，任何区域环境的资源利用强度——单位时间内的利用数量（程度/时间）事实上都存在着一个阈值上限，这一阈值是指在不破坏环境的自然恢复能力和持续能力前提下的利用饱和值。超出这一限度，不但会破坏生态稳定性，而且还有可能导致相当长时间内（甚至永久性的）难以恢复原有状态。

二、景区容量的组成

景区容量是多种容量概念的总称，是一个概念体系。一个景区的接待能力有多大，受制于旅游资源、生态环境、旅游设施和基础设施状况，以及游客、景区居民心理承受能力等综合因素。旅游景区容量按内容分类，可分为旅游环境容量、旅游经济容量和旅游社会容量。

1. 旅游环境容量

旅游环境容量是指旅游地在不破坏生态平衡、达到风景区环境质量要求，并能满足游人的最低游览要求时风景区所能容纳的游客量，它包含旅游资源容量、游客感知容量和旅游生态容量三个方面。

（1）旅游资源容量是指在保持旅游资源质量的前提下，一定时间内旅游资源所能容纳的旅游活动量。

（2）游客感知容量又称旅游者心理容量，是指旅游者在某一景区从事旅游活动时，在不降低活动质量的条件下，景区所能容纳的旅游活动的最大量。

（3）旅游生态容量是指一定时间内，在不导致旅游地域的自然生态环境发生退化的前提下，该地域所能容纳的旅游活动量，人造景区和文物古迹不存在生态容量的问题。

2. 旅游经济容量

指一定时间内在一定区域上由经济发展的整体水平所决定的旅游活动的极限。决定经济容量的因素很多，可分为旅游内部因素（食宿、娱乐设施等）和旅游外部经济因素（基础设施、支持性产业等）。就满足旅游者的基本要求而论，景区经济容量大小由食宿和娱乐设施的供给能力来限制。

3. 旅游社会容量

指景区内及其周边地区居民所能承受的因游客到来对当地社会和文化形态冲击的最大限度时的旅游活动量。社会容量的测量很困难，一般只能通过社会学者运用民意调查方法来确定，有时也可简单地将当地居民对待旅游者的态度作为衡量社会容量是否合理的指标。

三、景区容量的测量

1. 基本空间标准

旅游地基本空间标准指单位利用者（通常为人或人群，也可以是旅游者使用的载体，如船、车等）所需占用的空间规模或是设施量。基本空间标准的倒数即单位旅游空间或设施容纳旅游活动的能力，称为单位空间（旅游场所或是旅游环境）容量或是单位设施容量。

基本空间标准的获得，大都是长期经验的积累或是专项研究的结果。一个旅游场所所要接纳的旅游活动的性质和类型是决定其基本空间标准的关键因素。由于各地的旅游资源条件、旅游环境、旅游客源构成不同，及历史上形成的生活方式差异，同一细类的旅游地在规划和管理中的基本空间标准也未必一致。

2. 旅游资源容量的测量

旅游资源容量指旅游资源本身的容纳能力，一般取极限值，测量旅游资源容量时通常用人均占有面积（平方米/人）表示，一般以资源的空间规模每人最低空间标准，即可得到资源的极限时点容量，再根据人均每次利用时间和资源的每日开放时间，就可以得到资源的极限日容量。

旅游资源容量常用的计算方法主要有面积计算法、线路计算法、瓶颈容量计算法。

（1）面积计算法。计算公式如下：

日极限容量＝每日平均接待游人批数×（资源的空间规模÷每人最低空间标准）

其中：每日平均接待游人批数＝每日开放时间÷人均每次利用时间

例如：假设某山顶游览面积 26 000 平方米，基本空间标准 26 平方米/人，每日可游时间 12 小时，游人在山顶平均逗留时间 2 小时，用面积法计算该山顶的日极限容量为：(12÷2)×(26 000÷26)＝6000(人次)。

（2）线路计算法。对于一些地方，如黄山、天门山景区等，景区游览面积大，但实际上只有为数不多的几个地方有较多的停留人数，因此在计算时一般按人均占有长度为单位进行计算。

例如：重庆北碚金刀峡峡谷长 6.2 千米，假设人均最低占用游道长度为 5 米/人，金刀峡每日的开放时间为 9 小时，游人游览该峡谷平均需要 2 小时，则金刀峡的日极限容量为：(6200÷5)×(9÷2)＝5580(人次)。

（3）瓶颈容量计算法。如某一小岛，根据面积计算法，该岛屿上可容纳游人量为 15 000 人/日，但是，上岛交通工具为游船，每艘船每天载客量为 100 人，共有 10 艘船，则交通工具为该地的瓶颈因子，该地的旅游容量为：100 人/艘×10 艘/日＝1000(人/日)。

3. 游客感知容量的测量

个人在从事活动时，对环绕在身体周围的空间有一定要求，任何外人的进入，都会使个人感到侵犯、压抑、拥挤，导致情绪的不快和不安，这个空间称之为个人空间。一般的，在规划中，个人空间即是基本空间标准。考虑到旅游者感知的满足程度，旅游资源的合理容量值就是旅游者平均满足程度最大时旅游场所所容纳的旅游活动的能力，事实上它同旅游心理容量一样，由个人空间值决定，测量旅游心理容量时的基本空间标准也是用人均占有面积指标，计算公式如下：

$$时点容量 = \frac{资源的空间规模}{基本空间标准} = 单位空间合理容量 \times 资源的空间规模$$

$$日容量 = \frac{每日开放时间}{人均每次利用时间} \times 时点容量$$

$$= 单位空间合理容量 \times 资源的空间规模 \times \frac{每日开放时间}{人均每次利用时间}$$

4. 旅游生态容量的测量

旅游生态容量是针对以自然为基础的旅游地存在的一个容纳旅游活动量的限度。在这一限度内，旅游地的自然生态环境不致退化，或在很短时间内自然生态环境能从已退化的状态恢复原状。某地旅游生态容量的大小，以可容纳的旅游活动量为指标，取决于自然生态环境净化和吸收旅游污染物的能力及一定时间内每个游客所产出的污染物的量。旅游生态容量则多用一定空间规模上的生态环境能吸收和净化的旅游污物量(污物量/环境规模)表示。

对于无须由人工方法自理部分旅游污染物的旅游地，其旅游的生态容量测量方法是：

$$F_0 = \frac{\sum_{i=1}^{n} S_i T_i}{\sum_{i=1}^{n} P_i}$$

其中：F_0 为生态容量，即每日接待游客的最大允许量；P_i 为每位游客一天内产生的第 i 种污染物量；T_i 为各种污染物自然净化的时间，一般为一天；S_i 为自然生态环境净化吸收第 i 种污染物的数量，量/日；n 为旅游污染物种类数。

在用人工方法进行旅游污染物处理的情况下，旅游地可接待旅游量的能力会明显扩大，这种扩大了的旅游接待能力称之为扩展性旅游生态容量，计算方法是：

$$F=\frac{\sum_{i=1}^{n}S_iT_i\sum_{i=1}^{n}Q_i}{\sum_{i=1}^{n}P_i}$$

式中：F 为扩展性的生态容量（日容量）；Q_i 为每天人工处理掉的第 i 种污染物量。

5. 经济发展容量的测量

决定经济发展容量的因素主要分旅游内部经济因素（旅游设施等）和旅游外部经济因素（基础设施、支柱性产业等）。就满足旅游者的基本要求而言，当地经济发展容量的大小可以食宿与娱乐设施的供给为指标，旅游设施容量多用设施比率（设施量/旅游者人数）来表示，此外，根据旅游场所或设施的空间特性，还常用到长度等其他指标。对于旅游地经济发展容量以食宿为主要指标来测算，二者所决定的旅游容量的计算方法如下：

$$C_e=\frac{\sum_{i=1}^{m}D_i}{\sum_{i=1}^{m}E_i}$$

$$C_b=\sum_{j=l}^{l}B_j$$

式中：C_e 为主副食供应能力所决定的日旅游容量；C_b 为住宿决定的日旅游容量；D_i 为第 i 种食物决定的日供应量；E_i 为每人每日对第 i 种食物的需求量；B_j 为第 j 类住宿设施的床位数；m 为游人所消耗的食物的种类数；l 为住宿设施的种类数。

值得注意的是，在测量旅游容量的实际工作中，对不同的旅游容量有不同的测量方法，有的是取极限（最大）容纳能力，有的则取合理容量。在实际旅游规划和管理工作中，寻求的主要是旅游合理容量，对于经济发展容量，主要测量设施容量；对于设施和自然生态，一般量取其极限容量值。而旅游资源的合理容量值，应与感知容量值一起考虑；对于地域社会容量，因为大多数旅游地域的社会容量会远超旅游需求，因此对旅游业的发展并没有限制。对于所有的旅游环境容量而言，均对应于特定的时间。

四、旅游超载预防与控制

在理论上旅游地域与场所（景点、景区、旅游地、旅游区域或旅游设施）承受的旅游流量或活动量达到其极限容量，称之为旅游饱和。一旦超出极限容量值，即是旅游超载。在日常旅游管理中，有时旅游地接待的旅游流量达到其合理流量为饱和，超过合理流量为超载。

旅游超载必将导致旅游污染或拥挤，旅游饱和与超载对环境的消极影响主要体现在践踏、对水体的污染、噪声、对设施破坏性的影响和对当地社会风气的破坏几个方面。解决旅游饱和与超载就要进行客流调控,常用的客流调控措施如下:

1. 控制景区接待量

资源导向型的景区,如森林、溶洞、古迹等,可以尽可能多地通过限定合理的资源容量来限制景区日最高接待量,以减少客流过大对资源的破坏。

◇知识链接

新冠疫情下的景区限流

2022年3月,为做好疫情防控工作,有效控制和降低新冠疫情传播风险,保证各位游客游园安全,青岛珠山国家森林公园景区根据疫情防控要求,在疫情防控阶段将对每日游客进行限流,日接待量不超过最大承载量的50%(即不超过20 000人)。景区严格落实"限量、预约、错峰"的要求,实行门票预约制度,游客须在景区官方微信或OTA平台上进行线上预约购票,购票实行实名信息登记。

(资料来源:根据搜狐网资料整理)

2. 通过价格杠杆调节客流的时间结构

旅游活动具有明显的时间性和季节性,易导致客流量的不均衡。因此在景区旺季,可以考虑价格向上浮动10%~30%;在淡季的时候,景区价格下调20%~40%;同时还可以实行年龄优惠价格(老人、儿童)、家庭套票价格、团队促销价格、网上团购价格、与其他组合销售等方法,来增加客流量。

3. 合理的客流引导

对已进入景区的客流通过调整空间结构来进行引导,以减轻热点景点的压力。如进行适当分区,设计合理的游线,建立预警机制,向游客提供容量信息,进行教育和疏导等,来确保景区内客流量科学合理。

第三节　景区游客管理

一、游客管理的含义与内容

景区游客管理是景区管理者以游客为对象的所有管理活动的总和,重点是游客行为的调控与管理。

景区游客管理的主要内容是:在充分认识景区内游客行为特点的基础上,运用恰当的管理技术、管理方法对游客行为进行引导、约束与管理,实现旅游者生命财产安全保障、高质量旅游体验、景区资源环境的保护、设施合理利用的统一。

二、游客管理的意义

1. 景区旅游资源、旅游环境的保护

旅游资源和旅游环境是景区赖以生存和发展的物质基础。景区的相当部分旅游资源具有珍稀性、不可再生性,景区旅游环境具有脆弱性,一旦破坏,难以恢复。任何景区都是一个有限的生态系统,游客是景区生态系统最主要的输入变量,旅游者的大量来访对景区资源环境造成了极大的压力,尤其是游客不文明行为容易造成景区整体吸引力下降、旅游价值降低,严重影响和直接威胁着景区的可持续发展,甚至还可能给景区带来灾难性影响,如违章抽烟、燃放爆竹、违章野炊等行为很容易引起火灾,一旦发生,后果不堪设想。因此,景区游客管理可以利用一定的技术与管理手段把游客数量、旅游活动强度控制在景区生态系统的承载力范围内,引导、管理和约束游客行为,最大限度抑制游客不文明行为,减少或杜绝对资源环境的破坏。

◇ **知识链接**

不许化妆和喷香水的景区

有个特殊的景区,所有游客一律不得化妆,甚至连香水也不能喷,这个有着特殊规定的景区就是哥伦比亚的五彩河。

五彩河位于哥伦比亚卡雷纳省,因为河流能够呈现黄、绿、蓝、黑、红五种奇特的颜色,故而被人们称为五彩河。之所以会出现这样的情况是因为这条河流里生长着许许多多颜色各异的海藻。因为有了这些海藻的存在,这些植物以漂浮的状态停留在河面上,当季节变化的时候它们的颜色也随之变化,从而让整条河流呈现出不同的颜色。在这些水生植物中有一种叫做玛卡莲娜的植物,这种植物会随着阳光改变自己的颜色,从而让整条河流变得五彩斑斓。当然这种植物对于生长环境要求很苛刻,对于阳光和水质都有很高的要求,因此在其他地方难以看到这种水生植物,自然也就无法形成这样的奇特景观。哪怕是将这些植物移植到其他地方,这些水生植物也很容易死亡。

虽然五彩河能够呈现五彩斑斓的景色,但并非每天都能够呈现这种景观,一般只有在下半年的时候才能看到。为了避免五彩河的水生植物被破坏,让它们能够在这条美丽的河流上继续焕发自己的光彩,当地才设立了这样一条堪称严格的规定,那就是不允许游客化妆和喷香水。

面对这样严苛的规定,依然有不少游客前往,因为他们想要目睹这条美丽的河流,来到这里的人都是素面朝天。他们尊重当地的规定,约束自己的行为来保护这片美丽的景色。五彩河的形成可以说是大自然的鬼斧神工,如今这条河流能够以美丽的姿态展现在人们的眼前,也得益于当地的这条特殊规定。除了前往五彩河这样的地方,我们在其他景区也需要遵守当地的规定,对景区的环境予以保护。不论是大自然的鬼斧神工,还是人类文明的发

展,从而产生的各种风景名胜,我们都要予以保护,这也是人类的共同财富。

(资料来源:小磊旅游记:https://baijiahao.baidu.com/s?id=1747196286489469427&wfr=spider&for=pc,2022-10-20)

2. 游客人身安全的保障

保护游客人身安全是景区的基本职责,游客不文明行为往往会给自己人身安全带来隐患。如违章露营、随意喂食动物、袭击动物、不按规定操作游艺器械等都可能给游客自身带来意外伤害。景区游客管理可以通过提醒、示范、检查甚至限制等工作,保证游客人身安全。

3. 游客体验质量的提升

使游客获得良好的旅游体验是景区游客管理的一个重要目标,也是景区树立品牌、扩大美誉度、提高游客的回头率并最终获得较好经济效益的一个基础。游客不文明行为本身往往成为其他游客游览活动中的视觉污染,破坏环境,进而影响其他游客的体验质量。景区游客管理通过把游客数量控制在游客心理容量范围之内,抑制游客不文明行为,可提升体验程度。

◇ 知识链接

桂林市雁山区:文明旅游提升游客获得感

"到这来游玩很放松,环境很好,服务也暖心。"近日,陈女士一家人趁着孩子放暑假的时间一起来到位于桂林市雁山区大埠乡的陶家村游玩。这里干净的环境、便利的设施、贴心的服务,让陈女士一家获得了良好的旅游体验。

接天莲叶无穷碧,映日荷花别样红。当下正值盛夏时节,陶家村500余亩的荷花基地里莲叶高低错落,荷花争奇斗艳,还罕见地出现了一株并蒂莲,许多市民游客慕名前来游玩、打卡拍照。

"来游玩的市民游客很多,大部分是开车自驾来的,大家按照地标导向规范停车,也没有出现私自进到荷田采摘荷花和莲子的不文明现象,村里省心了不少。"陶家村村支书龚永根高兴地说道,一些市民游客还随身携带了垃圾袋,将果皮、纸屑、饮料瓶等都随身带走。这是雁山区大力倡导文明旅游成效的一个缩影。

今年以来,该城区全力推进国家全域旅游示范区和相思江国家级旅游度假区创建工作,充分利用辖区得天独厚的生态、人文等优势,科学整合各类旅游资源,出台奖励办法和旅游企业发展政策系列文件,建立完善《雁山区全域旅游发展规划》等"多规合一"的规划体系,不断完善公共服务设施,建成两个大型旅游集散中心,以及一批游客咨询服务中心、生态停车场,建成覆盖全域的骑行绿道网络,开通景区公交专线,设置电动汽车充电桩,提供共享汽车及共享单车、共享电单车服务,实现旅游厕所全覆盖,旅游环境硬件得到极大改善。

同时,雁山区还注重在旅游环境软件提升方面下功夫,大力开展文明旅游倡导活动。在景区景点,文明旅游的提示标语、漫画图示等随处可见;旅游志愿者服务队员活跃在景区景点一线,引导游客文明参观,使用文明用语,养成文明旅游习惯,并提供旅游信息咨询、旅途健康生活知识普及等服务,让文明旅游新风吹到每一个角落,旅客的旅游体验感和获得感大大提升。

(资料来源:民生导报,2022-08-03)

三、游客不文明行为产生的原因和心理

游客不文明旅游行为是指游客在景区游览过程中所有可能有损景区环境和景观质量的行为。它主要表现为两大类:一类是游客在景区游览过程中随意丢弃各种废弃物的行为,如随手乱扔废纸、果皮、饮料瓶、塑料袋、烟头等垃圾,随地吐痰,随地便溺等。另一类是游客在游览过程中不遵守景区有关游览规定的违章活动行为,如乱攀乱爬,乱涂、乱刻、乱画,违章拍照,违章采集,违章野炊、露营,随意给动物喂食、袭击动物、捕杀动物,违章抽烟,燃放爆竹等。这两类行为在景区都极为常见。了解游客不文明行为产生的原因是正确引导游客行为的必要条件。游客的不文明行为产生的原因比较复杂,具体可概括为如下几方面:

1. 道德感弱化

道德感弱化可以认为旅游是对日常生活的一种补偿。在旅游过程中,伦理道德对人行为的约束一般没有日常生活中那样强大,因而在旅游过程中人往往不同程度地存在着随意、懒散、放任、无约束的心理倾向,人性中潜在恶的东西总是自觉不自觉地流露出来。旅游者摆脱了日常生活圈子中众多熟人目光的监督,所以对自己的行为举止便少了许多约束。旅游给人带来的那种解脱感,使人们感到轻松和随意,特别是在集体心理起作用的情况下,容易发生不文明行为。

2. 占有意识增强

占有欲是每个人都有的普遍心理,而旅游景区产品是一种体验,是无形的产品。旅游者花费一定的金钱和时间,往往希望在旅游景区留下自己的印记,以纪念这段经历,因而占有意识增强了很多。当这种心理以不正常的方式得到满足时,看到美好的事物常常希望能为己占有,部分游客有意无意地对旅游景区资源环境造成破坏。部分游客甚至无法控制自己,产生偷盗念头。如好古者可能偷偷掀下古庙的瓦片,恋花者不免要摘下几枝鲜花,拿不走的就用手摸摸、用刀刻刻,告诉他人"×××曾到此一游"。因此,游客在旅游过程中的这种物质占有意识是乱刻乱画、乱折乱摘、追逐猎杀动物等不文明行为产生的重要原因。

3. 从众心理

"从众"是一种比较普遍的社会心理和行为现象,通俗地解释就是"人云亦云""随大流";大家都这么认为,我也就这么认为;大家都这么做,我也就跟着这么做。在旅游过程中,从众现象也很普遍。在优美的景色中,在忘情的活动中,游客往往自我意识弱化,产生从众行为。看到别的游客怎么干,他就"跟风"怎么干。例如,看见别人偷偷拔下孔雀毛,看见别人摘花,会产生"我不干就亏了"的心理,看到有污物的地方,即使有"不准倒垃圾"的警示语,他也可能将手中的废物置于此地。

4. 发泄心理

寻求刺激和发泄是人们的旅游动机之一。当个别游客纯粹为寻开心、寻求刺激和快感，或为了发泄自己某种不满情绪等，对旅游景区旅游资源、旅游设施故意进行破坏，以发泄心中不满，从而发生不文明行为。例如对眼前的垃圾桶视而不见，故意把废物扔入山谷或湖水中；在野生动物园中追击、袭击动物；在溶洞趁人不备敲打钟乳石；在游乐场所故意破坏旅游设施等。这类行为造成的破坏相当严重，对这类旅游者应采取强制性管理措施。

5. 习惯心理

对很多旅游者而言，日常生活中形成的不良习惯习以为常地在旅游过程中表现出来，而他自己并没有意识到。一些游客并不十分清楚在旅游景区游览时应该注意什么，什么能做，什么不能做，自己的责任和义务是什么，自己的权利何在？对于那些来自不同文化背景的游客而言，他们并不知道哪些行为是可以接受的，哪些是旅游景区和旅游景区所在社区无法接受的，由于无知而无意识地做了一些我们所称为的"不文明旅游行为"。如果能有信息及时提醒，游客的不文明行为将大大降低。

四、游客行为的引导和管理

游客是景区的顾客，绝大部分游客都有公德心、责任心、羞耻心，游客管理方式不当，简单粗暴，或者即使只是交流沟通语言不得体，都会影响游客的心情，影响游客的体验质量，降低景区产品的满意度。因此，景区游客管理的方法必须以服务性管理为主，通过引导激发游客的自我控制意识而保证其按照景区的游客行为规范行事。但是，现实中某些场合，特别是涉及珍稀资源环境的保护、游客人身安全保护等方面，强制性管理也是十分必要的。也就是说，制定明确的行为规则，强制要求执行，并对违规行为进行惩罚。

（一）服务性管理方法

由于游客既是管理者的管理对象，又是管理者的服务对象，因而，要让游客意识到自己绝不是被约束、监督，甚至惩罚的对象，而是被尊重、理解和关心的对象。这就需要管理者在深入了解游客行为根源的基础上，在为游客提供服务的过程中，通过信息传递、行为示范、有效引导的方法实现服务性管理。

1. 信息传递

不同类型的景区为保障旅游者人身、财产安全，保护旅游资源、旅游环境，对景区内的游客行为都会有不同的要求。景区管理者应该通过游客中心信息发布、门票背面印制注意事项、发放宣传材料、利用交通工具上的视听设备、导游宣传讲解等方式把这些要求向游客介绍。比如山海关景区自创宣传折页、口袋书、海报等文明旅游宣传品约11种，供旅游者自助取阅，还开创了文明旅游快板、诗词歌舞、古装文明引导等喜闻乐见、别出心裁的文明旅游宣传方式，营造了浓厚的文明旅游氛围，使广大游客记忆深刻。

您在故宫博物院内参观游览时请勿吸烟,并提醒他人不要吸烟
故宫是世界上现存最大的木结构宫殿建筑群,历史上曾经多次发生火灾。每个点燃的烟头都可能是对这片珍贵历史文化遗产的威胁。

 尊重文化遗产,保护文物古迹
请不要在古建筑和古树 上留下您的大名,刻画涂写不仅不会使您英名永驻,反而遭到大家的鄙视。

 做文明观众
为不妨碍、影响他人参观,按照国际惯例在展厅请勿使用闪光灯和三脚架拍照。在我院与其他博物馆合作举办的展览以及特色商品店,因有版权协议,不允许观众拍照展品,请注意警示标志并服从展厅工作人员的管理。

 如遇人群密集时,请听从工作人员的疏导,有序参观,不要拥挤
请不要轻信和接受社会散杂人员派发的各种广告和兜售的商品。严防上当受骗,
并欢迎举报。

 欢迎利用我院提供的各种导览帮助设施
咨询电话:400-950-1925
查看院内服务设施位置图
讲解服务路线与讲解服务收费标准

 文明环境靠大家共同营造
请勿携带宠物进院参观。请尽量不妨碍其他观众。
请保持衣容整洁。不要做出有碍观瞻、有损形象的行为。
为了您和他人的健康,请勿随地吐痰。
请勿乱丢垃圾废物,请您尊重清洁工人的劳动。
让我们共同保持参观环境的清洁有序!

 在您参观时请留意自己携带的物品,提防扒窃
请不要轻信和接受社会散杂人员派发的各种广告和兜售的商品。严防上当受骗,
并欢迎举报。
故宫派出所电话: 010 – 65131882

 如果您在参观中遇到紧急情况,就近寻求我院工作人员的帮助
如果您与亲友在参观中走失,可到景运[ ]内西南侧的广播室通知他们。
咨询电话: 400-950-1925。 查看故宫全景图

图 7-1 故宫博物院的游览须知

(资料来源:故宫博物院官网,2022-11-02)

景区管理者与游客之间的信息传递应是双向互动的,管理者在向游客传达管理信息的同时,也应该重视游客对景区信息的反馈,包括游客反映的景区状况、管理建议和投诉等,从而获取有关景区环境情况和管理问题的信息,为管理决策提供参考。此外,景区在对游客管理过程中,应该积极引导游客对景区进行自我管理,将旅游活动对生态环境的影响减少到最小程度。

2. 行为示范

根据心理学中的破窗效应,越井然有序的环境和秩序,越容易引发游客自觉维护的心理现象,因此,要引导和培训景区的员工与社区居民做好行为示范,打造干净、整洁、井然有序的景区氛围,引发游客自觉维护景区环境。景区的员工,特别是直接对客服务的一线员工,必须养成文明礼貌、爱护环境的习惯,杜绝乱扔乱丢等不文明行为,在工作中起到表率作用,用自己的行为为旅游者率先垂范,以自己的实际行动教育游客尊重环境、遵守规章。同时景区可以对社区居民开展文明摊位与景区文明建设等宣传、培训等,让社区居民也起到良好的示范作用。当然员工与社区居民的文明行为和示范作用,是建立在景区的管理制度、社区参与的激励机制等基础上的,这涉及人事管理、员工绩效评估制度、社区利益回馈、社区参与激励等景区管理的其他领域。

3. 有效引导

一方面,景区导游、讲解员、志愿者等工作人员可以对游客实施文明旅游有效引导。景区工作人员不仅要完成组织、协调、解说等传统职责,还负有资源管理和环保宣传的职责,因

此,导游、讲解员等工作人员在带团时应鼓励游客表现出对景区环境、景观负责的行为,预防和制止其不文明行为,旅游管理部门在导游员考评、培训中应增加有关生态环境、资源保护等内容,引导和鼓励导游负责任地行使好管理资源和环境保护的职责。比如安徽中青旅要求领队在出团前、旅游行程中,必须通过召开行前说明会、发放文明旅游提示卡、签订文明旅游承诺书等形式宣传文明旅游,并在《导游日志》和《不文明行为警示纠正表》中做好记录。同时,景区可以召集志愿者配合管理人员对游客进行督导,提醒游客文明出游,同时也更灵活地提供问询等服务,帮助游客提升文明旅游意识、规范文明旅游行为。

另一方面,景区可以在提供优质服务的同时,让景区的标牌系统、提醒文字发挥无声的引导作用。许多景区都有与环境和周围景物相协调的美观的标识牌,针对不同的情况,配有具有亲和力的提醒文字,达到引导游客行为的目的。例如,草坪上置"青青小草,踏之何忍",林海深处有"气候干燥,万勿火烛"标识牌,悬崖护栏边有"景色奇绝,勿忘安全",重点文物前有"镁光氧化,请勿拍照"等标识牌。在景区的游艺设施前不少景区都配有使用说明和安全注意事项。在一些景区,游客进入景区前发放纸质垃圾袋,上书"感谢您对×××景区环保事业的支持",游客离开景区可用垃圾袋换景区纪念品,这些都是景区引导游客行为的有效手段。

(二) 强制性管理方法

使用强制性管理方法首先要制定比较完备的规章制度,对可能出现的各种不文明行为,尤其是对故意破坏行为加大制约力度,并配备一定数量的管理人员约束游客的不文明行为,包括加强巡查、长期雇佣看护员、使用闭路电视或摄影机监视等,对违规行为实施罚款等处罚措施。景区常见的强制性游客管理措施包括:关闭某些地域的活动场所、禁止在某些区域或某些时间段内从事某些活动;限制停留时间、限制团体规模、限制游客数量、禁止野营;禁止超出道路和游径的旅行、禁止篝火晚会、禁止带狗(或给狗系上皮带)、禁止乱扔废物、禁止游客纵容马匹啃食植物等。比如九寨沟景区为了避免给水体造成钙华和水质带来不可逆的损害,进而破坏景区整体景观与生态平衡,对景区游客做出了"禁止踩水"的规定。

◇ 知识链接

《旅游景区文明引导工作指南》

为培育和践行社会主义核心价值观,指导旅游景区及从业人员落细落实文明旅游工作,提升旅游者文明意识,引导和促进文明旅游行为,共同营造文明和谐、安全有序的旅游环境,特制定本指南。

一、总体要求

(一)坚持价值引领。大力弘扬社会主义核心价值观,把核心价值观的要求融入企业文化和业务流程,贯穿到文明旅游工作全过程,更好发挥景区传播展示中华文明的窗口作用,更好提升景区员工与旅游者的文明素质和道德修养。

(二)坚持科学规范。加强从业人员教育培训,提升合理引导柔性规范水平,寓引导于服务之中,以优质服务增强引导效果。优化公共空间,完善配套设施,加强精细化管理,为旅游者增强规则意识和文明理念创造良好环境。

(三)坚持突出重点。聚焦旅游过程中不文明行为多发易发环节和时段,及时建立健全服务引导规则和应急处置预案,强化旅游秩序管理。紧盯景区出入口、重要参观点、露营地等重点区域、自由行旅游者等重点人群和法定节假日等重点时段,增加人员配备,强化服务引导。

(四)坚持全面覆盖。充分发挥标识符号、讲解服务、网络平台、服务站点以及志愿服务等渠道手段作用,统筹利用各类资源,全方位开展文明宣传、文明提示和文明引导,实现景区文明引导人群全覆盖、内容全覆盖、行程全覆盖。

(五)坚持分类引导。针对不同景区类别特点和各类旅游者群体,开展特色化、分众化、差异化服务和引导。落实好游前把关、游中管理和日常教育,确保入园、游览、交通、餐饮、娱乐、购物等各个环节提示提醒到位、引导劝导及时。

二、文明引导主要内容

(一)遵守法规、尊重风俗。提示引导来访旅游者:遵守生态环境保护规定,不践踏绿地花丛,不攀折花木果实,不破坏山石景观,不追捉、乱喂动物,不非法购买野生动植物及其制品。遵守文物古迹保护规定,不涂刻、攀爬,不随意触摸文物,遵守拍照摄像规定。尊重当地风俗习惯以及宗教信仰等。

(二)低碳节约、绿色旅游。提示引导来访旅游者:爱护自然、人文环境,珍视旅游资源。保持公共卫生,不乱扔垃圾,落实垃圾分类要求,及时处理废弃物,避免和减少使用不可降解塑料袋、一次性塑料制品。注意节约水电,践行"光盘行动",减少餐饮浪费,拒绝食用野味。采取绿色出行方式,优先选择公共交通工具。

(三)防范风险、安全旅游。提示引导来访旅游者:增强安全意识,不盲目追求刺激,不前往没有正式开发开放、缺乏安全保障或生态环境脆弱的区域。学习安全知识,提升应对地质、气象等灾害的应急避险能力,注意用火用电、特种设备使用等安全。遵守交通法规,自驾旅游时不超速行驶、不疲劳驾驶、不占用应急车道、不车窗抛物、不乱停乱放。

(四)防控疫情、健康旅游。提示引导来访旅游者:自觉严格遵守疫情防控规定,做好个人防护,主动进行扫码,规范佩戴口罩,勤洗手,测体温,不聚集。出现感冒、发热等症状时,应停止游览并及时就医。必要时积极配合流调筛查,准确提供个人信息。

(五)包容礼让、文明旅游。提示引导来访旅游者:注意礼仪规范,遵序守时,仪容整洁,言行得体,展现良好形象。维护公共秩序,依序排队、不拥挤和争抢,不在公共场合大声喧哗、违规吸烟。尊重他人权益,尊重服务人员劳动,礼让老、弱、病、残、孕等特殊群体。

三、文明入园引导

(一)在景区入口、游客服务中心、交通换乘中心等游客集散地的显著位置,采用多种方式提醒旅游者文明旅游。景区宣传册、宣传单、宣传广告上印有文明游览提示信息。

(二)设置1米间隔线、隔离栏杆、遮阳棚等设施,通过广播提示、分设团队和散客通道等方式,引导旅游者保持安全间距、文明有序入园。

（三）使用电子门禁系统的景区安排工作人员指导旅游者有序入园，防止被门禁设施夹伤。设立绿色通道或服务程序，帮助特殊群体顺利入园。

（四）景区入口显著位置公布最大承载量，制定和实施客流量控制方案。

四、文明游览引导

（一）景区讲解词中有文明旅游内容。讲解服务过程中有文明旅游提示和安全风险告知。

（二）游客服务中心、重要参观点设立志愿服务站，提供文明引导服务。

（三）根据客流量情况，实时发出客流预警并实施疏散调控方案，引导旅游者错峰错区游览，避免扎堆聚集。

（四）便捷投诉渠道和处理流程，广泛征集旅游者对景区管理服务的意见建议，从源头上减少不文明行为发生。

五、文明交通引导

（一）景区停车场布局合理、标识清晰、收费明示，并提供相应的引导、管理和服务。

（二）引导旅游者乘坐摆渡车、索道等交通工具时依序候车、有序乘车，提醒旅游者不抢座、不占位，礼让特殊群体优先上车和入座。充分利用交通工具内广播、电视、公益广告、招贴画等载体进行文明旅游宣传。

（三）提醒自驾车旅游者遵守交通规则，配合景区管理，避免发生意外。

（四）引导旅游者在人行道等安全区域行走，遵守景区内道路交通标识。

六、文明观演引导

（一）组织旅游者安全、有序、文明观看演出。

（二）提醒旅游者按时入场、有序出入，遵守拍照摄像规定。参与互动时，言语行为文明、得体。

（三）提醒旅游者散场后将饮料包装等废弃物品带离场馆。

（四）在夜游场所和演出场地设置清晰、醒目的文明引导标识，并保证夜间识别度。

七、文明餐饮引导

（一）开展"文明餐桌"活动，推广自助餐饮，落实分餐制和公筷制。

（二）提醒旅游者礼仪用餐有序就餐，避免高声喧哗干扰他人。

（三）引导旅游者适量点餐，并提供环保餐盒打包服务。

（四）引导旅游者在自助餐时遵守秩序，依次排队取餐，秉持"多次少取"原则，避免浪费。提醒旅游者不将自助餐区域的食物、饮料等带离就餐区。

（五）提醒旅游者遵守相关规定，不在公共交通工具或博物馆、展览馆、音乐厅等场所违规饮食。

八、文明购物引导

（一）营造环境整洁、秩序良好、货真价实、价格透明的购物环境。

（二）提醒旅游者理性消费，理性维权，遵守契约。

（三）提醒旅游者遵守购物场所规定，不拥挤加塞、不哄抢喧哗，试吃食品、试用商品应征得同意。

（四）设立消费者维权服务站或公布举报电话等，及时处理消费纠纷。

九、文明如厕引导

（一）建设布局合理、数量满足需要、标识醒目清晰的公共厕所。厕所设专人服务，保持整洁卫生无异味。

（二）提醒旅游者维护卫生设施清洁，适度取用公共卫生用品，不在卫生间吸烟、不随意丢弃废弃物、不随意占用残障人士专用设施。

（三）在高峰期引导旅游者依序排队使用卫生间，并礼让老人、未成年人和残障人士。

（四）适时提醒卫生间位置，提醒家长引导未成年人使用卫生间、不随地便溺。

十、不文明行为处置

（一）建立文明督导员队伍，常态化开展巡查检查，及时劝止处置不文明行为。

（二）提高旅游者不文明行为监测信息化水平，最大化消除监管盲区，增强不文明行为识别、响应、处置能力。

（三）落实《旅游不文明行为记录管理暂行办法》，将违反法律法规或违背公序良俗，受到刑事处罚、行政处罚，或被司法机关、仲裁机构判决或裁决承担民事责任，或造成严重社会不良影响的行为，纳入"旅游不文明行为记录"。

（四）采取适当方式，对旅游不文明行为依法依规予以曝光。

十一、保障措施

（一）加强组织领导。旅游景区要强化责任意识，加强工作统筹，创新方法手段，不断扩大服务引导范围，做实服务引导内容，提升服务引导能力和治理水平，把文明引导融入日常、抓在经常，积极构建景区示范引领、旅游者全面参与、社会广泛支持的文明旅游工作格局。

（二）加强制度建设。进一步深化对文明旅游工作特点和规律的认识，将文明服务和引导作为必不可少的业务流程写入规章、作为必不可少的业务知识融入培训、作为必不可少的规定动作计入考核，全面纳入管理制度和岗位标准，实现文明旅游工作与业务工作有机结合相互促进，增强文明旅游工作制度保障。

（三）加强共建共享。促进社会协同，吸引并支持周边社区、学校、社会团体等力量广泛参与景区文明引导行动，与旅行社、导游等相关方密切联系、同向发力。加强媒体合作，鼓励支持各类媒体在景区文明行为促进方面发挥积极作用。建立激励机制，鼓励旅游者积极参与景区文明引导，对员工文明服务和旅游者文明行为予以表扬或奖励。

（资料来源：中华人民共和国文化与旅游部）

第四节 景区卫生管理

◇ 案例导入

景区垃圾咋处理？

四川海螺沟景区深化以爱护环境、保护生态为主题的"垃圾银行"环保行动，重磅推出"捡垃圾换门票"活动，开通海螺沟"垃圾银行"微信公众号，吸引众多游客参与环境保护。每位进入海螺沟的游客都能免费领到一个印有"存垃圾、得信誉、一路风景、携手同行"的清洁袋，在游览的过程中，游客可以将自己产生的垃圾或者在路上捡到的垃圾放入清洁袋内，装满一袋可兑换海螺沟明信片、两袋可兑换海螺沟雪菊、三袋可兑换纪念奖章、五袋可兑换红石公园门票、十袋荣获"海螺沟环保大使"（凭本人身份证五年内免票游景区）。

自"垃圾银行"开行后，游客的环保素质大幅提升，景区内几乎见不到垃圾，产生了多位小学生游客"环保大使"，产生了良好的环保教育效果。

（资料来源：知乎 https://zhuanlan.zhihu.com/p/52414849，2018-12-14）

卫生管理是景区环境管理的组成部分。由于卫生状况是整个环境状况中的一个常变量，不像生态环境、设施环境那样有时间上的稳定性，因此，卫生管理就成为旅游景区环境管理工作的一个特殊内容。

一、景区卫生管理的重要性

1. 卫生状况是旅游景区环境质量的重要表现

旅游者进入旅游景区首先感受到的是景区的卫生状况，并且卫生状况自始至终都影响着游客的整个游览过程。清洁的路面，干净且分布有序的各种设施、设备，服务人员的整洁仪表等，都能给游客舒适、美好的感受，同时能增加游览的兴趣，提高精神享受的程度。因此，卫生状况是旅游景区环境质量的最直接表现，直接影响到游客的消费体验和消费质量。目前，我国文化和旅游部对旅游景区开展质量等级划分与评定，其依据的标准《旅游区（点）质量等级的划分与评定》中对景区内餐饮场所、文化娱乐场所、游泳场、垃圾箱、公共厕所的卫生状况都有明确的要求。

2. 卫生状况对旅游景区吸引力有着重要的影响

影响旅游者对旅游景区评价的重要因素之一就是景区的卫生状况。一个拥有良好卫生状况的旅游景区必然会受到旅游者的青睐，增加其旅游市场吸引力。相反，如果具有较高价值的旅游资源的景区卫生状况不好，游客对其评价也不会高，结果导致景区吸引力的下降。同时，卫生管理是旅游景区管理活动中最基础的管理工作，它是旅游景区管理水平的重要体现,也是旅游景区管理者和员工的整体形象的重要表现之一,同时也是旅游地整体形象的重要表现之一。因此,要提高旅游景区和旅游地在旅游者心中的形象,增加旅游景区的市场吸引力,提高环境卫生质量是必不可少的手段之一。

二、景区卫生管理的主要内容

景区卫生管理首先要严格执行国家有关标准,目前,我国实行的《旅游区(点)质量等级的划分与评定》标准中,对五个等级的旅游区的卫生管理质量都做出了明确规定。在此基础上,各旅游景区应将标准落实到实际工作中,使景区卫生管理工作步入正轨。其次要建立卫生管理责任制,奖罚分明。旅游景区要将具体任务和指标落实到景区内各企业、摊点和部门,人人明确责任,并建立起相应的奖惩制度。具体的景区卫生管理主要包含以下内容:

1. 景区卫生设施管理

设施是卫生管理的必要条件。旅游景区的卫生设施可分为两类:一类是公共卫生设施,包括集中式垃圾箱、路边垃圾箱、公共厕所和排污设施等;另一类是专门的卫生设备和工具,主要是卫生工作人员使用的卫生清扫工具,如垃圾运输车、垃圾清扫车以及其他专用工具。

旅游景区内卫生设施的设置应本着方便、耐用和美观、协调的原则,合理安排数量和布点。其中方便和实用是最基本的要求。美观是指各种卫生设施的外形要体现旅游景区的特色,具有一定的艺术美。协调是指卫生设施要与旅游景区的整体形象特别是要与相邻的景物相协调,最好在建筑设计上融为一体,内部功能具有实用性,外观形象上又成为景观的一部分。

景区卫生设施管理中厕所管理是非常重要的一环。过去,我国绝大多数旅游景区的厕所都是传统暴露式蹲坑厕所,外国旅游者对旅游景区厕所卫生状况反映最强烈。为此,政府曾多次拨出专款解决旅游景区厕所问题,同时为了规范我国旅游厕所建设和管理,提高旅游厕所建设和管理水平,更好地为国内外旅游者提供服务,优化旅游环境,原国家旅游局于2003年制定了《旅游厕所质量等级的划分与评定》标准,该标准将旅游厕所质量等级划分为5个星级。各景区应根据实际情况,逐步完善厕所及其他卫生设施。

(1) 提高认识,改变观念

厕所是人类最基本的需要,是人类社会文明进步的标志之一。随着旅游业快速发展,旅游者对旅游厕所的要求也越来越高,以厕所卫生、厕所文化、用厕文明、卫生洁具革新等为主要内容的"厕所革命"已成为国家推进文明进步的一个切入点。旅游厕所的建设与管理问题,成为直接关系旅游总体环境的好坏,影响景区发展和声誉的问题。

(2) 合理布局

厕所的选址、设计和建设,要尽量做到与周围环境和谐,适当增加文化内涵,实现数量和质量、适用与美观的统一。在重点景点和线路,厕所密度和规模应相对增大,要注意引导标志的设置。

(3) 严格按照卫生保洁制度进行管理

严格按照国家标准《旅游厕所质量等级的划分与评定》(GB/T 18973—2022),制定相应

（4）注重环保技术的应用

引用现代环保技术,使旅游厕所成为生态厕所、科技厕所,减少对环境的污染。

（5）考虑特殊人群的需求

适当增加女厕厕位的数量,设立专门适应儿童生理的厕位,为残疾人提供位置判断方便、进出方便和使用方便的专门设施。

◇ **知识链接**

上海古猗园南门厕所

走过古猗园游客咨询中心西南侧,一座粉墙黛瓦的古典建筑映入眼帘,这就是上海古猗园南门厕所。外墙砖雕、玄关壁画到内外摆放的兰科植物,整个风格与公园景致相得益彰。

厕所总占地面积约53平方米,设置男厕、女厕及家庭卫生间。家庭卫生间内配套无障碍设施、儿童马桶、婴儿护理台等,方便老人、孩子以及残障人士。

厕所采用智能控制、传感传导等技术,将厕所布局、厕位使用情况、实时空气质量等显示在入口显示屏上,引导市民游客高效、有序如厕,同时便于保洁人员准时打扫。该厕所每日由专人负责,每2小时对厕所进行清洁消毒。

每间厕位内均设置了呼救按钮,如遇突发情况,游客可按下按钮及时求救。此外,厕所还配备了自动喷香机,定时自动释放兰花香味。

厕所在公园里虽不起眼却万分重要,从细处着手,才能为市民游客带来舒心的游园体验。

（资料来源：人民资讯,2022-01-08）

2. 景区垃圾管理

（1）加强对游客不文明行为的教育和引导,对情节严重者采取处罚性措施。景区的垃圾与其他公共场所一样,具有量大、不便管理的特点。一些游客的不文明行为使得这些垃圾不是在垃圾桶里,而是在景区的各个游览点、休息地四处丢弃,来一拨游客带来一批垃圾,人越多的地方垃圾越多,给清扫带来很大的困难。因此,要加强对游客的教育与引导,倡导文明旅游。

（2）要加强景区卫生人员的配置和监督管理,确保景区环境整洁,无污水污物,无乱堆、乱放现象,建筑物及各种设施设备无剥落、无污垢,旅游景区内空气清新、无异味。

◇ **知识链接**

五台山景区优化环境卫生管理

为进一步提升景区文明整洁的卫生环境质量,五台山景区不断提高游客游览体验的舒适度,不断优化环境卫生管理,努力为广大游客和当地群众创造一个美丽干净清爽的游览环境。

据了解,在景区多家寺庙,均采取勤打扫、多监督的方式,安排专人每日定时消杀、不间断打扫,保证寺庙干净整洁。显通寺组织全寺140余名僧人每周进行一次卫生大扫除,全力以赴为游客提供清洁舒适的游览环境。殊像寺的义工介绍说,他们每天早晨六点开始打扫卫生,主要是清扫卫生间和游客丢弃的垃圾,虽然他们的工作时间会随着人流量的增加而延长,但看到整洁的卫生环境他们会感到非常开心。

一直以来,在优化景区环境卫生方面,景区坚持标本兼治,采取了划定责任区域、创新管理方式等措施,不断加大环境卫生整治和生态文明建设力度。同时针对目前旅游旺季,景区还加大了清扫保洁力度,延长了保洁时间,确保为广大游客和当地居民营造一个清洁、舒适的旅游生活环境。

(资料来源:中国政府网,2022-07-21)

(3) 垃圾箱布局合理,分类设置,标识明显,数量满足需要,造型美观,与环境协调。垃圾清扫及时,日产日清。有的景区垃圾桶设置得不够,游客只能把垃圾拿在手上,甚至丢在地上,间接导致随地乱扔垃圾现象产生。有的景区将垃圾桶设置在主要景点或景观物的显眼位置,垃圾桶周边散落的果皮、纸屑等常常成为游客摄影的背景,影响景观效果。因此,要布局数量合理的垃圾箱,并及时清理。

(4) 在景区实行垃圾分类回收处理,减少垃圾处理量,对废旧电池、灯管、灯泡等废物妥善处置和利用。很多景区位于远离城市区域,自身资金有限,对垃圾的处理一般都采取在景区内或在附近区域就地掩埋的办法,垃圾降解产生的废物对景区生态造成极大污染。因此,景区要严格实行垃圾分类处理,降低污染,保护环境。

◇ **知识链接**

浙江德清下渚湖湿地风景区的智能垃圾桶

在浙江德清下渚湖湿地风景区二都小镇,游客可见到这款有趣的智能垃圾桶。这款垃圾桶安装了智能感应系统,人一靠近就能自动开门,并伴随语音提示,引导垃圾分类。系统共设有"易腐垃圾""可回收物""其他垃圾"三种垃圾收集入口,里面配套装有两个喷头,可对垃圾进行消毒除味。这个垃圾回收装置最大的亮点是垃圾桶棚顶安装了太阳能薄膜发电技术,白天阳光照射到薄膜太阳能组件上,光能转化为电能,多余的能量会自动转存到蓄电池里。

(资料来源:知乎 https://zhuanlan.zhihu.com/p/52414849,2018-12-14)

实训与练习

一、思考题

1. 为什么要对景区进行环境管理?
2. 景区环境管理的内容有哪些?
3. 如何进行旅游容量管理?
4. 如何测定旅游环境容量?

5. 如何进行游客不文明行为管理？

6. 如何进行景区卫生管理？

7. 对景区厕所管理你有什么新方法新思路？

二、实训题

泸沽湖景区生态环境保护治理显成效

泸沽湖是镶嵌在川滇两省交界处的一颗"高原明珠"。泸沽湖自然和人文景观资源十分丰富，景区内有天象、地貌、水域、生物、风物、建筑、胜迹等16个景观65个景点，享有"神仙居住的地方、香格里拉的源头、母系氏族的家园"的盛誉。泸沽湖景区于2008年成功创建国家4A级旅游景区。2020年泸沽湖景区接待游客28.07万人，实现门票收入820.99万元。2021年1—8月泸沽湖景区共接待游客26.18万人，实现门票收入1363.63万元。

游客的大量涌入，带来巨大的经济效益，也给泸沽湖的生态保护带来了挑战。今年初，泸沽湖生态环境保护一度出现急需整改的问题。泸沽湖生态环境保护和问题整改成为各级部门关注的焦点，一场攻克泸沽湖生态环境保护突出问题的"攻坚战"就此打响，此次整改成为沿湖居民心中最严格、最彻底的一次整改。

据了解，凉山州全面落实中央、省关于生态文明建设及环境保护的系列决策部署，坚定不移走"生态优先、绿色发展"之路，有力有序推进泸沽湖生态文明建设工作。2017年中央环保督察以来，省、州、县三级党委、政府高度重视，把泸沽湖环保问题整改作为最高政治任务，狠抓整改落实。盐源县委县政府迅速作出部署，印发了《加快推进泸沽湖生态环境问题整改的实施方案》，成立了污水管网建设、清理湖岸侵占、生态搬迁、农村面源污染等11个专项整改"攻坚组"，按照职能职责压实主体责任，整合落实1.27亿元以前所未有的力度推动问题整改。

2021年3月以来，泸沽湖风景名胜区一级保护景区范围内的44户经营户被依法关停整顿，临湖区域54户生态搬迁工作正式启动。据了解，泸沽湖强化自然保护区保护管理，在核心区、缓冲区和实验区设置界桩174个、浮标2900个、定位锚块91个，关停核心区、缓冲区码头9个。截至目前，彻底清理违法侵占行为，全面核查岸线39.5千米，设立岸线界桩133个，全面整改侵占岸线非法停车场、码头等问题点位63个，拆除私挖乱建鱼塘1.8万平方米，岸线复绿2.43万平方米。

整改后的湖岸线，采取设置花箱隔断、播撒三叶草、铺设人工沙滩等方式，对岸线恢复区域进行生态修复，复绿面积2.47万平方米。侵占湖岸四川片的山南村布尔角、密洼、陈家湾码头，布树村扎俄洛码头，多舍村阿陆码头，木垮村女神湾码头已全部被拆除，累计拆除2714.75平方米。至此，涉及侵占湖岸线的63个问题点全部完成整改。

泸沽湖沿湖世居有蒙古族、彝族等少数民族村民。随着泸沽湖旅游业的开发，集吃、住、游、玩一体的服务业日新月异，一些餐饮、民宿建进了景区及自然保护区的"红线"内，生活污水等污染物直排入湖危害水体问题加剧。凉山把生活污水治理作为泸沽湖生态环境保护突出问题整治的首战，从根本上全面解决泸沽湖沿湖布村、多舍村、木垮村、山南村、舍夸村和格姆社区2387家农户散排生活污水问题。对海门村暂时管网覆盖不到的农户，采取玻钢隔渣池将污水收集后用吸污车定期清运至污水处理厂处理。据记者了解,近年来,泸沽湖实施污水收集管网项目14个,建成污水管道138千米,对污水管网未覆盖区域安装玻钢隔渣池,全覆盖解决泸沽湖周边7个村(社区)2387户农户、经营户排污问题,景区镇、村、户污水收集处理系统基本建成。同时,泸沽湖实施了母支污水处理厂扩能工程,日处理能力从1000立方米提升至5000立方米。确定第三方负责母支污水处理厂运营管理,出水水质稳定达一级A标;实施水土保持、生态修复工程,整治泸沽湖流域河流、冲沟,大幅降低入湖雨水泥沙含量;实施临湖区域5000亩耕地农药化肥减量化。加强湖边绿化和植被保护力度,实施退耕还林、退牧还草、植树造林工程。目前,泸沽湖核心景区森林覆盖率达到76%,景区空气质量全年保持优良天数达到100%,成为名副其实的"天然氧吧"。

据凉山州摩泸管理局相关负责人介绍,目前,泸沽湖面临着前所未有的历史机遇和发展机遇,从中央到省、州级层面,对泸沽湖的环境保护工作都高度重视和大力支持。接下来,将以川滇两省湖长制工作为引领,联合出台《川滇泸沽湖保护管理公约》,建立盐源—宁蒗两县、两地景区管理局共同保护治理泸沽湖合作协同机制,健全联席会议、协调联动、联合执法三项工作制度,及时研究解决泸沽湖保护治理的有关问题,携手开展泸沽湖自然生态保护、候鸟保护、封湖禁渔、湿地管护、水环境治理、规范景区管理等工作,努力推动泸沽湖景区高质量发展。

当前,泸沽湖生态文明建设工作正扎实有序推进中,泸沽湖生态环境质量已明显改善,为经济社会发展构筑了坚实的生态本底。

(资料来源:光明网,2021-09-26)

思考:从泸沽湖景区生态环境保护治理你得到了哪些启示?

第八章 08

旅游景区运营服务

项目导读

　　旅游景区运营管理就是景区日常管理活动，包括安全管理、智慧管理和危机管理。旅游景区运营既关系着景区自身的效益和长远发展，也关系着旅游者能否在景区享受到安全、舒适、智能化的旅游体验，因此旅游景区高效有序的运营是实现双赢的必然途径。在景区运营管理中，会因为内外部环境因素引发不同危机，给景区带来运营风险，只有做好预防、快速应对、及时修复，才能有效化解危机，实现景区的可持续发展。

学习要求

　　通过本项目的学习，了解旅游安全管理的概念、特点和重要性，理解旅游景区安全事故的表现形式及引发原因，掌握旅游景区安全事故体系的构建，理解游客安全行为引导；了解智慧旅游及智慧景区的概念，理解智慧景区的建设，掌握智慧景区管理；了解旅游景区危机的概念及类型，了解旅游景区危机的特点，掌握旅游景区危机的应对策略。

思维导图

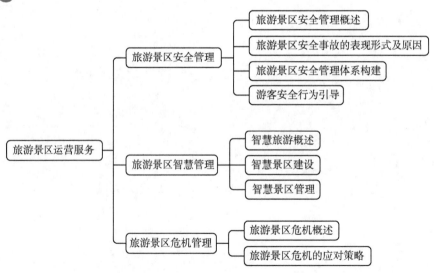

第一节　旅游景区安全管理

◇ 案例导入

野生动物园观光车侧翻致 2 死 15 伤

2022 年 5 月 2 日，兰州野生动物园内一辆非公路用旅游观光车发生侧翻，造成 2 人死亡、15 人受伤。

事故发生后，甘肃省委、省政府和兰州市委、市政府主要负责同志作出批示指示，有关领导赶赴一线组织抢险救治和安抚善后。兰州市政府依法批准成立兰州野生动物园"5·2"非公路用旅游观光车车辆伤害事故调查组（以下简称"事故调查组"），对该起事故进行全面调查。事故调查组通过现场勘验、查阅资料、调查取证、检测鉴定和专家分析论证，认定该起事故是一起特种设备责任事故。

经调查，司机沈某违反操作规程，驾驶事故观光车拉载乘客在园区内主干道下行坡段超速行驶，从左侧超越前方车辆后，操作不当，是引起这起事故的主要原因。同时，事故车辆运营单位兰州康胜旅游开发有限责任公司安全生产责任制建立不全面，安全管理能力不足；有关国有企业安全管理缺位，隐患排查治理不落实，安全责任缺失，安全生产管理制度落实不力；市级监管部门未严格按照"三管三必须"的要求履行安全生产监管职责，未能有效督促监管企业落实安全生产主体责任；属地党委政府在督促相关部门履行监管职责过程中跟踪问效不够，履行安全生产属地监管职责不力；属地监管部门落实县政府安排部署不力。

有关部门依法严肃追究有关人员和单位的责任。事故观光车司机沈某已被依法吊销其特种设备作业人员资格，司法机关以涉嫌重大责任事故罪对其立案；兰州康胜旅游开发有限责任公司负责人常某某等 2 人，因涉嫌重大责任事故罪，被司法机关立案。依据《中华人民共和国特种设备安全法》第九十条第一项之规定，有关部门对兰州康胜旅游开发有限责任公司处以 20 万元的行政处罚。

纪检监察机关对事故负有责任的行业部门、属地党委政府及国有企业的 11 名公职人员，分别给予撤销党内职务、政务撤职、党内严重警告、党内警告、诫勉谈话的党纪政务处分。对 1 名公职人员予以组织调整。

这起事故暴露出相关责任单位安全发展理念树得不牢、部门和属地监管责任落实不力、企业安全生产主体责任落实不力、安全生产责任"以包代管"等问题，必须深刻吸取教训，坚决防范化解重大风险，强化安全生产底线思维，强化安全监管责任落实，持续开展安全隐患大排查，扎实做好整改工作，坚决守住安全生产底线。

（资料来源：根据网络资料整理）

随着中国经济的快速发展及人民生活水平的不断提高，以旅游为休闲娱乐方式的民众不断增多,各类旅游安全事故发生的可能性明显增加,旅游景区应从自身实际情况和资源条件出发,构建完备的安全保障设施和有效的安全保障体系,切实维护旅游者的旅游安全。

一、旅游景区安全管理概述

(一)旅游景区安全管理相关概念

1. 旅游安全的概念

旅游安全是旅游活动中所有安全现象的总称,既包括旅游活动各个环节的安全,也包括开展旅游活动的环境安全和旅游活动涉及的人、设备的安全。

2. 旅游景区安全管理的概念

旅游景区安全管理是指根据国家旅游安全工作方针政策,为减少旅游景区安全事故的发生、保障旅游者的人身和财物安全,在接待服务过程中采取的一系列管理活动的总称。它包括对景区工作人员的安全培训、对游客的安全宣传教育和行为安全引导、安全保障基础设施的构建、景区安全防控以及相关规章制度的制定实施。

(二)旅游景区安全管理的特点

1. 管理难度大

旅游景区的安全管理既包括对游客安全的管理,也包括对旅游景区安全的管理。旅游景区尤其是以自然资源为依托的景区,大多有广阔的空间范围,设施设备分布点多,再加上游客在游览过程中都是呈散布状态,流动性非常强,因此安全管理的难度非常大。另外,旅游景区安全事故的表现形态多种多样,处理安全事故又必须及时有效、公开透明,也在一定程度上加大了安全管理的难度。

2. 影响因素多

旅游景区安全管理涉及游客在景区游览过程中的所有环节,每个环节的安全受到众多因素的影响,有些是可防可控的,有些是不可控的。例如游客在旅游景区乘坐游览车,影响安全的包括游客自身安全意识、景区天气情况、景区路况、游览车载客量、司机驾驶技术、游览车整体车况和其他游览车的行驶情况等多种因素。

3. 安全责任重

旅游景区安全事故往往危害和破坏性较大,会造成游客财物损失、人身安全受到威胁,甚至使景区和旅游企业遭受财产损失;严重的安全事故还可能在国内外造成极坏的舆论效应,影响旅游者对旅游景区及所在地的安全认知,危害当地旅游业的发展,影响旅游目的地的旅游形象和声誉。因此旅游景区安全管理的责任极其重大。

(三)旅游景区安全管理的重要性

1. 对旅游者的重要性

安全是旅游的生命线,也是旅游者选择出行目的地的重要考量因素,如果景区旅游服务设施的安全隐患比较多、发生安全事故的频率较高,即便旅游景区的资源禀赋再高、景色再美游客也不愿意来参观游览。如果旅游者在游览过程中遭遇安全事故,还会严重影响旅游者对景区的满意度。

2. 对旅游景区经营者及商户的重要性

安全是确保景区旅游活动及各项经营活动正常开展的关键。安全事故的发生,会给旅游者带来生命和财产的危险,进而影响旅游者对景区安全的认知和评价,使景区客流量在短期内明显下降,景区经营者和商户的经济利益遭受损失,旅游地的信誉和形象受到破坏的连锁反应,这种负面效应持续时间的长短取决于安全事故的破坏程度及后续处理力度的大小。因此,景区安全管理是旅游经营者及商户获得良好经济效益的重要条件。

3. 对地方旅游业的重要性

旅游活动包含了"食、住、行、游、购、娱"六大要素,与相关行业的关联度较高,对地方经济发展的拉动作用也比较明显。旅游景区安全管理如果存在漏洞和缺陷,不仅会影响到景区的正常经营运作、周边商户的经济利益,还会降低景区的知名度和美誉度,进而影响地方旅游业的持续发展。

二、旅游景区安全事故的表现形式及原因

(一)旅游景区安全事故的表现形式

1. 自然灾害事故

自然灾害是指给人类生存带来危害或损害人类生活自然环境的自然现象,包括:洪涝、台风、山洪、龙卷风、雾霾、沙尘暴、雷暴等气象灾害,火山喷发、地震、山体崩塌、滑坡、泥石流等地质灾害,风暴潮、海啸等海洋灾害,因自然原因引发的森林草原火灾等。

2. 交通事故

景区交通具有一定的独特性,不仅包括常规交通方式,还包括特殊的旅游交通,因此,可将景区交通事故定义为交通工具在相关通道上因过错或意外造成人身伤亡或财产损失的事件。根据交通工具及事件发生空间的不同,景区交通事故可分为道路交通事故、水域交通事故、特种旅游交通事故。

(1)道路交通事故。按照我国相关法律的规定,道路交通事故是指车辆在道路的行驶过程中因过错或意外造成的人员伤亡或财产损失的事件。景区的道路交通事故通常是旅游车辆由于各种原因相撞、追尾、坠落、陷落或撞到行人等。

（2）水域交通事故。景区水域交通事故是指发生在湖区、海域、江河、溪流等水域的水上运载工具因为各种原因而发生的碰撞、翻船和沉船事故。

（3）特种旅游交通事故。特种旅游交通是指为满足旅游者游览、娱乐的需要而产生的特殊交通运输方式，主要可以分为以下几类：在景区和景点内的某些特殊地段，为了游客的安全或节省体力而设置的交通工具，比如缆车、索道、直达观光电梯等，可能发生的安全事故有突然停运、坠落或滑落；带有娱乐性质、并能辅助体力较弱的老弱妇孺旅游者完成观光游览的交通工具，比如滑竿、骆驼、马匹等，其可能发生的安全事故为失控和冲撞；带有探险性质及在特殊需要下使用的交通工具，比如羊皮筏子、热气球等，其可能发生的安全事故为翻覆和坠落。

◇ **案例讨论**

土耳其热气球突遇强风硬着陆，造成 2 名乘客死亡

土耳其内夫谢希尔省石头城一向为热气球观光景点，当地时间周二（18 日）发生热气球突遇强风迫降事故，造成 2 名西班牙游客当场身亡，3 人受伤。当地媒体指出，肇事飞行员已遭逮捕。

该热气球上共有 28 名乘客及 2 名工作人员。省长声明指出，其中 2 名西班牙游客死亡，3 名西班牙游客受伤。当地官员称，3 名伤者送往不同医院治疗，已脱离险境。省长办公室表示，已对这起事件展开司法及行政调查。

石头城（Cappadocia）读音为卡帕多奇亚，是波斯语中的"骏马之地"。当地具有丰富的火山地形，许多外国游客都选择乘热气球升空鸟瞰。此前，也曾有热气球空中相撞，造成外国游客丧生的意外。2014 年就曾发生一起热气球坠落事故，造成中国游客 1 死 4 伤，其中 2 人重伤、2 人轻伤。

过去在美国接受热气球训练的 Aphro 在石头城工作多年，曾于当地经营观光业。她接受记者访问时指出，这场意外发生前，相较于其他较为保守的飞行员已经先行降落，肇事外籍驾驶员反而逆风攀升至 800 公尺，"以当时风速超过 7 级的状况来看，确实是冒险"。

此外，该热气球已有 12 年的球龄，多重不利因素堆叠下，造成悲剧发生。

石头城每日清晨约 160 颗热气球充斥高空，当地的热气球几乎皆是全球罕见的最巨幅体型，为自行把关飞行安全，Aphro 建议旅客尽量挑选飞行累积时数超过 1500 小时的资深驾驶员以及定期于 6 年内汰新球体的热气球公司。

根据官方数据，今年 1—8 月，逾 254 万名游客造访石头城，刷新历史纪录。与去年同期相比，游客人数几乎翻倍，飙升 98%。

（资料来源：https://c.m.163.com/news/a/HK6QCTAC05528R9X.html，2022 - 10 - 21）

问题讨论：

旅游景区为游客提供特种旅游交通工具服务时应注意什么？

3. 治安事件

治安事件是指违反治安管理法律、法规，依法应当受到治安行政处罚，由公安机关依法立案查处的违反治安管理的行为。由于近年来中国旅游发展迅速，景区游客数量猛增，因此在景区发生的与旅游者相关的治安事件数量也明显增加。从表现形式来看，景区治安事件主要有以下几类：在景区、交通工具及住宿餐饮购物场所发生的偷盗和抢劫事件；因强买强卖引发的言语争执、肢体冲突甚至人身伤害事件；以模糊标价误导消费者的价格欺诈事件等。轰动全国的"2015年青岛大虾事件"和"2017年游客丽江被打事件"都是典型的治安事件，这两个事件对这两个城市的旅游形象和旅游声誉造成了恶劣影响，同时也引发了大众对于旅游消费安全的高度关注。

4. 溺水事故

溺水是指人淹没于水中受到伤害的状况，此类事故一般发生在水域型景区、有水体景观的景区或以水上游乐项目为主的主题公园，夏季是高发季节，多为游客在沙滩玩耍、在泳池游泳时不慎发生溺水，也有因不熟悉水情或不顾警示在危险水域擅自下水而导致意外发生。

5. 火灾事故

景区的火灾事故主要是指非自然因素引发火灾，导致人员生命安全和财产安全受到威胁和损害的事件。火灾的发生原因有故意纵火和过失致火两种，发生的场地主要是景区草木较为集中的区域、住宿设施、餐饮设施和游乐设施等。

6. 食物中毒事故

食物中毒事故是指因景区饮食卫生条件差、食品不干净或因不熟悉物种特性而误食有毒的动植物导致游客身体不适甚至危及生命的事故。

7. 环境安全事故

环境安全事故是指因景区的自然环境和游览环境中存在的安全隐患而导致的安全事故，如较狭窄游道在游客数量较多的时候可能引发游客拥挤、踩踏事故，山岳型旅游景区的悬崖、峭壁、险峰等可能发生游客坠落致伤亡事故，游客误触近海区危险海洋生物如水母、海蜇等引发的过敏、中毒反应等。

8. 游乐设施安全事故

我国不少旅游景区内设有供游客娱乐的游艺设施，为了增加趣味性以及激发游客的参与热情，大多为高空、高速类的设施，如过山车、高空蹦极等，检修技术落后、设备老化、监管不力等原因都有可能造成因设施机械故障而引发的游客伤害事件。2010年，深圳华侨城大峡谷游乐项目"太空迷航"发生垮塌，造成6人死亡、10人受伤。

(二) 引发旅游景区安全事故的原因

1. 自然环境因素

(1) 自然环境复杂。我国大部分景区以地文景观为主，多样的地文景观及丰富的动植物景观是吸引游客前来游玩的重要因素,但也可能成为让游客受伤的原因。陡崖、险峰、瀑布、峡谷这些观赏性较强的景点往往也是旅游安全事故的多发地。

(2) 突发自然灾害。自然灾害有一定程度的预测难度,因此大多数时候都是突发而至,给景区带来破坏的同时,也严重威胁游客的出行安全和游览安全。

2. 旅游者因素

(1) 安全意识淡薄。游客在旅游过程中因为愉悦的旅游体验,很容易放松对危险的警惕,行为上比平常更为放纵,为一些安全事故的发生埋下了隐患。比如:在山顶观景台拍照留念时,为了拍摄角度独特的照片而做出一些危险动作,甚至翻越围栏;在乘坐游船游江时,不顾工作人员的劝阻在甲板上嬉笑追逐;秋冬季节在森林公园里抽烟或者随意点燃干草枯木玩等。类似行为引发的坠崖、溺水、山火等事件,给游客和景区带来了不可挽回的生命财产损失。

(2) 盲目追求个性化。近年来,不少有过数次旅游经验的旅游者和年轻旅游者不满足于安全系数相对较高但缺乏个性的旅游方式,不顾个人身体条件以及户外生存经验、生存技能的不足,盲目追捧一些危险刺激、运作尚不成熟的高风险旅游项目,不仅给自己带来了危险,还极大增加了景区的安全管理难度。

3. 旅游景区因素

(1) 安全管理人员不足。安全事故相对于景区的日常经营运作来说,发生频率较低,因此大多数景区对安全管理没有引起足够的重视,从事景区安全管理工作的人员多由保安人员兼任,在景区旅游高峰期甚至抽调其他工作人员到安全岗位,少有熟悉安全事故发生规律、事故处理方法的专业人员。一方面,这些未经专业培训的工作人员安全意识薄弱、安全敏感性不够,无法在安全管理中及时发现和排除安全隐患;另一方面,一旦发生安全事故,他们很可能因为经验的缺乏而延误事故处理的最佳时机。

(2) 安全管理方法落后。目前,不少景区对安全的管理主要是等待事故报案或者定时巡逻,这些被动落后的工作方式无法实时有效地监控景区的安全状态。一方面,景区地域范围广阔、地理环境复杂,监控盲点原本就比较多;另一方面,景区游客数量多、流动性大,安全隐患也比较多。因此,安全管理更多的是做好事故隐患排查和风险防控工作,但巨大的工作量光靠有限的人工作业是无法完成的,因此难免出现安全隐患。

4. 其他因素

(1) 行政管理机制不健全。我国旅游景区并非完全归属地方旅游行政管理部门直接管理,而是根据景区的类型分别由工商、林业、海洋、地质、建设、文物、宗教、文化等多个部门行使管理权插手管理,势必形成"多头管理"的局面,同时因为归属不明、责任落实不到位导致管理上的"真空地带",出现事前防控不力、事后多方推诿的现象,这对景区的安全管理没有任何益处。

(2) 法律法规不完善。我国目前出台的与旅游安全有直接关联的法律法规包括国家法规条例、地方性法规条例、国家标准规定、景区规章制度等,明确了旅游主体责任义务、强化了旅游安全防控意识、规范了旅游行为,为旅游安全提供了制度保障。由于旅游活动形式多样、推陈出新,加之法律法规的制定相对于旅游经营实践有一定的滞后性,加之我国现行相关的旅游法规对景区安全问题仅作了原则性规定,因此在景区安全管理的立法上还存在部分空白。

(3) 游客出行时间集中。目前,我国"带薪假期"制度推行范围和落实效果有限,因此绝大部分游客只能集中在节假日出行,尤其是黄金周期间,激增的游客数量使景区呈现人满为患的景象,不仅容易产生矛盾纠纷,而且也增加了景区安全管理的难度。景区有限的接待条件无法完全满足短期内大量涌入的游客需求,因此出现景区交通拥堵、景点排队时间成倍增加、游客疏散不及时、服务质量下降、违规涨价等现象,造成了不小的安全隐患。

三、旅游景区安全管理体系构建

(一) 建立旅游景区安全管理系统

1. 控制系统

旅游安全控制是旅游主管部门、旅游企业、旅游者及其他社会机构之间通过制度、政策控制和利益协调而相互作用的管理过程。景区安全控制系统是景区为了自身的经营和运作安全而设置的安全管理和监控体系,是景区安全管理系统的中枢,包括管理机构和管理制度两部分。

(1) 设立安全管理机构。原则上,景区内所有管理机构均应承担安全管理的部分职责,景区内所有部门都负有安全管理的责任,全体员工都应该在其工作岗位上做好景区安全工作,即全员安全管理制,在此基础上,结合景区的实际情况,成立专门的安全管理机构,该机构是景区负责安全管理的全职机构,具有景区安全管理的权威性,负责景区安全事故防范、控制、管理与指挥工作。景区安全管理机构可设立为安全保卫部或安全保卫科,是景区管理委员会或管理局的直接下属机构,下辖巡逻、护卫、消防、监察执行和安全教育等分支机构。

为更好地应对和解决突发事故,景区还应设立突发事故应急委员会,由景区管理负责人任总指挥,其他部门的一把手、景区派出所的所长担任委员,处理与应急事故相关的日常工作。下设安全事故应急联动指挥中心,包括通信联络组、应急救援组、安全保卫组、医疗救护组、后勤保障组、人员疏散组、善后处理组等。在未发生突发事故的情况下,该指挥中心及其下属机构处于解散状态,但一旦发生事故则自动集合并开始发挥作用。

(2) 完善安全管理制度。景区的安全管理制度是在国家相关法律条例的指导下,为保证景区员工和旅游者人身财产安全所指定的符合景区安全管理实际情况的章程、办法和措施,是景区安全管理必须遵守的规范和准则。主要包括:①岗位安全责任制,详细规定各部门、各岗位管理人员和部门人员应承担的责任,用责任明确、责任细化、责任判定的方法来促进安全管理;②领导责任制,即由景区的法定代表人或主要负责人统筹负责本单位的安全管理工作;③重要岗位安全责任制,对易发生安全事故的地段,要配备专门的安全管理员,明确范围、内容、责任和任务,一旦在这个岗位发生重大事故时,可以进行法律责任追究;④旅游安全管理制,景区员工应按段、按片划分责任区,进行分段分片管理,加强值班巡逻;⑤经济责任制,按照违反规定的具体情况及造成损失的严重程度,分别给予责令整改或承担经济损失的处罚,甚至追究法律责任;⑥监督检查和奖励制度。

2. 信息管理系统

景区信息管理系统是收集和加工旅游安全信息的系统,是保证旅游安全预警准确、及时和高效的前提条件。虚拟化技术、数字化技术、空间技术和网络化技术的出现使信息的传递、处理变得更加方便和快捷,也大大节约了解决安全问题所需要的有形资源,从而提高了旅游安全管理的效率。景区安全管理系统中各项功能的实现都以信息为支撑,信息的转换、更新、传递为系统的正常运行提供必要的保障。

景区旅游安全信息管理系统主要由天气信息、交通信息、游览环境信息和景区容量信息四个子系统组成,每个子系统都具有搜集信息、分析信息的功能。旅游安全防控和预警效果的高低,取决于所收集信息质量的好坏,通过新的科技手段对景区旅游安全信息进行搜集、分类和加工,确保了信息的真实性和完整性。

3. 安全预警系统

景区安全预警系统主要是在信息搜集和处理的基础上制定旅游安全对策和发布旅游安全信息,包括对可能发生的事故的预警和已经发生事故的报警。对可能发生的旅游事故和灾害区域发出预警信息,主要是达到防患于未然的目的;对已经发生的事故发布报警信息,主要是减少事故损失、保护游客的人身财产安全、控制危害的发展。安全预警信息应在景区主要出入口、客流主要集散地、核心景点等以醒目的公告牌、循环播放的广播、工作人员流动喊话等方式告知游客,并组织人员按照预警方案对游客进行引导和疏散。同时,在建设智慧景区的背景下,这些预警信息都可同步实时地通过移动智能终端向游客推送,帮助游客做出相应的旅游行为调整。

(1) 交通安全预警。通过加强现代电子信息技术在交通体系中的全面应用,完善智慧旅游交通体系,是建设智慧景区的任务之一,同时也是解决旅游交通安全的有效途径。景区充分利用物联网技术监测交通工具、交通基础设施等一切与旅游者相关的交通要素,通过安装和使用摄像头、感应器、传感器等获取大量交通数据,如全球定位系统(以下简称GPS)数据、道路的传感器数据、天气数据、拥堵数据等,预测道路通行能力、提醒避开已出现拥堵或发生交通事故的路段,提高景区对旅游交通的监控能力,保障旅游者的交通出行质量。

(2) 环境污染预警。景区自然环境的好坏,不仅影响游客的旅游体验,还会影响游客的身体健康。环境是开展旅游活动的载体,但旅游资源开发、景区的建设生产、旅游者的旅游行为又会对环境产生影响甚至是破坏。射频识别、红外感应器、全球定位系统、激光扫描等智能监控技术的使用能实现对景区资源和环境的监控。通过实时监测景区空气质量、水质、地质、单位面积游客量(游客人数过量也会带来污染)等,对污染物超标、可能发生污染事故的景区功能区域发出预警信息,确保游客身体健康和景区的可持续发展。

(3) 自然灾害预警。自然灾害具有突发性强、破坏性大的特点,及时、准确的预警信息有利于减少灾害带来的经济损失和人员伤亡。景区通过与气象、环境、地质等部门进行信息联网,实时监测相关指标数据并进行对比分析,预测可能发生危及旅游安全的灾难与事故,并根据危害程度的差异发出不同级别的警告。同时,借助景区智能监控系统对景区环境的监测,获得对自然灾害全面透彻的感知监测,如一些山地景区发现山体形变,可推断有山体滑坡风险,应对该区域加强监控并做好灾害处理准备。

(4) 环境容量预警。景区环境容量是指景区环境各要素所能承受的旅游者人数和旅游活动强度,一般有最佳容量和最大容量两个阈值。环境容量预警旨在提醒旅游者合理选择出行时间和游览区域,以免出现景区游客过分集中、人满为患的现象,造成对游客旅游体验和景区环境的破坏,而这些都建立在对景区游客人数精准统计的基础上。

景区的门禁系统是获取进入人数的最佳途径,尤其在建设智慧景区的背景下,不少景区都采用了电子门票,当游客进入景区检票时,可被自动识别进入景区,相应的信息被传送到景区的数据中心。通过分析景区主要出口安装的智能监控设备所获取的视频,统计出景区的人数,从而推断出景区内的总人数,以判断是否需要启动容量预警。在一些客流量较大的景点建立人数统计的系统,并利用视频分析实时游客数量,同时监控是否有异常行为发生,有些景区与电信服务商展开合作,借助网络定位等信息服务技术,为景区提供游客的即时位置动态,不仅能获得更为精确的游客数量的统计数据,还能够判断出游客在景区内的分布情况,以及是否需要对游客进行引导和疏散。有些景区则是通过发售带有射频技术的电子门票实现对游客的有效跟踪定位。

4. 应急救援系统

景区的紧急救援是指为发生意外的旅游者或旅游从业者提供的紧急搜救服务,它以搜救失踪人员和紧急救治受伤害人员为主要任务。紧急救援系统是以旅游救援中心为核心由景区、医院、公安、消防、通信、交通等多部门参与的社会联动系统。旅游救援中心通常由政府牵头组织,各个景区建立子系统与全国性的应急救援中心互联。在景区实际救援活动中,通常发挥主导作用的是景区突发事故应急委员会下辖的安全事故应急联动指挥中心,旅游救援中心则负责统筹和部署。

针对旅游者在游览过程中可能出现的各种意外情况,景区应实现景区 Wi-Fi 覆盖,防止游客在遭遇紧急情况时因信号不佳无法及时发出求救信息。部分景区可能因为面积非常大,网络信号不稳定,可通过部署求助报警终端一键求助,在游客触发报警设备后,监控中心可以通过网络摄像头看到报警人的实时视频图像,并可以进行语音通话。

景区通过安装智能监控设备,可实现安全监控的全面可视化、可控化管理,一旦游客发生意外,景区监控管理人员可在第一时间组织力量进行应急救援,另外,景区可开发配套APP,当游客用智能手机实名登录 APP 并输入门票信息后自动接入景区监控平台,成为可定位、具有报警和求助功能的移动终端,可较大提升紧急救援的有效性和时效性。

（二）完善旅游安全保障体系

1. 旅游安全法规体系

旅游安全法规体系是旅游安全保障体系的基础，为旅游安全管理提供法律依据。它能从法律角度来规范和约束旅游从业人员的行为，强化旅游从业人员的安全意识和防控意识，提高旅游者的安全意识、约束旅游者的不当行为。

2013 年 10 月 1 日正式实施的《中华人民共和国旅游法》（以下简称《旅游法》）中设立了旅游安全专章，对旅游安全工作进行专门的规范说明；既从政府、旅游经营者，也从旅游者角度对旅游安全的权利义务进行了全方位、立体化的规范；为充分保障旅游者的人身财产安全，对旅游风险的阻断机制也进行了系统设计。这些综合措施将全面提升旅游者的旅游安全保障，为我国旅游安全工作迈入科学化轨道提供重要的法制基础。

◇ **知识链接**

《旅游法》旅游安全专章

第六章　旅游安全

第七十六条　县级以上人民政府统一负责旅游安全工作。县级以上人民政府有关部门依照法律、法规履行旅游安全监管职责。

第七十七条　国家建立旅游目的地安全风险提示制度。旅游目的地安全风险提示的级别划分和实施程序，由国务院旅游主管部门会同有关部门制定。

县级以上人民政府及其有关部门应当将旅游安全作为突发事件监测和评估的重要内容。

第七十八条　县级以上人民政府应当依法将旅游应急管理纳入政府应急管理体系，制定应急预案，建立旅游突发事件应对机制。

突发事件发生后，当地人民政府及其有关部门和机构应当采取措施开展救援，并协助旅游者返回出发地或者旅游者指定的合理地点。

第七十九条　旅游经营者应当严格执行安全生产管理和消防安全管理的法律、法规和国家标准、行业标准，具备相应的安全生产条件，制定旅游者安全保护制度和应急预案。

旅游经营者应当对直接为旅游者提供服务的从业人员开展经常性应急救助技能培训，对提供的产品和服务进行安全检验、监测和评估，采取必要措施防止危害发生。

旅游经营者组织、接待老年人、未成年人、残疾人等旅游者，应当采取相应的安全保障措施。

第八十条　旅游经营者应当就旅游活动中的下列事项，以明示的方式事先向旅游者作出说明或者警示：

（一）正确使用相关设施、设备的方法；

（二）必要的安全防范和应急措施；

（三）未向旅游者开放的经营、服务场所和设施、设备；

（四）不适宜参加相关活动的群体；

（五）可能危及旅游者人身、财产安全的其他情形。

第八十一条　突发事件或者旅游安全事故发生后，旅游经营者应当立即采取必要的救助和处置措施，依法履行义务，并对旅游者作出妥善安排。

第八十二条　旅游者在人身、财产安全遇有危险时，有权请求旅游经营者、当地政府和相关机构进行及时救助。

中国出境旅游者在境外陷于困境时，有权请求我国驻当地机构在其职责范围内给予协助和保护。

旅游者接受相关组织或者机构的救助后，应当支付应由个人承担的费用。

（资料来源：https://www.gov.cn/flfg/2013-04/25/content_2390945.htm）

2. 旅游保险

在旅游安全保障体系中，旅游保险是安全事故发生后游客获取补偿的主要来源，因此构建完善的旅游保险体系，可为旅游安全提供了经济保障。现阶段我国已形成了相对完备的旅游保险体系，可以为旅游者提供旅行期间的个人意外伤害及医疗保障，保险品种较为齐全，服务也人性化，但较低的保险购买率并未让旅游保险充分发挥保障作用。

据统计，我国团队旅游的投保率相对较高，因为旅行社被要求强制购买旅行社责任险以及酌情购买团队意外险，也会有一部分参与带危险性的旅游项目或欧美长线游的游客会在旅行社的推荐下购买个人意外险。但自助游的游客旅游保险的购买率却极低，一方面是游客自身的保险意识不够，另一方面是旅游保险的购买途径较少，只有极少数旅行社向自助游客出售旅游保险，不少在线旅游平台的旅游保险无法单独购买，必须和旅游产品搭配销售。现阶段从我国旅游者的出游方式来看，自助游的散客多于团队游的游客，因此整体旅游保险的投保率处于较低的水平。

保险是良好的风险管理手段，为提高投保率，可从以下几方面采取措施：第一，加大保险宣传力度，增强旅游者的保险意识，主动保护自己的合法权益；第二，增加旅游保险的购买渠道，旅行社应成为旅游保险的主要线下代理商，各大旅游电商平台则是主要的线上代理商，旅游保险采取单独销售和与旅游产品搭配销售两种模式，让消费者根据自己的需要自行选择；第三，加强对旅游保险监管，鼓励保险机构开发更具个性化的旅游保险产品；第四，推动旅游保险保障系统进一步完善，充分发挥旅游保险在转移风险、善后处理方面的保障作用。

（三）加强景区安全宣传和安全教育

良好的安全意识是景区工作人员做好旅游安全工作的基础，要通过加强旅游安全宣传和安全教育，让景区的领导、员工都牢固树立安全意识，掌握各自岗位的安全职责和安全技能。根据《中华人民共和国安全法》的规定，"生产经营单位的主要负责人和安全生产管理人员必须具备与本单位所从事的生产经营活动相应的安全生产知识和管理能力"，"未经安全生产教育和培训合格的从业人员,不得上岗作业",景区旅游安全问题的成因较为复杂、表现形式多样,因此应建立以政府旅游行政部门为主体的旅游安全逐级培训制度,解决现有培训分散、培训主题不明确的问题,确保各级管理人员和一线从业人员都能参与对应层级的培训,熟悉有关的安全生产规章制度和安全操作规程,掌握相应的安全知识和安全技能。

四、游客安全行为引导

由于旅游者不当的旅游行为有可能导致旅游安全事故发生,且旅游者又是安全事故中的受害者,为了消除安全隐患和降低旅游风险,可通过旅游安全宣传、设置旅游安全标志、建立旅游安全信息服务中心、发放游客安全手册等方式来引导游客规范自己的旅游行为,实现安全出行的目标。

(一)旅游安全宣传

旅游安全宣传分为旅行社宣传和景区宣传两个部分。

根据《旅游法》第六十二条第(二)款规定,在订立包价旅游合同时,旅行社应向旅游者告知旅游活动中的安全注意事项。旅行社主要是通过发放旅游安全知识宣传材料和组织出行前动员会的方式来对游客进行旅游安全的事前引导,告知游客在出行前应做好的准备工作、行程安排、目的地风土人情、游览过程中可能出现的突发事件及处理方式、旅游安全风险防范、文明出行的行为规范等,强调游客违反安全规则可能导致的后果及应承担的责任,增强游客的安全意识。

景区安全宣传由景区定点导游或讲解员主导,针对景区存在的安全隐患向游客做出真实说明和明确警示,比如提前告知常规游览线路、易发生危险的观景点、高危险性参与项目的风险提示等,引导游客在安全的线路上游览,尽量杜绝和阻止游客的危险行为。如果遇到天气突变、道路出现险情或其他危及游客财产人身安全的紧急情况时,定点导游或讲解员可临时调整游览路线,且应全程与游客在一起活动,及时清点人数,以防游客走失。如景区不提供定点讲解和导游服务,则应在景区主要入口和易发生危险的地点张贴安全通告、设置安全指示牌,对游览过程中的安全风险进行明确告知。景区还可利用官方网站定期进行旅游安全知识宣传,特别是在节假日之前发布与旅游安全信息相关的通告,加强对旅游安全问题的防范。

(二)设置旅游安全标志

旅游安全标志是利用文字或符号、图案等对旅游者的行为具有提醒和警示作用的引导标志,包括对某些行为的禁止和对旅游者行为方向性的指引等。根据我国制定的安全标志和安全色的标准要求,标志中含有警告和禁止含义的图案及符号应分别使用黄色和红色,图形与衬底的颜色应形成强烈对比,并使用吸引旅游者注意的色彩和色调。

旅游安全标志一般可以分为四类:禁止标志,包括禁止吸烟、禁止通行等,为红色圆形边框带斜杠的图标,见图 8-1;警告标志,用于提醒游客注意周围环境、避免发生危险的标志,图形为三角形边框,框内有表示不同含义的图像,见图8-2;指令标志,强制游客必须做出某种动作或采用防范措施的圆形图形标志,见图8-3;提示标志,向游客提供某种信息,图形为方形,包括指示紧急出口、避险处位置等,见图8-4。

图8-1 禁止通行标志

图8-2 注意落石标志

图8-3 必须穿救生衣标志

图8-4 应急避难场所提示标志

为实现良好的提醒和警示效果,旅游警示标志应设置在步道、车行道、岔路口及环境具有潜在危险的位置,安装高度和距离根据实际情况来确定,以游客易发现和能看清楚为宜。警示标志所显示的信息应准确无误,指示的文字不宜过长,尽量选择宋体、黑体和楷体等可读性较高的字体,语义应简洁明了,见图8-5;为弱化安全标志的说教意味、缓解游客的抵触心理、提高游客的接受度,部分标志可采用形象卡通化、语言柔性化的设计,见图8-6。

图8-5 综合安全标志

图8-6 卡通安全标志

(三)编制和发放游客安全指南

游客安全指南是景区发放的印刷物,主要是告知游客在景区游玩的安全知识和其他应注意的事项,提醒游客保护自身和财物的安全,圆满、愉快地完成旅游计划。安全指南应由景区主导编写,可放置于景区游客服务中心大厅和其他主要集散地的显著位置,与景区的宣传资料和导览资料摆放在一起,免费让游客拿取,或者在游客于售票处购买或兑换门票时随票一并发放效果更好。

安全指南应图文并茂、色彩鲜艳,内容通常包括交通安全事项、住宿安全事项、饮食安全事项、游览观景安全事项、娱乐安全事项、购物安全事项等,除了常规的安全知识和注意事项外,还应包括与景区资源和环境相关的特定注意事项。

(四)建立旅游安全信息服务中心

旅游安全信息服务中心可以是单独成立、由景区游客中心下辖的部门,也可以不成立类似机构,直接由游客中心来提供安全服务。安全信息服务中心的功能主要是协调和处理各类旅游安全投诉、为游客集中播放旅游安全教育音像视频、编发游客安全指南、分发和销售旅游安全必备品等,另外,应设立人工咨询岗位,随时为有需要的旅游者提供服务。如有突发状况,应及时通过广播系统或其他即时信息传递方式发布地质灾害、天气变化、洪涝汛情、交通路况、治安形势、流行疫情预防等安全警示及游览安全提示。

◇ **案例分析**

连续两日客流高峰游客超限,黄山风景区启动应急预案停止当日游客入园

2020年清明小长假前两天,黄山风景区日接待游客达到2万人,景区出现客流高峰,造成游客集聚。黄山风景区紧急发布通知,启动应急预案,停止游客入园,建议游客选择其他旅游路线,或改日进山。

黄山风景区其后发布通知解释称,客流高峰游客集聚主要原因有两个方面:一是由于实行安康码申领、核验和测温等疫情防控措施,游客通行相比正常情况较慢。二是由于疫情防控需要,景区日最大承载量由5万人压缩至2万人,不少游客担心难以进山,出现游客早晨集中进山现象。

对此,黄山风景区启动应急预案,优化运力调配,加强客流疏导,进一步增加换乘运力,增设软硬隔离设施,防止游客在个别时段、个别区域过于聚集。同时,适时采取交通调控措施,有计划地分散车流,防止游客停车难;进一步优化预约措施,安排游客分时段抵达换乘中心,避免游客出行过于集中。同时,景区加强信息发布,引导游客适时调整游览线路,到其他仍有容量的景区游览。同时,景区还增派志愿者,帮助游客高效通过"安康码测温"及安检等流程,提醒游客按规定佩戴口罩,并保持安全距离。

(资料来源:根据搜狐网资料整理)

问题讨论:

对以黄山为代表的山岳型景区而言,需要做哪些方面的旅游安全预警?

第二节　旅游景区智慧管理

◇ **案例导入**

张家界国家森林公园：智慧化景区管理为游客提供更人性化专业化的服务

张家界国家森林公园位于湖南省西北部张家界市境内，是中国第一个国家森林公园。其自然风光以峰称奇、以谷显幽、以林见秀，被联合国教科文组织列入《世界自然遗产名录》。2020年6月10日，张家界国家森林公园管理处副处长杨少强做客新华5G云展服务平台《瞰展人》栏目，畅谈张家界国家森林公园智慧化景区建设之道。

新华网：在景区智慧化升级的大环境下，张家界景区有哪些智慧化建设的举措？

杨少强：作为200多平方千米的自然景区，管理管控完全靠人工，显然是不可能达到效果的。通过这次疫情，让我们更加意识到智慧景区管理的必要性和重要性。全国性的复工复产开始的时候，我们做的第一个工作就是加强智慧景区管理的建设，提升数字化管理水平。目前已经完全实现了4G网络全覆盖，正在向5G转型。

按照统一规划、分头建设、分步实施的原则，通过几个月的建设，智慧景区已经初步达到了"五个一"的建设目标，包括一个平台指挥、一张网覆盖、一个系统管理、一个队伍执法、一体化应急联动；实现"一张网全覆盖"，即城区景区统一工作网络。

在智慧景区建设的另外一方面，就是我们对来到景区的游客做大数据分析，现在已经可以精确到每时每分每秒计算进入景区的人数。这些游客来自全国的哪个地方，游客的年龄结构、性别，我们都有详细的分类，这样就可以为游客提供更加个性化的定制服务。

智慧景区的旅游服务系统是通过小程序整合我区（武陵源风景区）旅游官网、电子商务网站数据，通过微信平台向游客推送旅游六要素信息，特别是提供了景区手绘地图导览、景区直播、购票和旅游咨询、投诉渠道等功能，在方便游客的同时，也提升了我区（武陵源风景区）的景区形象和旅游服务水平。游客意外伤害应急预案保证了游客的人身安全，一旦游客在游玩过程中遇到危险，指挥中心会迅速采取应急措施。我们打造了"十分钟应急救援服务圈"。在一个自然性景区，我们的一条游道一般都在3~6千米，最短的是3千米，最长的是6千米，而且都是蜿蜒曲折的。通过智慧平台发现情况以后，电话还没报案，我们人员已经出发了，可能电话刚上来，我们救援人员已经到事发地了。此外，我们还制定了资源保护的应急预案、地质灾害的应急预案等，加强智慧平台智慧景区的管理，提升数字化管理水平，是我们目前最重要的工作任务。

（资料来源：https://baijiahao.baidu.com/s?id=1669923039808540627）

随着科技的不断发展及旅游消费者需求的多元化，传统旅游景区已无法充分满足旅游者的需求，景区必须为适应游客需求的变化做出改变。旅游景区通过智慧化建设与发展，将给旅游者带来智慧旅游的全新体验。

一、智慧旅游概述

（一）智慧旅游的背景

2008年，IBM（International Business Machines Corporation，国际商业机器公司）首次提出"智慧地球"概念，主要思想是把新一代IT技术充分运用在各行各业中，通过超级计算机和"云计算"将"物联网"整合起来，人类能以更精细的和动态的方式管理生产和生活，从而达到全球"智慧"的状态，后来在此基础上又衍生出"智慧城市"的构想，从此"智慧"在全球掀起了建设浪潮。

2010年3月两会期间，原国家旅游局局长邵琪伟在听取了镇江市委书记许津荣等一行人关于镇江市近年来旅游发展情况后，提到希望镇江要推进产业转型，包括建设"智慧旅游"，这也是"智慧旅游"概念第一次被正式提出来。之后，镇江率先在全国范围内启动对智慧旅游的研究。党中央、国务院高度重视智慧旅游工作，陆续出台系列政策措施推动发展。2014年1月，原国家旅游局将2014年确定为"智慧旅游年"，同年8月，国务院印发《关于促进旅游业改革发展的若干意见》，明确提出加强旅游基础设施建设，制定旅游信息化标准，加快智慧景区、智慧旅游企业建设等内容。2015年，原国家旅游局印发《关于促进智慧旅游发展的指导意见》，有序推进智慧旅游持续健康发展。2016年，国务院印发的《"十三五"旅游业发展规划》专设"技术创新打造发展新引擎"章节和"旅游信息化提升工程"专栏，明确提出建设一批国家智慧旅游城市、智慧旅游景区、智慧旅游企业、智慧旅游乡村。在国家层面和旅游主管部门的积极推动下，我国智慧旅游发展如火如荼，渗透到旅游业发展的各个层面。

（二）智慧旅游的概念及内涵

1. 智慧旅游的概念

智慧旅游是一个全新的概念，它是在一定的技术基础和市场基础上产生的，但无论是学界还是业界对智慧旅游的概念都有不同的界定，至今未能形成让各方都认可的、统一的概念。而且随着时代的发展、信息技术的迭代升级，都会使智慧旅游概念的界定发生变化，因此本书在综合各方面对智慧旅游理解的基础上，将智慧旅游定义为"运用云计算、物联网等新一代信息技术，通过互联网或移动互联网，借助智能终端设备，主动感知旅游资源、旅游经济、旅游活动、旅游者等方面的信息并及时发布，让人们能够及时了解这些信息并安排和调整工作与旅游计划，从而满足旅游者的个性化需求，最终实现旅游体验的个性化、旅游服务的智能化和旅游管理的数字化。

2. 智慧旅游的内涵

智慧旅游就是让旅游智能化，通过一定的信息技术的应用使旅游管理工作更加系统有序、旅游经营活动更加准确高效、旅游体验更加舒适便捷。如果将旅游业从传统形式到智慧旅游的发展过程分为几个阶段,则:传统旅游是初级阶段,主要通过传统媒体进行营销;数字旅游是过渡阶段,主要是旅游过程中的数字化和网络化;智慧旅游是高级阶段,最终实现旅游体验的个性化。智慧旅游覆盖的面更广,所产生的经济效益更高,更能满足社会对旅游的需要。

(三) 智慧景区的概念及内涵

1. 智慧景区的概念

智慧景区是在智慧城市、智慧旅游基础上延伸出的新方向,是传统景区的创新升级,目前在学界和业界同样未形成统一的概念,因此在综合多方理解认知的基础上,本书认为智慧景区是指"通过智能网络,对景区地理环境、自然资源、旅游者行为、景区工作人员行迹、景区基础设施和服务设施进行全面、透彻、及时的感知;对游客、景区工作人员实现可视化管理";同旅游产业上下游企业形成战略联盟,实现景区环境、社会和经济的全面、协调、可持续发展。这样的景区是将先进管理理论和现代科学技术高度集成,实现人与自然和谐发展的低碳智能运营的景区,能对景区环境、社会、经济三大方面进行更透彻的感知、更广泛的互联互通和更深入的智能化,能够更有效地保护生态环境,为游客提供更优质的服务。

2. 智慧景区的内涵

智慧景区的内涵主要包括以下几个方面:通过物联网对景区环境、工作人员、设施以及旅游者、社区居民进行全面感知及可视化管理;利用最新信息技术及管理理论改变景区管理单位的组织结构,优化和再造景区管理业务流程;旅游景区应该和院校、科研机构、酒店、旅行社、航空公司及互联网技术企业等建立战略联盟,运用众人智慧、集结多方力量管理景区;智慧景区建设的目的是有效保护旅游资源尤其是遗产类资源的真实性和完整性,提高游客服务质量,实现景区环境、社会和经济全面、协调、可持续发展。

二、智慧景区建设

文化和旅游部发布的《"十四五"文化和旅游发展规划》中提出,智慧旅游要做好"五个智慧",即推进智慧建设、打造智慧产品、加强智慧管理、提升智慧服务和加强智慧营销。因此,旅游景区的智慧化建设是智慧管理的前提和基础,也是保障。这里的智慧化建设主要是指技术层面的建设,也可称为旅游景区的"智能化建设",它是一个复杂的系统工程,需要将现代信息技术与科学管理相结合,实现景区的可视化管理和运营。

(一) 通信网络建设

通信网络是基本通信、数据传输的重要保障,因此通信网络的建设非常关键。首先,移动通信信号应尽可能做到景区全覆盖,而且信号质量好、线路顺畅;其次,尽量做到旅游景区内无线宽带网络全覆盖,游客在游览过程中可以方便地将手机、电脑等终端以无线方式连接上网;最后,旅游景区应建有供游客使用的公用电话,数量充足、设置合理,同时还需要部署电话报警点,电话旁公示景区救援电话、咨询电话、投诉电话,游客可在手机信号不好或者暂时无法使用移动终端的情况下,拨打报警点电话向接警处系统的值班人员求助。

(二) 信息基础设施建设

主要指各种传感设备(包括射频传感器、位置传感器、能耗传感器、速度传感器、热敏传感器、湿敏传感器、气敏传感器、生物传感器等)、GPS终端、摄像头/摄像机和智能卡等,这些设备嵌入到景区的物体和各种设施中,并与互联网连接,将感知到的一切信息及时传导和反馈给数据中心。

(三) 数据中心建设

数据中心是景区信息资源数据库的存储中心、管理服务中心和数据交换中心。旅游景区数据中心对外连接其他景区、旅游企业、政府部门,实现数据信息在同一行业、不同行业之间的交流与共享,对内连接不同管理系统,实现不同部门之间资源信息共享,使得不同用户都能够通过数据中心获取自己所需要的数据。

(四) 信息管理平台建设

旅游景区信息管理平台是最重要的核心平台,要能实现资源监测、运营管理、游客服务、产业整合等功能。它包括:①地理信息系统(Geographic Information System,简称GIS),同时将多媒体技术、数字图像处理、网络远程传输、卫星定位导航技术和遥感技术有机地整合到一个平台上。②旅游电子商务平台和电子门禁系统。③景区门户网站和办公自动化系统。④高峰期游客分流系统,这套系统可以均衡游客分布、缓解交通拥堵、减少环境压力,以确保游客的游览质量;景区可以通过预定分流、门禁分流和交通工具实现三级分流,其中要采用RFID(射频识别系统,是一种非接触式的自动识别系统)、全球定位、北斗导航等技术实时感知游客的分布、交通工具的位置和各景点游客容量,并借助分流调度模型对游客进行实时分流。⑤其他配套系统,包括规划管理系统、资源管理系统、环境监测系统、智能监控系统、LED信息发布系统、多媒体展示系统、网络营销系统和微机管理系统等。

(五) 综合决策平台建设

综合决策平台是为了实现旅游景区管理和服务深度智能化而搭建的一个系统平台。这个平台建立在信息基础设施、信息管理平台和众多业务系统之上,能够覆盖数据管理、共享、分析和预测等信息处理环节,为景区管理层进行重大决策提供服务。该平台还应将物联网与互联网充分整合起来,使景区管理高层可以在指挥中心、办公室或通过4G/5G智能手机全面、及时、多维度地掌握景区实时情况,并能及时发号施令,以实现景区可视化、智能化管理。

三、智慧景区管理

智慧景区主要是从提供优质旅游资源出发,以高质量服务旅游者为导向,最终实现经济效益和社会效益的最大化,因此,旅游景区在智慧化建设的基础上,通过旅游管理智慧化、旅游服务智慧化及旅游营销智慧化来实现旅游景区智慧管理。

(一)旅游管理智慧化

智慧的旅游管理能够有效利用信息技术及时掌握游客的旅游活动信息和旅游企业的业务信息,使旅游业的监管从传统的被动处理和事后管理转变为过程管理和实时管理,实现由传统旅游管理模式向现代管理模式的转变。

1. 综合管理

(1)构建景区全方位监控体系。旅游景区的视频监控应尽量全面覆盖景区,同时重要景点、客流集中地段、事故多发地段能够重点监控,监控界面的图像能在各种显示设备上显示并进行操作,视频监控具备闯入告警功能,控制面板能控制画面缩放和镜头转动,能实现图像的实时远程观看以及物联网视频监控等。

(2)实现对旅游客流的实时监控。客流实时监控主要包含景区入口人流计数管理、出口人流计数管理、游客总量实时统计、游客滞留热点地区统计与监控和流量超限自动报警等,能及时掌握景区每个周期的客流总量及客流峰值、谷值时间段,在客流较为集中的小长假或黄金周期间提前做好控制景区容量的预案,在客流拥堵发生时也能尽快进行疏导,减少不必要的风险和损失。

(3)打造立体式景区安全管理系统。安全管理系统的构建包括:①建立安全管理机构,设立突发安全事故应急和联动中心,制定安全管理制度,每个相应的部门设置岗位安全责任制;②完善景区安防系统,在游客服务中心的大数据中心增设旅游安全板块,将景区所有的视频信号接入大数据中心,可实时观看或按需调取;③完善对外信息发布平台,可通过在景区核心区域或显著位置树立大型LED显示屏滚动式播放信息,通过微信等新媒体方式向游客手机或其他智能终端推送信息,在游客服务中心或景点休息区设置多媒体终端设备方便游客查询信息等方式来及时向游客推送旅游安全方面的信息。

2. 资源管理

构建自然资源环境监测/监控体系,主要包括气象监测、空气质量监测、水质监测、生物监控等,能对景区内的各类遗产资源、文物资源、建筑景观、博物馆收藏等景观资源运用现代化科学管理手段进行信息化与数字化监测、监控、记录、记载、保护、保存、修缮、维护等,从而便于景观建筑文物数据的查询检索以及面向公众展示。

(二)旅游服务智慧化

通过科学的信息组织和呈现,使游客能够方便快捷地获取旅游信息,帮助游客更好地安排旅游计划和形成旅游决策,同时提高旅游舒适度和满意度,也给游客带来更好的旅游安全和质量保证。旅游景区可分咨询服务、导览服务和购买服务等模块来分别实现旅游服务智慧化,也可通过搭建集成多个服务模块的智慧旅游服务平台的方式来实现旅游服务智慧化。

1. 咨询服务

与传统旅游时代以现场咨询、电话咨询等人工应答为主的咨询服务不同的是，智慧旅游时代的旅游咨询系统采用多种技术手段，把分布在不同地方的服务终端接入到数据中心，通过文字、图片、声音、影像等多种形式，生动地向游客展示旅游景区的自然风光、人文景观、动植物资源、风俗民情和服务设施及服务项目，让游客不受时间、位置的限制，可全天候为游客提供食、住、行、游、购、娱信息的即时查询，同时也具备投诉、调查等旅游信息反馈功能。

2. 导览服务

（1）预览功能。在游客服务中心及景区内设置多个智能终端，游客可以通过点击（触摸）具体图标，获得自己感兴趣的景点、酒店、餐馆等的文字、图片、视频资料，甚至还有其他游客的评价等信息，还可以通过提交起点和终点的位置来查询最佳线路，以此作为游客作出决策或者策划旅游线路的参考。

（2）导航功能。现在的主流导航软件都可以为人们提供精准的导航服务，甚至可以基于不同的交通工具来提供不同的线路选择，但这种导航功能即便能在景区游览中使用，也主要是基于景区主要游道的线路导航和方位服务，对于游客可能更需要的景区内部的餐饮、娱乐、购物、停车服务信息甚至洗手间位置信息等却无法提供。智慧旅游是基于现有的电子地图结合手机定位技术发明出的新的手机旅游导航系统，一般以电子地图的形式植入到景区自有的 APP 或者微信小程序中，为游客提供旅途中的帮助。例如方特旅游 APP，用手机或 Pad 等智能终端打开 APP 后，可以在首页界面醒目的位置看到"地图"按钮，点开后有"地图"和"列表"两种选择模式，都能清晰地显示园区主要游玩区域的位置、游玩项目参与者的条件限制、目前参与的人数及需要等待的时间，还可以提供从目前所在位置到你想要参与的游乐项目的导航服务，在地图下方及列表上方还以显著图标标注了演出活动、吃喝、购物、游客服务、洗手间等信息，供有需要的游客查询，还有代步车预定、云排队取号服务等，这对于旅游者来说是非常必要且有意义的服务功能，无疑将极大地提高旅游者在方特各景区的游玩体验度。

（3）导游功能。传统的导游模式主要是人直接进行讲解，而现在随着景区游客量的不断增加，景区的讲解员数量已不能满足游客的需求，特别是在旅游旺季的时候，这种情况尤其突出，所以为了能够缓解这种情形，景区一般除了采用人工进行讲解外，还包括运用电子设备进行讲解，这就是电子导游。电子导游主要是通过运用语音、图文、视频等形式将景区的相关信息展示出来，起到了景区介绍和导览作用，充分使游客在观赏景物时可以更好地了解其背后的文化内涵。电子导游的运用在一定程度上减少了噪声污染，也为景区节约了一定的人力成本，为景区的可持续发展做出了贡献。电子导游经过将近 20 年的发展，形态多种多样，有免费租借的、感应式语音讲解的电子导游，有需要付费的、可语音讲解也有动画或视频展示的 Pad 电子导游，还有通过扫二维码就可以直接在手机上听讲解的电子导游，能充分满足不同游客对导览的不同需求。

3. 购买服务

购买服务的智慧化主要体现在两个方面：

(1) 购买方式的多样化。除了实体店或现场购买外,游客可以在景区官方网站、微信商城、小程序、微博、OTA 平台、短视频 APP 等网络渠道购买门票、游乐项目、餐饮和酒店产品等,可以通过微信、支付宝等扫码支付。

(2) 接受在线预订服务,即预约旅游。预约旅游是指游客提前将个人的假期、旅游目的地做好安排,并通过门票预订的方式提前向景区报名,从而有效避免因旅游旺季而造成的线路名额紧张、价格过高等问题的旅游方式。预约旅游在行程追溯、客流管理等方面功能强大,用科技创新提高旅游品质,助力景区提高游客的满足感和幸福感,符合现代化、精细化旅游服务要求的预约旅游制度将有助于实现更加安全、美好的旅游体验。文化和旅游部等十部门联合发布的《关于深化"互联网＋旅游"推动旅游业高质量发展的意见》提出,加快建设智慧旅游景区,明确在线预约预定、分时段预约游览等建设规范,落实"限量、预约、错峰"要求,2022 年国有 5A 级旅游景区全面实行门票预约制度。预约不代表减少客流,故宫从 2011 年开始实行网络销售门票,到 2015 年全面实行预约旅游、当日限流 8 万人的政策,全年游客总量非但没有下降,反而保持平均每年 10%～15%的客流增长。因此,限流只是一种管理手段,目的是均衡客流,给游客创造更好的旅游体验。

(三) 旅游营销智慧化

智慧旅游通过旅游舆情监测和数据分析,挖掘旅游资源和游客兴趣点,引导旅游企业策划相应的旅游产品,制定相应的营销主题,从而推动旅游业的产品创新和营销创新。通过对营销渠道的定量分析和判断,智慧旅游可以筛选出效果明显、长期合作的营销渠道。智慧旅游还充分利用新媒体的传播特性,吸引游客积极参与旅游传播和营销。

1. 拓宽智慧营销手段

(1) 重视旅游景区官方网站建设。过去,许多旅游景区尤其是国有景区的官方网站形同虚设,仅仅是完成"有官网"的任务,没有定期的内容更新和营销功能。在智慧旅游时代,景区官网不仅是重要的宣传窗口,也需要具备旅游咨询、投诉、信息发布、产品销售等旅游服务功能。因此,借助最新的虚拟仿真技术,将文字、图片、影像、声音等资料结合起来,在景区的官方网站上全方位展示景区的资源、景点、娱乐项目等,让游客在官网上就能身临其境般感受景区的环境及产品,在一定程度上也能提高景区知名度,促进景区产品销售。

(2) 积极拓展新媒体营销渠道。新媒体涵盖了所有的数字媒体形式,目前较为主流的新媒体有微博、微信及短视频 APP。通过在这些媒体上建立官方账号,安排专人进行运营,定期发布图文并茂的推文或内容丰富的短视频,对景区及其产品进行宣传推广。推文或视频的更新不能间隔太长时间,以保持用户的黏性,还可以通过周期性的线上活动,增强景区与用户的互动交流,提高参与度。

(3) 升级景区自营票务系统。通过融合物联网技术、移动通信技术等现代信息技术,实现自营票务系统的全连接,打破系统之间资源信息孤立的局面,实现信息互通,并通过对游客购票信息进行分析,精确掌握游客需求,为精准营销打下基础。

(4) 构建一体化旅游电子商务平台。旅游电子商务平台是改变旅游业传统经营模式,为游客提供个性化服务,降低景区运营成本,实现服务多样化、个性化的有效途径。电子商务平台既是旅游服务智慧化的实现途径,也是智慧营销的重要组成部分,通过互联网技术、计算机技术和物联网技术的应用,实现游客食、住、行、游、购、娱的个性化定制及旅游体验的智能化。该电子旅游商务平台即前文中提到的智慧旅游服务平台,由多个服务模块组成,具备景区介绍、旅游指南、旅游预约、门票或产品购买、支付、景区导航等功能,既提高了游客的智慧化体验水平,同时也有助于景区的可持续发展。

2. 开发智慧文旅产品

随着景区的智慧化发展,传统的观光游览模式已无法满足游客在景区体验方面的新需求。景区通过开发数字化文化和旅游体验产品,发展定制、智能、互动等消费新模式,打造沉浸式旅游体验新场景。尤其是新冠疫情期间,由于局部暴发的疫情可能导致某些景区无法正常开放,为了满足部分游客在特殊时期游览景区的需求,张家界国家森林公园、南岳衡山景区都曾借助直播平台,通过景区导游或讲解员通过镜头带领大家"云游"张家界及衡山,既制造了旅游话题,又保持了景区在公众中的热度,当线下旅游条件恢复后,一部分观看直播的用户必然会转化成有效客源。湖南博物院在官网上设置了网上展厅,以满足因种种原因无法亲临现场的游客观看展览的需求,无论是通过电脑端还是手机端,都可以很方便地打开网上展厅,界面操作简单、交互体验感强,不仅可以观看马王堆汉墓陈列、三湘历史文化陈列等博物院常规展览项目,还有湖南博物院历年举办过的高规格临时展览,场景仿真程度高、展品清晰,还配有符合历史背景的古乐及解说文字,给"云观展"的游客提供了很好的旅游体验。

3. 开展智慧精准营销

旅游景区应从游客体验需求出发,结合游客来源、人口学特征、旅游消费行为等信息,通过大数据中心进行数据处理,多层次、全方位分析游客的旅游需求,找出景区特色卖点,制定针对性的营销策略。同时,组建智慧营销体系,搭建智慧营销平台,实现景区智慧营销的提档升级,促进游客消费,提高景区经济效益。

◇ 案例分析

橘子洲景区智慧厕所,在手机上即可了解厕所占用情况

游客来到橘子洲旅游时,只需要一部手机,即可查找附近厕所,并实时了解厕所繁忙状态、厕所蹲位占用情况。如果发现厕所脏乱差,还能通过手机进行投诉和提出建议。目前景区16座厕所已经全部联网。

使用指南

橘子洲景区厕所门口的液晶屏上会显示卫生间的平面构成图、当日天气情况、使用厕所人数、环境质量等等。每一个厕位门上还安装了指示灯,灯亮绿色代表该蹲位无人使用,红色则代表有人正在使用。除了新增的智慧引导系统外,橘子洲的每间公厕更是按照星级标准匹配了相应的服务,厕纸、扶手、挂钩、呼叫器等一应俱全。

如何在手机上寻找厕所

目前橘子洲各个显眼的角落,都摆放了"微信扫一扫,就近厕所早知道"的温馨提示牌。游客只需按照提示操作,便能在最短时间内找到距离最近的厕所位置。如果不知道如何到达,进入"智慧公厕"子菜单,即可实现智慧引导,让"方便"变得更方便。

(资料来源:http://cs.bendibao.com/tour/2021413/71831.shtm)

问题讨论:

智慧景区与传统景区相比,除了旅游厕所外,还能在哪些方面实现优化和升级?

第三节 旅游景区危机管理

◇ **案例导入**

饱受海啸摧残,印尼失去大批中国游客,巴厘岛每月最高损失10亿元!

2018年12月发生的印尼海啸死亡人数已经上升至429人,1400多人受伤,多处房屋和商店遭到严重破坏,逾400多只船只被毁。处于自然灾害多发地区的印尼,每一次海啸的袭来,就如同给当地的旅游业带来一次重击。

作为印度优先发展的支柱产业之一,旅游业对于印尼的重要性自然不言而喻。据印尼统计,今年平均单月到印尼旅游的海外游客数量约为125万人,预计2018年全年可以吸引1700万人次。而在这1700万为印尼贡献经济增长的生力军中,自然少不了中国游客的参与。

据印尼旅游部统计,截至10月,今年共有187万名中国游客前往印尼旅行,比去年同期又增加了3万人,当时印尼旅游部长还十分乐观地表示,明年要实现吸引350万中国游客的目标。

印尼之所以如此期盼中国游客的到来,是因为据印尼统计,中国游客在巴厘岛的人均消费额在5000元到1万元人民币之间,大大促进了当地餐饮、酒店等多个行业的发展。所以对于印尼而言,将中国游客比喻为"金主"也不为过。但是此次的海啸,恐怕会造成大量中国游客流失。

据印尼保守估计,以往自然灾害发生后,印尼每月约流失10万名中国游客,因此而造成的经济损失最高可达到10亿元人民币,而这还仅仅是在巴厘岛造成的影响,按印尼全国范围来说,损失将更为严重。据不完全统计,仅在今年下半年,印尼就发生了8次自然灾害。世界银行估计,印尼因自然灾害而遭受的经济损失,相当于每年平均减缓0.3%的GDP经济增长。

在此次海啸发生之前,印尼旅游部曾表示,因为75%的中国游客都是通过乘坐飞机的方式抵达印尼,所以计划增加印尼与中国之间的直飞航班数量,进一步瓜分中国出境游市场这块"大蛋糕"。但如今看来,印尼的"蛋糕梦"恐怕将会成为泡影。

(资料来源:https://baijiahao.baidu.com/s?id=1698807557538878575)

危机是突然发生或可能发生的危及组织形象、利益、生存和突发性的灾难性事故、事件等,可分为自然危机、经济危机、政治危机、文化危机、社会危机和冲突性危机。危机管理是专门的管理科学,是为了应对突发的危机事件、抗拒突发的灾难事变,尽量使损害降低到最低点而事先建立的防范、处理体系和对应的措施。旅游业是一个相对脆弱的行业,其生存和发展总是受到外部环境的影响,旅游景区同样如此,不论是地震、山火、洪水、海啸等重大自然灾害引起的危机,还是政治骚乱、国际冲突、经济危机、恐怖活动等社会经济环境变化引起的危机,以及SARS、禽流感、新冠感染等传染病引起的危机,都会对景区的发展和存续带来影响,因此景区在运营管理中应该重视并做好危机的防范、应对和善后工作,促进景区的可持续发展。

一、旅游景区危机概述

(一) 旅游景区危机的概念

世界旅游组织将旅游危机定义为"影响旅游者对一个目的地的信心并扰乱继续正常经营的非预期性事件",这类事件可能以无限多样的形式在许多年中不断发生。在这个概念的基础上,结合旅游景区的特点,本书认为旅游景区危机是指"某些突然发生或可能发生的,危及旅游景区形象、利益及景区运营管理的事件或事故。"

(二) 旅游景区危机的类型

旅游景区的危机根据划分依据可以分为多种类型,结合景区运营管理的实际情况,本书研究的景区危机主要分为自然灾害、事故灾难、公共卫生事件、社会安全事件、网络舆情事件。

1. 战略危机

对于旅游景区而言,战略是贯穿于景区一定时期的决策或经营活动中的指导思想,以及在这种指导思想下做出的关系到全局发展的重大谋划。战略方向是否清晰、战略目标是否明确,对景区来说至关重要。景区的战略危机体现在以下几个方面:①战略缺位,即景区没有制定发展战略,或者制定的发展战略不完善,起不到应有的指导作用;②战略模糊,即旅游景区制定的发展战略或竞争战略方向不清晰、目标不明确;③战略混乱,即景区有几个发展战略,且相互之间充满了矛盾,从而导致战略混乱;④战略滞后,即景区发展战略无法适应景区内外环境的发展,如果不及时进行战略调整,则不利于景区长远发展,甚至会影响景区的生存。比如位于陕西省蓝田县的白鹿原民俗文化村,为了赶上"特色小镇"的热潮,项目匆匆上马,于2016年正式开门营业,但景区没有长远发展战略和规划、缺乏文化积淀和历史底蕴,一年后就因缺少特色而导致游客骤减,2019年最终停止营业,损失惨重。

2. 品牌形象危机

景区形象是旅游者对旅游景区的整体认知,景区品牌是旅游者对景区认可和接受的程度,景区形象的好坏和品牌知名度的高低,对景区吸引客源和景区生存发展有着巨大的影响。景区形象和品牌危机主要有以下几种情况:第一,品牌老化,品牌形象提升乏力;第二,景区形象不鲜明或与其他景区形象重叠;第三,景区形象差;第四,景区宣传力度不足,区域影响力小、知名度差。长沙世界之窗 1997 年开业后曾经历过一段辉煌时光,吸引了湖南及周边省份的不少游客前来参观游览,但几年后就因为以观光游览为主、微缩景观为主要吸引物的经营模式缺乏持续的吸引力而导致经营陷入困境,"世界之窗"这块金字招牌也无法逆转颓势,后来与湖南广电结成战略合作关系,依托广电强大的节目制作能力,策划了许多新奇的、符合年轻人消费心理的主题活动,在品牌升级、形象更新之后,游客群体也发生了很大变化,因此客源也明显增多。

3. 资源(产品)危机

资源(产品)危机是指受到自然或人为因素的损害和破坏,使得旅游资源受损,其吸引力降低,游客质量下降,旅游形势进入下滑危机。2017 年 8 月九寨沟发生 7.0 级地震,景区内不少景点出现不同程度的垮塌、落石和崩坏,其中著名景点的毁损包括:火花海形成较大决口、水体浑浊并严重流失,失去原有的清澈透明感;诺日朗瀑布和箭竹海也有不同程度的损伤。好在自然资源和生态系统有自我修复的功能,再加上地方政府的灾后重建工作,2019 年景区 85%的区域恢复开放,2021 年景区全域开放,但无论是接待能力还是接待数量要恢复到震前水平可能还需要一段时间。

4. 景区服务质量危机

服务质量是景区质量评价的一个重要内容,它直接影响旅游者的旅游体验,关系到旅游者对旅游景区的评价,从而产生"口碑"效应,影响旅游景区的发展。反之,有些景区的资源等级、规模和市场区位并不优秀,但通过创立优质、特色的服务文化,使得景区的资源和产品不断增值,并形成良好的口碑和品牌,发展良好。

5. 突发事件危机

海啸、火山、龙卷风等自然灾害,以及恐怖活动、政治动荡、经济危机等人为灾难,还有景区管理不善造成的突发事件,都会给依赖性、关联性和脆弱性极强的旅游景区或者目的地带来重创。例如,以旅游业为支柱产业的泰国严重依赖入境客源市场,由于新冠肺炎疫情导致 2020—2021 年全球大部分国家都采取限制出入境的措施,使得泰国的入境客流几乎消失,在经济上蒙受了巨大损失,因此泰国也成为 2022 年最先开放入境旅游及采取宽松化疫情防控措施的国家。

(三)旅游景区危机的特点

1. 突发性

危机本身就是突然发生的事件或事故,绝大部分无法预估,给景区带来防不胜防的突发性影响,但它的发生一定会经历由量变到质变的过程,因此还是有预防的可能和空间。

2. 破坏性

危机无疑会给景区带来破坏,这种破坏既包括有形的也包括无形的,如山火给景区的旅游资源、服务设施和设备的破坏是有形的,舆情危机对旅游景区形象和声誉的影响则是难以估量的。

3. 不确定性

危机的突发性也意味着人们很难预测危机是否会发生、什么时候发生、以什么形式发生、造成什么后果等,只能根据以往经验、检测手段进行预测判断。

4. 紧迫性

对旅游景区而言,危机一旦爆发,就会产生不同程度的负面效应,如果不能及时控制,危机会急剧恶化,使景区遭受更大的损失。由于危机的连锁反应以及传播速度,如果漠视公众利益,必然会失去公众的同情、理解和支持,损害景区的品牌、形象和美誉度。因此景区危机一旦发生,必须快速反应并尽快采取有效措施,才能将危机的损害降到最低。

5. 多样性

旅游景区对外部环境的变化敏感脆弱,政治、经济、文化因素都有可能成为旅游景区危机的根源或诱因,因此旅游景区危机具有多样性的特点,在应对危机时,应综合考虑,制定出系统、全面的防范管理措施。

二、旅游景区危机的应对策略

(一) 危机的预防

防患于未然是危机管理的最主要部分,危机一旦爆发,就会像病毒一样迅速蔓延,做好旅游景区的危机预防工作,是降低危机影响的有效手段。

1. 增强危机意识

旅游景区管理机构和管理者要树立"凡事预则立,不预则废"的意识,充分认识加强危机管理的重要性和必要性,提高危机敏感度。旅游景区危机的发生大都有前兆,主要表现在:在市场环境方面,服务质量投诉增多、产品价格非理性变化、新的竞争对手加入、国家调整旅游产业政策等;在内部管理方面,信息沟通渠道堵塞、人际关系紧张、人才流失、亏损增加等;在产品促销方面,缺乏整体战略、新产品开发缓慢、促销费用不足等。旅游景区要从危机征兆中透视企业存在的危机,并引起高度重视,预先制订科学而周密的危机应变计划。

◇案例分析

丹霞山景区开展疫情防控和反恐防暴演习,提升安全服务质量

为进一步加强春节假期疫情防控、反恐防暴等工作,严防聚集性疫情及旅游事故的发生,切实增强景区安全意识与应急处置能力,丹霞山景区日前在游客中心活动大厅和中山门广场举行迎新春暨安全生产综合培训活动,丹霞山管委会和丹霞山经营公司有关负责人、景区一线员工代表等参加本次培训活动。

据演习现场了解,本次安全生产综合培训活动的培训内容包含了"疫情防控演习""反恐防暴演习""5A级景区安全服务质量提升"三大板块,以模拟演练方式进行。

在"疫情防控演习"板块,以景区出现新冠肺炎疫情病例为模拟背景,景区工作人员迅速按照疫情应急处置预案快速行动,密切配合,从轨迹排查、疑似病例锁定、区域管控、隔离观察、信息上报、医院对接、卫生消杀等应急处置流程进行现场实操演练。

在"反恐防暴演习"板块,以景区发生或接到可疑人员为演练模拟背景,一线报告突发安全事故后,景区安全生产小组迅速开展行动,预警组、抢险组、救援组、后勤保障组等各小组各尽其职,联合采取应对措施等。

在"5A级景区安全服务质量提升"板块,授课人从安全服务规范和日常防护入手,向参加人员科普了景区运营过程中需要掌握的安全防护知识。培训期间,参加人员认真学习,并不断与日常工作进行结合,彼此间相互交流经验,学习氛围十分融洽。

据了解,丹霞山景区长期以来高度重视安全生产工作,确定从源头上杜绝安全事故的管理理念,将安全生产定责到岗,定期开展各类专业培训活动,不断提升景区工作人员安全生产能力,确保景区安全运营。

(资料来源:https://www.163.com/dy/article/GU0UNP370550AXYG.html)

问题讨论:
丹霞山景区开展疫情防控和反恐防暴演习的目的和意义是什么?

2. 设立旅游危机专项资金

旅游景区在危机发生期间,要进行紧急救助活动;危机过后,还要开展促销活动来吸引游客,促进消费以及重振旅游经济。因此,旅游景区应提前设立旅游危机资金,并预先规定危机资金的使用许可、简化决策程序,从而快速灵活地应对紧急情况。

3. 建立危机预警系统

旅游景区应组建危机管理小组,一般由企业最高决策人担任小组负责人。危机管理小组应建立工作制度,定期分析、研究景区可能发生的危机,并结合景区自身特点有针对性地开展模拟危机处理。

(二) 危机的应急处理

危机发生开始阶段的处理至关重要。任何一个不谨慎的反应都有可能使景区陷入更大的危机,而有效的危机应急处理则可以帮助景区更快地从危机中恢复。

1. 重视沟通

政府、企业、行会、景区之间应保持较高频度的信息交流沟通,了解旅游地的发展现状及各项活动的进展情况。旅游景区管理部门要设立新闻及沟通部门,任命新闻发言人,负责与媒体和旅游者进行沟通。

2. 帮助受害者

旅游景区在危机发生时应展现人性化的一面,迅速采取措施对受害者进行救助,对已经与旅行社签订合同但尚未进入景区的游客,劝其取消行程或调整游期。2022年8月,因突发的疫情导致所有旅游经营活动暂时停止,部分游客滞留在喀什古城,当地社区居民和民宿经营管理人员及时成立旅游服务志愿者队伍,针对滞留游客遇到的难题开展服务和保障工作,并通过多种渠道帮助滞留游客返乡,获得了游客们的理解和好评。不少游客表示,等疫情结束后一定要重返喀什感受新疆的美景和风土人情。

3. 注重资料的收集

景区管理部门应该主动了解关于危机的第一手资料,尽可能并尽快向危机发生地派出自己的调查队伍,以了解危机期间的客源情况、旅游动机,以及当地媒体报道的消息来源、对景区形象的影响等,然后迅速将这些信息反馈给有关部门。

4. 采取措施减轻灾难造成的损失

景区应直接与合作伙伴进行沟通,突出安全信息,在确保安全的前提下,降低价格,组织周边地区的旅游者前来游览,以减少旅游损失。

(三) 危机后的恢复重建

危机过后,景区应科学总结,重塑形象,变危为机。危机总结是指对危机的表现形式、危机出现的原因、危机处理的方法和措施进行总结。危机总结有利于景区更加有效地管理危机。危机后形象重塑的举措主要有以下三点:

1. 加强旅游形象建设

危机过后,旅游景区尤其要加强与媒体的沟通和信息交流,积极向新闻界传递旅游景区复苏的信息。2021年7月,张家界市出现了输入性的疫情,为避免疫情迅速扩散,张家界各大景区暂停营业,同年9月该轮疫情完全消散后,张家界市通过主流媒体发布了面向全国民众的旅游邀请,传递了张家界市重启旅游的信心和决心,见图8-7、图8-8。

图8-7 张家界旅游重启宣传(1)

图8-8 张家界旅游重启宣传(2)

2. 开展灵活多样的促销活动

及时启动市场促销,逐步恢复受损的业务及市场。2021年11月底,张家界市在向全国发出旅游邀约的同时,还开启了全民抽奖活动,设置特等奖和幸运奖。特等奖为张家界"主要景区门票及旅游交通全免套餐+指定酒店七折住宿券+指定餐饮企业五折住宿券"组合;幸运奖为张家界某个景区的门票或景区内某段路程的旅游交通票。通过这种特殊的促销方式吸引游客到张家界来旅游,恢复当地的旅游信心。

3. 不断修订危机管理战略计划

修订危机管理战略计划的目的是提高旅游景区未来的安全性。旅游景区应根据危机管理战略计划实施的效果和形势的变化,定期对危机管理战略计划进行回顾和总结,对安全程序进行评估,同时关注新的信息和组织的变化,加强与其他受危机影响的旅游景区的合作,对危机管理战略计划进行持续、及时更新。

实训与练习

一、思考题

1. 旅游景区安全事故的表现形态主要有哪些?引发事故的因素有哪些?
2. 简述引导游客安全旅游的措施。
3. 什么是智慧景区?如何建设智慧景区?
4. 在旅游景区智慧管理中,旅游服务智慧化是如何实现的?
5. 简述旅游景区危机的类型并举例说明。
6. 旅游景区危机发生后该如何处理?

二、实训题

假如你是某景区的定点导游,你该如何对游客进行安全宣传?请结合你所选景区的类型、资源特点和环境特色进行分析。

参考文献

[1] 刘英,宋立本.旅游景区服务与管理[M].北京:北京理工大学出版社,2020.
[2] 万剑敏.旅游景区服务与管理[M].3版.北京:高等教育出版社,2020.
[3] 杨桂华.旅游景区管理[M].北京:科学出版社,2006.
[4] 高慧.张家界天门山"智能导游"上线[EB/OL].(2013-06-24). www.toptour.cn.
[5] 李娌,王哲.导游服务案例精选解析[M].北京:旅游教育出版社,2007.
[6] 魏星.导游翻译语言精练[M].北京:中国旅游出版社,2004.
[7] 黄丽.旅游景区服务与管理[M].桂林:广西师范大学出版社,2018.
[8] 温燕.旅游景区服务与管理[M].武汉:华中科技大学出版社,2021.
[9] 郭亚军.旅游景区运营管理[M].2版.北京:清华大学出版社,2017.
[10] 王瑜.旅游景区服务与管理[M].5版.大连:东北财经大学出版社,2021.
[11] 周永振.旅游景区服务与管理案例(第一辑)[M].北京:中国旅游出版社,2020
[12] 王昆欣.旅游景区服务与管理[M].北京:旅游教育出版社,2007.
[13] 张建忠,程小琴,姜海涛.旅游景区管理实务[M].上海:上海交通大学出版社,2019.
[14] 徐挺.景区旅游商品开发与管理案例[M].北京:中国旅游出版社,2018.
[15] 杨絮飞,蔡维英.旅游景区管理[M].北京:北京大学出版社,2015.
[16] 张凌云.旅游景区管理[M].北京:旅游教育出版社,2019.
[17] 张朝枝,陈钢华.旅游目的地管理[M].重庆:重庆大学出版社,2021.
[18] 王昕,龚德才,张海龙.旅游景区服务与管理[M].北京:中国旅游出版社,2020.
[19] 陈玉英.景区经营与管理[M].北京:北京大学出版社,2015.
[20] 黄凯.景区经营与管理[M].北京:中国林业出版社,2015.